フィンランド語の すすめ 初級編

佐久間淳一・著

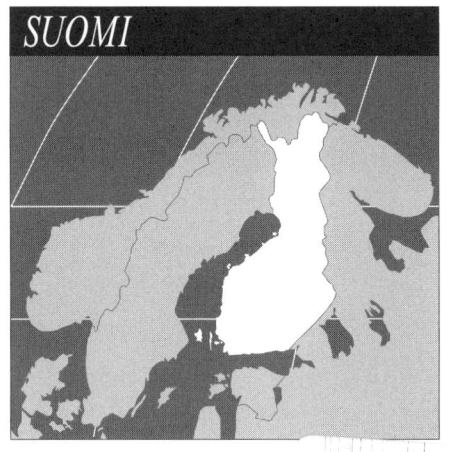

研究社

まえがき

日本にはフィンランド・ファンが大勢います．ムーミン，シベリウス，アールト，カウリスマキ，ハッキネン……．最近はちょっとした北欧ブームの感があって，フィンランドのデザインもしばしば雑誌に取り上げられています．一方，フィンランドは，IT産業の躍進によって，IT時代の優等生としてメディアに登場することも少なくありません．フィンランドの知名度は，ここ数年でずいぶん向上したような気がします．

ところで，フィンランドではどんな言葉が話されているのでしょうか．「フィンランド人は英語がとても上手だから，英語じゃないの？」そう考えている人はどうも少なくないようです．確かに，彼らの母語であるフィンランド語は，英語に比べればちっぽけな言語に過ぎません．彼らもそのことは百も承知で，だからこそ彼らは英語がうまいのです．外国人がフィンランド語を話すと怪訝な顔をされることも少なくありません．しかし，彼らの母語はあくまでもフィンランド語です．フィンランドの社会や文化を本当に理解したいと思うなら，やはりフィンランド語を避けて通るわけにはいきません．

もちろん，英語に比べれば，フィンランド語を勉強しようという人はごく少なく，本格的に取り組もうと考えている人はさらに少ないかもしれません．しかし，これだけフィンランドが注目されている中で，言葉だけが置き去りにされてしまうのはとても残念なことです．そんなわけで，少しでもフィンランド語のファンが増えることを願って，この本を書きました．

言葉の面白さは，ちょっとかじっただけではなかなか味わうことはできません．多少の困難を乗り越えることも必要です．語学書と言えば，簡単で安直なものが売れる昨今ですが，本書はあえて，文法を端折らない本格派の教科書を目指しました．とはいえ，実際にフィンランド語を使えるようになるには文法だけでは不十分です．個々の場面に応じた適切な表現を知っておかなければなりません．この本には，実際よく使われる表現をできるだけ多く盛り込みました．もちろんすべての表現を網羅することはできませんが，しっかりとした文法の基礎があれば，実際の場面で慌てることはありません．

さて，この本の主人公は，フィンランドの歴史を勉強している響子です．響子は，今，フィンランドの首都ヘルシンキへ，1年間の留学に旅立とうとしています．響子のヘルシンキでの1年を追いながら，文法と共に，ぜひ「使える」フィンランド語を習得してください．

　本書の執筆に当たっては，Petri Niemelä さんに，例文の点検などで大変お世話になりました．録音をお願いした奥田ライヤさん，橋本ライヤさん，Mikael Kawamura さんにも貴重な助言をいただくことができました．また，杉藤真木子さんには，学習者の観点から有益な意見を伺うことができました．これらすべての方々にこの場を借りて深く感謝したいと思います．そして，研究社の関戸雅男さんには，昨今の出版事情においては冒険とも言える本書の出版にあたって，多大なるご理解とご支援を賜りました．誠に感謝に耐えません．教科書の執筆をはじめに勧めていただいた三省堂の松田徹さんにも，合わせて御礼申し上げます．

2004 年 4 月

佐久間淳一

目　次

本書の使い方 ix

フィンランド語のアルファベット 1

フィンランド語の発音 2

第 1 課　これは何ですか？ 7
《…が》/ 修飾語 /《A は B だ》/《何》《誰》《どんな》
フィンランドの基礎知識: フィンランドの政体
応用編: 国の名前や…人を表わす単語

第 2 課　私は日本人の学生です. 13
人称変化 / 現在時制 /《…を》/《中に / で》《中へ》《所に / で》《所へ》/ 母音調和
フィンランドの基礎知識: フィンランド人
応用編: 人間の類別を表わす単語や職業名 / 自分や家族を紹介する言い方

第 3 課　フィンランドへようこそ. 21
人称変化 /《…していい》/《誰々の》/《…しなさい》/ 副詞
フィンランドの基礎知識: ヘルシンキ市
応用編: 家族関係を表わす単語 / 挨拶でよく使う言い方

第 4 課　どこに住んでいるの？ 30
人称変化 /《どこに》《どこで》/ 疑問文 /《中から》/《誰々の》/ {所で}格 /《A は B を持っている》/《…が》
フィンランドの基礎知識: ヘルシンキの住宅事情
応用編: 住まいに関する単語 / missä を用いた場所をたずねる表現

v

第 5 課　出身はどこですか？ 40
《どこから》/ 疑問文 / 基数詞 / 期間の言い方 / {所で}格 /《所から》
フィンランドの基礎知識: フィンランドへのアクセス
応用編: 体の部分を表わす単語 / mistä を用いた場所をたずねる表現

第 6 課　このバスはどこへ行きますか？ 48
基数詞 / 不定人称受動文 /《どこへ》/ 序数詞 /《A に B がある》/ 総称文
フィンランドの基礎知識: ヘルシンキ市内の交通事情
応用編: 交通に関する単語 / バスやタクシーに乗るときに使う表現 / mihin を用いた場所をたずねる表現

第 7 課　今日はいい天気ね． 59
主語 /《A に B がない》/《A は B を持っている》/ 不定人称受動文 / 単数分格形 /《…へ行く》/ 否定文 /《…を》
フィンランドの基礎知識: フィンランドの自然と気候
応用編: 天気に関する単語 / 天気に関する表現

第 8 課　フィンランド語はできますか？ 70
{中から}格 /《…を》/ {所へ}格 /{所から}格 /《曜日》/《…しなければならない》/《…しなさい》/《同じ》
フィンランドの基礎知識: フィンランドの地理
応用編: 地形に関する単語

時刻の言い表わし方 80

第 9 課　英語で何と言いますか？ 83
《A は B を持っていない》/ 変格 /《…を》/《なぜ》/ 名詞・形容詞の格変化 / 複数分格形 /《…もまた》
フィンランドの基礎知識: フィンランドの動植物
応用編: 動物の名前 / 植物の名前 / 色の名前 / 言葉に関する表現

第 10 課　銅像の後ろは大聖堂です. *96*
数の名前 / 後置詞 /《A は B だ》/《誰々の》/ 人称代名詞 / 関係代名詞
フィンランドの基礎知識: ヘルシンキ市内の地区
応用編: 場所を表わす単語 / 位置関係を表わす表現

第 11 課　遅れてすみません. *107*
《何か》/ {中から}格 /《A は B だ》/《何を》/ 変格 / 動詞の分類 / 子音階程交替
フィンランドの基礎知識: フィンランドの食文化
応用編: 食品の名前 / 謝罪と感謝の表現

第 12 課　水をもらえますか？............................. *119*
敬称 /《…してください》/ 様格 / 数量表現 /《A に B がある》/ 物質名詞
フィンランドの基礎知識: フィンランド料理
応用編: メニューに出てくる単語 / 許可を求めたり依頼をしたりするときの表現

第 13 課　誕生日おめでとう. *131*
《…するな》/ {所から}格 /《すべて(の)》/《何》/ 条件法 / 第 3 不定詞
フィンランドの基礎知識: 年中行事とその食べ物
応用編: 食事や調理に関する単語 / レストランで使う表現

第 14 課　お金をおろしたいのですが. *145*
条件法 /《どんな…でも》/ 不定人称受動文 /《…を》
フィンランドの基礎知識: フィンランドの IT 産業
応用編: 施設の名前 / 希望を聞いたり希望を伝えたりするときの表現

一口メモ *154*

vii

第 15 課　北の方を見てみましょう．.................... *156*
　{所から}格 /《どの…も》/ 単数{中へ}格形 /《別の》/ 人称変化 /
　《両方とも》《どちらか》/ 修飾語 / 関係代名詞 / 動作主分詞
　フィンランドの基礎知識：フィンランドの建築とデザイン
　応用編：方位の名前 / 方角を表わす表現 / 道順を表わす表現

第 16 課　もう少し小さいのはありませんか？.................... *171*
　外来語 / 国名・都市名とその形容詞 /《誰》/《誰々の》/ 否定疑問
　文 / 比較級 / 不定人称受動現在形
　フィンランドの基礎知識：フィンランドの美術・映画
　応用編：衣服に関する単語 / 比較級を用いた表現

第 17 課　コンサートはどうだった？.................... *186*
　否定文 / 単数分格形 / 現在完了 / 不定詞 / 場所格 / 数量表現 / 子音
　階程交替
　フィンランドの基礎知識：フィンランドのメディア事情
　応用編：郵便局や銀行に関する単語 / 郵便局や銀行でよく使う表
　現 / 気持ちや気分を表わす表現

第 18 課　フィンランドは 1917 年に独立しました．.................... *201*
　不定人称受動過去形 / 指示代名詞 / 過去形 /《A が B になる》/
　{中から}格 / 集合名詞 / 付帯状況
　フィンランドの基礎知識：フィンランドの国歌と国旗
　応用編：時間に関する単語 / 時をたずねる表現

日付の言い表わし方 / 年号の言い表わし方 *215*

フィンランド語の辞書 / もっとフィンランドについて知りたい
人へ / 役に立つホームページ *218*

練習問題解答 / 名詞・形容詞の変化型 / 動詞の変化型 / 事項索
引 / 語句索引 *221*

本書の使い方

　この教科書は，初級編（第 1 課–第 18 課）と中級編（第 19 課–第 30 課）に分かれています．2 冊通して学ぶことで，中級レベルまでに必要な文法を一通り学習できるよう構成されています．

　各課とも，最初に「テキスト本文」があります．「テキスト本文」は CD に収録されています．第 10 課までの本文にはカタカナでルビを振りました．なお，本書では，基本的に発音記号を使っていません．これは，フィンランド語の発音が，概ね綴り字通りのローマ字読みで，発音記号を付けるとかえってわずらわしいためです．本文の次の「重要単語・表現」のコーナーでは，本文中に出てきた重要単語・表現をまとめています．単語に気をとられてなかなか先に進めないということにならないように，あえて重要な単語・表現のみにしぼって載せています．このコーナーに出ていない単語について調べたい場合は，巻末の「語句索引」を見てください．次の「気をつけましょう」のコーナーは，語形変化や文法に関する一口メモです．「覚えましょう」のコーナーでは，本文中に出てきた連語表現をまとめています．このコーナーにあがっている連語表現は基本的なものばかりなので，ぜひ覚えてください．続いて「文法解説」があり，「練習問題」が続きます．「練習問題」の解答は巻末にあります．なお，解説文中の関連記事への参照に用いた❶，❷などの白抜き数字は，指定した課の「文法解説」の該当する番号を表わしています．

　「練習問題」の後には，各課ごとにテーマを決めて，フィンランドに関する基本的な情報を紹介するコーナーを設けました．フィンランドについての情報は，いまだに限られているのが実情です．勉強の合間の息抜きにお楽しみください．各課とも，「応用編」として，領域・場面ごとの単語や表現を紹介するコーナーを設けました．最初にこの本で勉強するときは，「応用編」は飛ばして読み進めてください．応用編は，ある程度文法を学んだ後で，実際にフィンランド語を活用するために設けてあります．

　巻末には，「練習問題解答」「名詞・形容詞の変化型 / 動詞の変化型」「事項索引」「語句索引」を付けました．

● フィンランド語のアルファベット（aakkoset）●

フィンランド語は，英語やローマ字でおなじみの文字で表記します．ただし，英語やローマ字にはない Ä と Ö も使います．一方，C, Q, W, X, Z は，フィンランド語ではほとんど使われません．B と F も外来語で使われるだけです．D と G で始まる語も外来語しかありません．外来語の [ʃ] の音を表わすため，šekki「小切手」のように Š が使われることがあります．それぞれの文字の名前は次のとおりです．

A a	aa	アー	**O o**	oo	オー
B b	bee	ベー	**P p**	pee	ペー
C c	see	セー	**Q q**	kuu	クー
D d	dee	デー	**R r**	är	アェル
E e	ee	エー	**S s**	äs	アェス
F f	äf	アェフ	**T t**	tee	テー
G g	gee	ゲー	**U u**	uu	ウー
H h	hoo	ホー	**V v**	vee	ヴェー
I i	ii	イー	**W w**	kaksois-vee	カクソイスヴェー
J j	jii	イィー	**X x**	äks	アェクス
K k	koo	コー	**Y y**	yy	イュー
L l	äl	アェル	**Z z**	tset	ツェット
M m	äm	アェム	**Ä ä**	ää	アェー
N n	än	アェン	**Ö ö**	öö	オェー

上記のほか，下記の文字には別の呼び方もあります．

F f	äffä	アェッファ	R r	ärrä	アェッラ
L l	ällä	アェッラ	S s	ässä	アェッサ
M m	ämmä	アェムマ	X x	äksä	アェクサ
N n	ännä	アェンナ	Z z	tseta	ツェタ

● フィンランド語の発音 ●

フィンランド語の発音は，概ねローマ字読みをすればいいので，基本的には簡単です．ただし，日本人には難しい発音もありますのでよく練習しましょう．

CD 2

1. 母音 (vokaalit)

フィンランド語には母音が8つあります．また，母音には長短の区別があり，長い母音は母音を表わす文字を2つ続けて書いて表わします．長い母音は，短い母音の発音をそのまま延ばして発音します．[u], [a], [ø], [y] は日本語にない母音なので，よく練習しましょう．

文字　　発音　　　例

a/aa　　[ɑ/ɑɑ]　　maha [mɑhɑ] 腹 / maa [mɑɑ] 国
　　　　日本語のア，アーに近い母音です．

e/ee　　[e/ee]　　te [te] あなた(がた) / tee [tee] 茶
　　　　日本語のエ，エーに近い母音です．

i/ii　　[i/ii]　　tili [tili] 口座 / tiili [tiili] レンガ
　　　　日本語のイ，イーに近い母音です．

o/oo　　[o/oo]　　jo [jo] もう / joo [joo] はい
　　　　日本語のオ，オーに近い母音です．

u/uu　　[u/uu]　　sumu [sumu] 霧 / suu [suu] 口
　　　　日本語のウ，ウーとは違って，唇をはっきり丸めて発音します．

ä/ää　　[a/aa]　　hätä [hata] 危機 / häät [haat] 結婚式
　　　　英語の [æ] に近い母音です．エ，エーを発音しながら，口をさらに開けるとこの母音の発音になります．

ö/öö　　[ø/øø]　　pöpö [pøpø] お化け / pöö [pøø] ブー(イング)
　　　　日本語にも英語にもない母音です．エ，エーを発音しながら，唇を丸めていくとこの母音の発音になります．

y/yy　　[y/yy]　　hymy [hymy] 微笑み / hyy [hyy] 霜
　　　　日本語にも英語にもない母音です．イ，イーを発音しながら，唇を

丸めていくとこの母音の発音になります．日本語のキュのような拗音とは正確には違う音です．

異なる母音が連続することもあります．そのうち，以下のものを二重母音と言います．

文字	発音	例	
ai	[ɑi]	sain [sɑin]	私はもらった
ei	[ei]	tein [tein]	私は作った
oi	[oi]	noin [noin]	およそ
ui	[ui]	kuin [kuin]	…よりも
äi	[ai]	päin [pain]	…の方へ
öi	[øi]	söin [søin]	私は食べた
yi	[yi]	myin [myin]	私は売った
ie	[ie]	vien [vien]	私は持っていく
uo	[uo]	tuon [tuon]	私は持ってくる
yö	[yø]	työ [tyø]	仕事
äy	[ay]	käyn [kayn]	私は通う
öy	[øy]	löyly [løyly]	蒸気
au	[ɑu]	taulu [tɑulu]	絵
eu	[eu]	seutu [seutu]	地域
iu	[iu]	tiuku [tiuku]	ベル
ou	[ou]	koulu [koulu]	学校

2．子音 (konsonantit)

フィンランド語では，一部を除いて，子音にも長短の区別があります．長い子音は子音字を2つ続けて書いて表わします．長い子音は単語の初めや終わりには現われません．長い子音の発音の仕方は，日本語のローマ字の場合と同じです．日本人には [l] と [r] の区別が難しいので，よく練習しましょう．

文字	発音	例	
p/pp	[p/pp]	rapu [rɑpu] ざりがに / rappu [rɑppu] 階段	

日本語のパ行音の子音に近い音です．

b	[b]	bussi [bussi] バス

日本語のバ行音の子音に近い音です．この音は外来語にしか現われません．

t/tt	[t/tt]	mato [mɑto] 蠕虫 / matto [mɑtto] カーペット

日本語のタ，テ，トの子音に近い音です．

d	[d]	sade [sɑde] 雨

日本語のダ，デ，ドの子音に近い音です．

k/kk	[k/kk]	kuka [kukɑ] 誰 / kukka [kukkɑ] 花

日本語のカ行音の子音に近い音です．

g	[g]	geeni [geeni] 遺伝子

日本語のガ行音の子音に近い音です．この音は外来語にしか現われません．

m/mm	[m/mm]	kumi [kumi] ゴム / kummi [kummi] 名付け親

日本語のマ行音の子音に近い音です．

n/nn	[n/nn]	kana [kɑnɑ] めんどり / kanna [kɑnnɑ] カンナ

日本語のナ行音の子音に近い音です．

nk/ng	[ŋk/ŋŋ]	tanko [tɑŋko] 棒状の塊 / tango [tɑŋŋo] タンゴ

日本語のいわゆる鼻濁音に近い音で，[g] を発音するときに息が鼻に抜けるようにするとこの音になります．

f	[f]	filmi [filmi] フィルム

英語の [f] に近い音です．上の歯を下唇に軽く当てて発音します．この音は外来語にしか現われません．

v	[v]	kuva [kuvɑ] 絵

英語の [v] に近い音です．上の歯を下唇に軽く当てて発音します．

s/ss	[s/ss]	kisa [kisɑ] 競技 / kissa [kissɑ] 猫

日本語のサ，ス，セ，ソの子音に近い音です．舌の先を上の歯の後ろに近づけて発音します．

š	[ʃ]	šekki [ʃekki] 小切手

日本語のシあるいはシャ，シュ，ショの子音に近い音です．舌の前部を上の歯茎の後ろに近づけて発音します．この音は外来語にしか現われません．

h	[h]	piha [pihɑ] 中庭	

日本語のハ，ヘ，ホの子音に近い音です．

l/ll	[l/ll]	pula [pulɑ] 欠乏 / pulla [pullɑ] 菓子パン	

英語の [l] に近い音です．舌先を上の歯茎につけたまま発音します．

r/rr	[r/rr]	käry [kary] 焦げた臭い / kärry [karry] 乗り物	

舌先を震わせて発音します．

j	[j]	maja [mɑjɑ] 小屋	

日本のヤ，ユ，ヨの子音に近い音です．

異なる子音が連続することもあります．ただし，外来語を除いて，単語の初めや終わりで子音が2つ以上続くことはありません．発音はそれぞれの子音を続けて発音するだけですが，-ts- の場合はツと発音するので注意しましょう．子音が連続するとき，子音の間に母音を発音しないよう気をつけてください．

ts	[tts]	metsä [mettsa] 森 （メッツァと発音します．）	

3. アクセント (painotus)

フィンランド語は強弱アクセントを持っています．最も強いアクセントは，単語の最初の音節に置かれます．アクセントの位置で単語が区別されることはなく，アクセントの位置を単語ごとに覚える必要はありません．複合語の場合は，複合語を構成する最初の要素の最初の音節に最も強いアクセントが置かれ，他の要素の最初の音節には副次的なアクセントが置かれます．

júna 列車

pika + juna → **pí**ka**jù**na 急行列車

erikois + pikajuna → **é**rikois**pì**ka**jù**na 特急列車

4. 発音してみましょう. 　　　　　　　　　　　CD 3

練習 1（harjoitus yksi）

ala 区域 / älä …するな　　　　tulla 来る / tuulla 風が吹く
tai あるいは / täi シラミ　　　pieli 枠 / peili 鏡
vaara 危険 / väärä 間違った　　suotaa 濾す / soutaa 漕ぐ
valittaa 文句を言う / välittää 気にする　　lyödä たたく / löytää 見つける
veli 兄弟 / väli 隙間　　　　　pyörä 車輪 / pöytä 机
kehä 円 / köhä 咳　　　　　　elo 命 / ero 違い
jyry とどろき / jörö 無口な　　nuoli 矢 / nuori 若い
tuo あれ / työ 仕事　　　　　　valas クジラ / varas 泥棒
tukki 丸太 / tykki 銃　　　　　pulla 菓子パン / purra 噛む
suu 口 / syy 理由

練習 2（harjoitus kaksi）

itse¦palvelu¦huoltamo セルフ方式のガソリンスタンド
maailman¦mestaruus¦kisat 世界選手権
raitio¦vaunu¦pysäkki 市電の停留所
sähkö¦parran¦ajo¦kone 電気剃刀
tieto¦kone¦ohjelma コンピュータープログラム

Kappale yksi
これは何ですか？

CD 4

この課では，文の基本的な成り立ちと簡単な疑問文の作り方を学びます．

1. Mikä maa tämä on? — Se on Suomi.
   ミカ　マー　タマ　オン　　セ　オン　スオミ

2. Millainen maa Suomi on? — Se on metsien ja järvien
   ミッライネン　マー　スオミ　オン　　セ　オン　メッチエン　ヤ　ヤルヴィエン

   maa.
   マー

3. Mikä Suomen pääkaupunki on? — Se on Helsinki.
   ミカ　スオメン　パーカウプンキ　オン　　セ　オン　ヘルシンキ

4. Millainen kaupunki Helsinki on? — Se on siisti ja kaunis
   ミッライネン　カウプンキ　ヘルシンキ　オン　　セ　オン　シースティ　ヤ　カウニス

   kaupunki.
   カウプンキ

5. Kuka tämä on? — Se on Jean Sibelius.
   クカ　タマ　オン　　セ　オン　ジャン　シベリウス

6. Hän on säveltäjä. Japanissa hän on hyvin kuuluisa.
   ハン　オン　サヴェルタヤ　　ヤパニッサ　ハン　オン　ヒュヴィン　クールイサ

1. これは何という国ですか？— フィンランドです．
2. フィンランドはどんな国ですか？— 森と湖の国です．
3. フィンランドの首都はどこですか？— ヘルシンキです．
4. ヘルシンキはどんな街ですか？— きれいで美しい街です．
5. この人は誰ですか？— ジャン・シベリウスです．
6. 彼は作曲家です．日本では彼はよく知られています．

● 重要単語・表現

mikä 何, 何という,　tämä これ, この,　on …だ, (…が)[ある / いる]

se それ, その,　　millainen どんな(= minkälainen),　　A ja B　A と B
kuka 誰,　　hän 彼, 彼女,　　hyvin とても

● 気をつけましょう
●フィンランド語の3人称単数代名詞 hän は，男性も女性も表わします．
（本書の訳文では，男女が特定されない場合は「彼（女）」と書くことにします．）

文法解説

❶ 《…が》(主語(1))
文の骨組みを作っているのは名詞と動詞です．名詞は，動詞とどのような関係にあるのかを示すため，それぞれ適当な格に格変化します．フィンランド語には格がたくさんあります．主格は主語を表す格です．名詞には，単数と複数の区別もあります．単数の主格形は名詞の基本形で，辞書の見出しになる形です．単数の主格形には語尾は付きません．

❷ 修飾語(1)
名詞を修飾する形容詞は，名詞と同じ数，同じ格で表わされます．同じ修飾語でも，「名詞＋の」は属格で表示されます．どちらの修飾語も名詞の前に置かれます．

形容詞(主格)	名詞(主格)	名詞＋の(属格)	名詞(主格)
mikä	maa	metsien ja järvien	maa
何という	国	森と湖の	国
millainen	maa	Suomen	pääkaupunki
どんな	国	フィンランドの	首都
siisti ja kaunis	kaupunki		
清潔で美しい	街		

単数の属格形には，Suome**n** のように格語尾 -n が付きます．mets*ien* や järv*ien* は複数の属格です．単数の属格形は，名詞のさまざまな変化形を作るもとになる形です．

❸《A は B だ》(補語(1))

「A は B だ」という構文は，A +「だ」+ B という語順になり，「だ」は動詞 on で表されます．A は主語です．B は補語と言い，名詞，形容詞 + 名詞，形容詞などが来ます．

A（主格）	だ	B（主格）
Se	on	Helsinki（名詞）
Se	on	siisti ja kaunis kaupunki（形容詞 + 名詞）
Hän	on	Jean Sibelius（名詞）
Hän	on	hyvin kuuluisa（副詞 + 形容詞）

❹《何》《誰》《どんな》(疑問詞(1))

「A は B だ」の構文で，B に疑問詞 mikä「何」，kuka「誰」を使うと，「A は何だ」，「A は誰だ」という意味になります．疑問詞は常に文頭に来るので，B（疑問詞）+ A +「だ」という語順になります．疑問詞をともなう疑問文の場合，主語と動詞の倒置は起こりません．

　また，B の前に疑問詞 millainen「どんな」を付けると，「A はどんな B だ」という意味になります．語順は，millainen + B + A +「だ」となります．Millainen hän on?「彼(女)はどんな人ですか？」のように，B は省略されることもあります．

	B	A	だ
	Mikä	Suomen pääkaupunki	on?
Millainen	kaupunki	Helsinki	on?
	Kuka	tämä	on?
Millainen		hän	on?

よく使う疑問文を覚えましょう．

Mikä [tämä / tuo / se] on?	[これ / あれ / それ]は何ですか？
Kuka hän on?	彼(女)は誰ですか？
Kuka te olette?	どなたですか？
Millainen … se on?	それはどんな…ですか？

練習問題

フィンランド語で言ってみましょう.
1) これは何ですか？
2) それはパーヴォ・ヌルミの (Paavo Nurmi, Paavo Nurmen) 銅像 (patsas) です.
3) 彼は日本でも (Japanissakin) よく知られて (tunnettu) います.
4) これは誰ですか？
5) それはタルヤ・ハロネン (Tarja Halonen) です.
6) 彼女はフィンランドの大統領 (presidentti) です.
7) 日本の (Japani, -n) 首都はどこですか？
8) それは東京 (Tokio) です.
9) 東京はどんな街ですか？
10) それは大きく (suuri) て騒々しい (meluisa) 街です.
11) 空 (taivas) が青い (sininen).
12) 湖 (järvi) は凍っている (jäässä).

国会議事堂 (Eduskuntatalo).

フィンランドの政体

長らくスウェーデンあるいはロシアの統治下にあったフィンランドは，1917年12月6日に独立を宣言しました．他の北欧諸国(スウェーデン，デンマーク，ノルウェー)には王室がありますが，フィンランドには王室はなく，政体は共和制です．国の元首は大統領(任期6年)で，政府は首相が率います．非拘束名簿式の比例代表選挙で選ばれる国会議員(200名)の任期は4年です．大統領も，前任のアハティサーリ(Martti Ahtisaari)大統領(在任1994–2000)以降，国民の直接選挙によって選ばれています．現在のハロネン(Tarja Halonen)大統領(在任2000–)はフィンランド初の女性大統領です．四半世紀にわたり大統領の職にあったケッコネン(Urho Kekkonen)大統領(在任1956–1982)の時代は，大統領の権限が非常に強く，首相がめまぐるしく交代しましたが，コイヴィスト(Mauno Koivisto)大統領(在任1982–1994)に代わってからは，政府，議会との協調が進み，長期政権が続いています．2000年の改正憲法では大統領の権限が大幅に縮小されました．新憲法下では，大統領は内政に関与せず，首相は政党間の協議を経て議会が指名し，首相自らが組閣します．外交面でも，内政に関わる領域，特にEU関係の政策に関しては首相の権限が大幅に強化されました．政党は，左派の社会民主党，保守系の中央党，国民連合党が3大政党で，このうち2党の組み合わせを軸に政権が構成されるのが普通です．各政党のイメージカラーから，社会民主党と中央党の組み合わせの場合 punamultahallitus (赤黒政権)，社会民主党と国民連合党の組み合わせの場合 sinipunahallitus (青赤政権)と言われます．

　フィンランドは6つの州 (lääni) に分けられています．行政区画である州に対し，国民の地域感情を反映した地域区分が9つある地方 (maakunta) です．地方自治体には市 (kaupunki) と郡 (kunta) があります．ヘルシンキは首都であり，最大の市でもあります．人口は約56万人で，全人口約530万人の1割強を占め，首都圏全体では全人口の2割に達します．反面，地方では過疎化が深刻な問題になっています．

応用編

主な国の名前と…人という言い方を覚えましょう.

国の名前	…人	都市の名前
Suomi フィンランド	suomalainen	Helsinki ヘルシンキ
Ruotsi スウェーデン	ruotsalainen	Tukholma ストックホルム
Norja ノルウェー	norjalainen	Oslo オスロ
Tanska デンマーク	tanskalainen	Kööpenhamina コペンハーゲン
Viro エストニア	virolainen	Tallinna タリン
Eesti エストニア	eestiläinen	
Venäjä ロシア	venäläinen	Moskova モスクワ
		Pietari サンクト・ペテルブルク
Saksa ドイツ	saksalainen	Berliini ベルリン
Ranska フランス	ranskalainen	Pariisi パリ
Italia イタリア	italialainen	Rooma ローマ
Englanti イギリス	englantilainen	Lontoo ロンドン
Amerikka アメリカ	amerikkalainen	New York ニューヨーク
Japani 日本	japanilainen	Tokio 東京
Kiina 中国	kiinalainen	Peking 北京

Eurooppa ヨーロッパ, Euroopan unioni 欧州連合(EU), Yhdistyneet kansakunnat 国連(YK と略称), Yhdistynyt kuningaskunta 連合王国, Yhdysvallat アメリカ合衆国

*「…人」は始めが大文字にならないので注意しましょう.

Kappale kaksi
2　私は日本人の学生です．

CD 5

この課では，文の基本的な成り立ちを学びます．

1. Minä olen Kyoko, 24-(kaksikymmentäneljä)vuotias
   ミナ　　オレン　キョーコ　　カクシキュンメンタネルヤヴオティアス

   japanilainen opiskelija.
   ヤパニライネン　　オピスケリヤ

2. Opiskelen Suomen historiaa.
   オピスケレン　スオメン　　ヒストリアー

3. Osaan vähän suomea.
   オサーン　ヴァハン　スオメア

4. Nyt　olen menossa Helsinkiin.
   ニュット　オレン　メノッサ　　ヘルシンキーン

5. Minulla on vuoden viisumi.
   ミヌッラ　　オン　ヴオデン　　ヴィースミ

6. Helsingissä asuu tuttavani, Jyrki.
   ヘルシンギッサ　　アスー　トゥッタヴァニ　ユルキ

7. Hän on insinööri.
   ハン　オン　インシネーリ

8. Hän oli kerran Japanissa vaihto-oppilaana.
   ハン　オリ　ケッラン　ヤパニッサ　　ヴァイヒトオッピラーナ

9. Hän tulee minua vastaan　Helsinki-Vantaan lentoasemalle.
   ハン　トゥレー　ミヌア　　ヴァスターン　ヘルシンキ　ヴァンターン　レントアセマッレ

10. Olen hyvin　iloinen, koska olen ensimmäistä kertaa
    オレン　ヒュヴィン　イロイネン　コスカ　オレン　エンシンマイスタ　ケルター

    Suomessa.
    スオメッサ

1. 私は響子，24歳の日本人の学生です．
2. 私はフィンランドの歴史を勉強しています．

3　少しフィンランド語を話せます．
4　私は今ヘルシンキに向かっています．
5　私は 1 年間のビザを持っています．
6　ヘルシンキには知り合いのユルキが住んでいます．
7　彼は技師です．
8　彼はかつて交換留学生で日本に来ていました．
9　彼がヘルシンキ・ヴァンター空港へ迎えに来てくれます．
10　フィンランドは初めてなので，私はとても幸せです．

● 重要単語・表現

minä 私，　olen (私は)…だ，　nyt 今，　minulla (< minä) 私(の所)に，
oli …だった，(…が)[あった / いた]，　kerran かつて，　minua (< minä)
私を，　koska …なので (= sillä)，　ensimmäistä kertaa 初めて
* **tuttavani** のような名詞の後の **-ni** は，「私の」という意味を表わします．

● 気をつけましょう

- vuoden (単数属格) < vuosi「年」
- Minulla on vuoden viisumi は所有を表わしています (→ 第 4 課 ❼)
- Suomi は「フィンランド」，suomi は「フィンランド語」を意味します．

● 覚えましょう

opiskella (本文 opiskelen) + 分格	(分格)を勉強する
vähän + 分格	(分格)が少し
olla (本文 olen) menossa + {中へ}格	({中へ}格)へ行くところだ
⇔ olla tulossa + {中へ}格	({中へ}格)へ来るところだ
tulla (本文 tulee) + 分格 + vastaan	(分格)を迎えに来る

* 分格は ❸，{中へ}格は ❹ を参照してください．

文法解説

❶ 人称変化(1)

フィンランド語では，すべての動詞が主語の人称と数に合わせて形を変えます．主語が「私」で1人称単数のときは，ole**n** のように人称語尾 -n が付きます．

1人称単数	3人称単数	
ole**n**	on	…だ
opiskele**n**	opiskelee	勉強する
osaa**n**	osaa	能力がある
asu**n**	asuu	住む
tule**n**	tulee	来る

フィンランド語では，動詞の形を見れば主語の人称や数がわかるため，主語が1人称または2人称の場合，主語を省略することができます．

❷ 現在時制

動詞には現在形と過去形があります．現在形は，現在行なわれている動作や現在の状態を表わします．フィンランド語には未来を表わす特別な形はありません．未来における動作や状態も現在形を使って表わします．その他，現在形は，習慣的に繰り返される動作や状態，また，「地球は丸い」といった一般的な真理を表わすことができます．nyt「今」，juuri nyt「たった今」，parhaillaan「ちょうど今」，tällä hetkellä「今の時点で」，kohta「間もなく」などの副詞が合わせて使われることもあります．

❸ 《…を》(目的語(1))

「AはBを…する」という構文は，A+「…する」+B という語順で表わすのが普通です．主語Aは主格，目的語Bは分格で表わされます．単数の場合，分格は，historia**a** や suome**a** のように格語尾 -a あるいは -ä が付きます．格語尾に2種類あるのは，母音調和があるためです(→ ❺)．

❹ 《中に/で》《中へ》《所に/で》《所へ》（場所格(1)）
フィンランド語の格には，場所を表わすものがたくさんあります。Japani**ssa**, Suome**ssa**, Helsingi**ssä** のように，格語尾 -ssa/-ssä が付く格は，「…の中に」「…の中で」という意味を表わすので，{中で}格と呼ぶことにします。他にも，Helsinki**in** のように「…の中へ」を意味する{中へ}格（格語尾は母音＋n）や，minu**lla** のように「…の所（あるいは上）に」「…の所（あるいは上）で」を意味する{所で}格（格語尾は -lla/-llä），lentoasema**lle** のように「…の所（あるいは上）へ」を意味する{所へ}格（格語尾は -lle）などがあります。

❺ 母音調和
フィンランド語では，単語の中の母音の分布に制約があります。母音 a, o, u と母音 ä, ö, y は１つの単語の中で共存することができません。この現象を母音調和と言います。母音調和があるため，単語に語尾が付く場合，語尾が２種類必要になることがあります。例えば，{中で}格の場合，母音 a, o, u を含む単語なら -ssa が，母音 ä, ö, y を含む単語なら -ssä が付きます。
　　talo　家　→　talo**ssa**　家の中で
　　kylä　村　→　kylä**ssä**　村の中で

母音 i, e は a, o, u とも ä, ö, y とも共存できますが，i, e しか含まない単語の場合，ä, ö, y を含む単語に付くのと同じ語尾が付きます。
　　peli　試合　→　peli**ssä**　試合の中で

なお，yliopisto のように一見母音調和に反しているように見える例は複合語で，単語が２つ以上の要素から構成されています。複合語の場合，母音調和は，複合語を構成しているそれぞれの要素の中で働きます。複合語に語尾が付く場合は，その語尾の直前の要素が含む母音の種類によって語尾が決まります。
　　yli＋opisto　→　yliopisto　大学　　　　yli¦opisto**ssa**　大学の中で

練習問題

フィンランド語で言ってみましょう．
1) 私は日本人の学生です．
2) 私はフィンランドの文学を（kirjallisuus, kirjallisuutta）勉強しています．
3) 私は英語（englanti, -a）とフィンランド語が少しできます．
4) 私はヘルシンキは初めてです．
5) フィンランドには知り合いのレイラ（Leila）が住んでいます．

街角の案内表示．それぞれ，上がフィンランド語，下がスウェーデン語．

フィンランド人

　フィンランドの「フィン」が，4–5世紀にヨーロッパに進出したアジア系遊牧民族フン族を連想させることから，フィンランド人の祖先は，かつて遠くウラル山脈の方から移動してきたアジア系民族だと言われることがあります．しかし，これは真実ではありません．フィンランド人の瞳は青または青みのある灰色で，髪の毛は茶色または金髪です．他の北欧人ほどではありませんが背も高く，人類学的にも遺伝学的にも，フィンランド人は明らかに東ないし北ヨーロッパ系の人種です．なお，「フィン」の語源については未だ定説はありません．Suomi の語源も不明です．ちなみに，Suomi という語は，もともとはトゥルク(Turku)を中心とするフィンランド南西部のみを指していました．

　フィンランドには，スウェーデン語を母語にする人々も住んでいます．彼らが人口に占める割合は 5.5% に過ぎませんが，独立前のフィンランド社会において彼らの祖先が上層を構成していたため，独立後もフィンランド語と並んでスウェーデン語に国語の地位が与えられました．このスウェーデン系フィンランド人 (suomenruotsalainen) は，ヘルシンキを含む南部の海岸地帯，西部の海岸地帯，そしてオーランド島に多く住んでいます．オーランド (Åland, フィンランド語では Ahvenanmaa) は，フィンランド独立後スウェーデンとの間で帰属が問題となり，当時の国際連盟の仲介でフィンランド領となりましたが，同時に広範な自治が認められました．独自の旗を持ち，独自の切手も発行しています．また，公用語はスウェーデン語で，フィンランド語ではありません．

　フィンランド北部にはサーミ人 (saamelainen) と呼ばれる人々も住んでいます．彼らは，ノルウェー，スウェーデン，フィンランド，ロシアにまたがって住んでおり，フィンランド国内に居住しているのは 7 千人ほどです．彼らはアジア系人種の特徴も備えています．彼らの話すサーミ語は，フィンランド語と同系統の言語です．サーミ人の伝統的な生業はトナカイの飼育ですが，最近は，ほとんどのサーミ人が観光などサービス業で生計を立てています．彼らはまた，独特な歌唱ヨイク(サーミ語で juoiggus) でも有名です．なお，彼らが居住する地域はラップランドと呼ばれますが，ラップ人，ラップ語という呼称は侮蔑的だとされ，今日では避けられる傾向にあります．

応用編

1 人間（ihminen）を類別する言い方や職業名を覚えましょう．

mies 男性	tuttava 知人	sihteeri 秘書
nainen 女性	naapuri 隣人	mekaanikko 工員
vauva 赤ん坊	herra …さん（男性）	insinööri 技師
lapsi 子供	rouva …さん（既婚女性）	lääkäri 医師
poika 少年，若い男性	neiti …さん（未婚女性）	sairaanhoitaja 看護師
tyttö 少女，若い女性	liikemies 企業家	kauppias 商店主
nuorukainen 青年	virkailija 事務員	myyjä 店員
aikuinen 成人	virkamies 公務員	opettaja 教師
vanhus 老人	lakimies 弁護士	opiskelija 学生
ystävä 友人	palomies 消防士	oppilas 生徒
kaveri / toveri 仲間	poliisi 警察官	kotirouva 主婦

＊「会社員」に直接対応する表現はありません．

2 自分や家族を紹介するときによく使う表現を覚えましょう．

Saanko esittäytyä.	自己紹介します．
Saanko esitellä.	紹介しましょう．
Esittelen [itseni / perheeni].	[自己紹介 / 家族を紹介]します．
Mikä [nimenne / nimesi] on?	[あなた / 君]の名前は何ですか？
— Nimeni on Kyoko Sakuma.	—私の名前は佐久間響子です．
Mikä on [sukunimenne / sukunimesi]?	[あなた / 君]の名字は何ですか？
Mikä on [etunimenne / etunimesi]?	[あなた / 君]の下の名前は何ですか？
Miten [nimenne/nimesi] kirjoitetaan?	[あなた / 君]の名前はどう書きますか？
Tekstatkaa, olkaa hyvä!	書いてください．
Mikä [teidän osoitteenne / sinun osoitteesi] on?	[あなた / 君]の住所はどこですか？
— Tässä on osoitteeni.	—これが私の住所です．

Mikä [teidän puhelinnumeronne / sinun puhelinnumerosi] on?
— Tässä on puhelinnumeroni.
— [Puhelinnumero kotiin / Kotinumeroni] on….
— Työnumeroni on….
Sähköpostiosoitteeni on….
Mikä [ammattinne / ammattisi] on?
Mitä sinä teet [työksesi / ammatiksesi]?
Kuinka vanha [te olette / sinä olet]?
— Olen neljäkymmentä vuotta vanha.

[あなた/君]の電話番号は何ですか？
―これが私の電話番号です．
―自宅の電話番号は…です．

―職場の電話番号は…です．
電子メールアドレスは…です．
[あなた/君]の職業は何ですか？
お仕事は何ですか？
[あなた/君]は何歳ですか？
―私は40歳です．

Kappale kolme
フィンランドへようこそ.

CD 6

この課では，動詞の人称変化と「誰々の」という言い方を学びます．

1　*Lentoasemalla*
　　レントアセマッラ

2　Jyrki:　Terve, Kyoko!　Pitkästä aikaa.
　　　　　テルヴェ　キョーコ　　ピトカスタ　アイカー

3　Kyoko:　Terve, Jyrki!　Mitä kuuluu?
　　　　　テルヴェ　ユルキ　　ミタ　クールー

4　Jyrki:　Kiitos hyvää.　Entä sinulle?
　　　　　キートス　ヒュヴァー　エンタ　シヌッレ

5　Kyoko:　Hyvää vain.　Kiitos, kun tulit　minua vastaan.
　　　　　ヒュヴァー　ヴァイン　キートス　クン　トゥリト　ミヌア　ヴァスターン

6　Jyrki:　Eipä kestä.　Kyoko, saanko esitellä.
　　　　　エイパ　ケスタ　キョーコ　サーンコ　エシテッラ

7　　　　Tässä on vaimoni, Leila.
　　　　タッサ　オン　ヴァイモニ　レイラ

8　　　　Menimme naimisiin vasta kuukausi sitten.
　　　　メニンメ　　ナイミシーン　ヴァスタ　クーカウシ　シッテン

9　Kyoko:　Ahaa, sitä en tiennytkään.　Onneksi olkoon!
　　　　　アハー　シタ　エン　ティエンニュトカーン　オンネクシ　オルコーン

10　Jyrki:　Kiitos.　Hän on työssä　yliopiston
　　　　　キートス　ハン　オン　テュエッサ　ユリオピストン

　　　　　kielikeskuksessa.
　　　　　キエリケスククセッサ

11　　　　Hän on englannin kielen opettaja.
　　　　　ハン　オン　エングランニン　キエレン　オペッタヤ

12　Kyoko:　Hauska tavata.
　　　　　ハウスカ　タヴァタ

13　Leila:　Hauska tavata.　Tervetuloa　Helsinkiin.
　　　　　ハウスカ　タヴァタ　テルヴェットゥロア　ヘルシンキーン

14	Jyrki:	Tule, Kyoko! Sinä olet varmasti väsynyt.
		トゥレ キョーコ シナ オレト ヴァルマスティ ヴァシュニュト
15		Saat levätä meillä.
		サート レヴァタ メイッラ

1		空港にて
2	ユルキ:	やあ，響子．久しぶりだね．
3	響子:	こんにちは，ユルキ．お元気？
4	ユルキ:	ありがとう，元気だよ．君は？
5	響子:	ええ元気よ．出迎えてくれてありがとう．
6	ユルキ:	いいんだよ．響子，紹介しよう．
7		妻のレイラ．
8		僕たち1か月前に結婚したばかりなんだ．
9	響子:	あら，全然知らなかったわ．おめでとう．
10	ユルキ:	ありがとう．彼女は大学の語学センターで働いている．
11		英語の教師なんだ．
12	響子:	はじめまして．
13	レイラ:	会えてうれしいわ．ヘルシンキへようこそ．
14	ユルキ:	来なさい，響子．疲れただろう．
15		僕らの家で休むといい．

● **重要単語・表現**

entä …？ それで…は？, sinulle (< sinä) 君に, kun …なので, tässä (< tämä) ここに，この中に, … sitten …前に, sitä (< se) それを, en …ない, sinä 君, olet (君は)…だ, varmasti きっと, meillä 私たちの所で

* saan**ko** のような動詞の後の -ko は，その文が疑問文であることを示しています．

● **気をつけましょう**

- ei**pä** の -pä は意味を強める働きをしています．
- tiennyt は，動詞 tietää「知っている」の過去の否定の形です．

- tienny**kään** の -kään は，予想外のことに対する話者の驚きを表わしています．
- tervetuloa は，テルヴェトゥロアではなくテルヴェッ̲トゥロアと発音します．

● 覚えましょう

mennä（本文 menimme）naimisiin	結婚する
→ olla naimisissa	結婚している
olla（本文 on）työssä（あるいは töissä）+ {中で}格	
	（{中で}格）で仕事をしている
tervetuloa + {中へ}格	（{中へ}格）へようこそ

文法解説

❶ 人称変化(2)

主語が2人称単数のときは，tuli**t** のように人称語尾 -t が付きます．また，主語が1人称複数のときは，meni**mme** のように人称語尾 -mme が付きます．

1人称単数	2人称単数	3人称単数	1人称複数	
ole**n**	ole**t**	on	ole**mme**	…だ
saa**n**	saa**t**	saa	saa**mme**	…していい
tuli**n**	tuli**t**	tuli	tuli**mme**	来た（過去）
meni**n**	meni**t**	meni	meni**mme**	行った（過去）

人称語尾は，現在時制でも過去時制でも同じです．動詞の過去形については，第18課の ❸ で詳しく学びます．

❷ 《…していい》（不定詞(1)）

動詞は，不定詞の形で辞書に載っています．動詞の中には，他の動詞の不定詞と共に使われるものがあります．

saa**t**	+ levätä	
…していい（2人称単数）	休む（不定詞）	休んでいい

23

saa**nko** 　　　　　　　+ esitellä
…していいか(1人称単数)　紹介する(不定詞)　紹介していいですか

不定詞と共に用いられる動詞は他にもあります．なお，saa**nko** の -ko は疑問を表わしています．-ko を使った疑問文の作り方は，次の課で学習します．

❸ 《誰々の》（所有接尾辞(1)）
第1課で見たように「名詞＋の」は属格で表わしますが，「人称代名詞＋の」は所有接尾辞で表わします．所有接尾辞は修飾する語の後ろに付きます．所有接尾辞は，人称代名詞の人称・数に合わせて形が変わります．代名詞が1人称単数のときは -ni が付きます．

	-n: 属格	-ni: 所有接尾辞
vaimo 妻	Jyrki**n** vaimo ユルキの妻	vaimo**ni** 私の妻
vanha tuttava 古い知り合い	Jyrki**n** vanha tuttava ユルキの古い知り合い	vanha tuttava**ni** 私の古い知り合い

なお，形容詞には所有接尾辞は付きません（× vanha**ni** tuttava**ni**）．

❹ 《…しなさい》（命令文(1)）
聞き手に命令したり頼んだり勧めたりするときは，Tule! のように命令文が使われます．命令文の動詞には人称語尾が付きません．1人称単数現在形から人称語尾 -n を取れば，命令文の動詞になります．強調する場合を除いて，主語の2人称単数代名詞は表わされません．

❺ 副詞(1)
形容詞の単数属格形から格語尾 -n を取って，代わりに -sti を付けると副詞になります．例えば，形容詞 varma「確実な」（単数属格形は varma**n**）の副詞形は varma**sti** です．

練習問題

1. 例にならって，それぞれの語を適当な形に変えましょう．

例）yliopisto（大学）
　　→ Hän on työssä yliopistossa.（彼(女)は大学で働いている）

1) hotelli（ホテル）
2) kahvila（喫茶店）
3) kampaamo（美容院）
4) kirjasto（図書館）
5) matkatoimisto（旅行会社）
6) museo（博物館）
7) parturi（理髪店）
8) posti（郵便局）
9) ravintola（レストラン）
10) sairaala（病院）
11) tavaratalo（デパート）
12) valintamyymälä（スーパー）

2. 例にならって，それぞれの語を適当な形に変えましょう．

例）japani（日本語）
　　→ Hän osaa japania.（彼(女)は日本語ができます）
　　　Hän on japanin kielen opettaja.（彼(女)は日本語の先生です）

1) espanja（スペイン語）
2) kiina（中国語）
3) norja（ノルウェー語）
4) ranska（フランス語）
5) ruotsi（スウェーデン語）
6) saksa（ドイツ語）
7) tanska（デンマーク語）
8) unkari（ハンガリー語）
9) venäjä（ロシア語）
10) viro（エストニア語）

ヘルシンキ市

「バルト海の乙女（Itämeren tytär）」と形容される美しい街ヘルシンキは，もともとスウェーデンの王グスタヴ・ヴァーサによって1550年に建設されました．当時の市の中心は，現在よりも北のヴァンター川河口にあり，1640年に現在の位置に移りました．川の流れに浮かぶ船とスウェーデンの王権を象徴する青地に金の王冠からなるヘルシンキ市の紋章は，この歴史を反映しています．ヴァンター川河口周辺はVanhakaupunki（古い街）と呼ばれ，今では野鳥の楽園になっています．

グスタヴ・ヴァーサは，ヘルシンキを，フィンランド湾をはさんで反対側にあるハンザ都市タリンに対抗可能な交易の拠点にしようとしましたが，当時の国際情勢の中で，むしろ軍事的な拠点として重要な役割を果たしました．世界遺産にも登録されているスオメンリンナ（Suomenlinna）は，ロシアの攻勢に備えるため1748年に築かれた要塞です．

ヘルシンキが都市として発展を遂げるのは，フィンランドが大公国としてロシアの支配下に入って以降です．それまでフィンランドの首都はトゥルクでしたが，1812年にヘルシンキに首都が遷され，当時一つしかなかった大学(1640年創立)も1828年にヘルシンキに移転しました．首都としての街並みの整備は，ドイツ人の建築家エンゲル（C. L. Engel）によって進められました．上院広場（Senaatintori）周辺を中心とする，サンクト・ペテルブルクを模した新古典主義様式の美しい街並みは，ヘルシンキのシンボルになっています．その他，ヘルシンキには，国立美術館や北エスプラナーディ通りに残る新ルネサンス様式の建物をはじめ，国立博物館などのユーゲントシュティル，国立劇場などの民族ロマン主義，オリンピックスタジアムなどの機能主義といった，各時代の様式や思潮を反映した建物が今も残り，建築学的にも非常に興味深い都市と言えます．第2次世界大戦中はソ連軍の爆撃を受けましたが，幸い甚大な被害は受けずにすみました．

ヘルシンキの国際的な知名度を高めたのは，1952年のオリンピックと1975年の全欧安保会議の開催です．ヘルシンキは，米ソ首脳会談の開催地になるなど，その後もしばしば国際政治の舞台となってきました．

上院広場（Senaatintori）．中央の銅像はロシア皇帝アレクサンドルⅡ世．

北エスプラナーディ通り（Pohjois-esplanadi）に残る19世紀末の建物．

国立劇場（Kansallisteatteri）．左手の銅像は作家アレクシス・キヴィ（Aleksis Kivi）．

応用編

1 家族関係を表わす単語を覚えましょう.

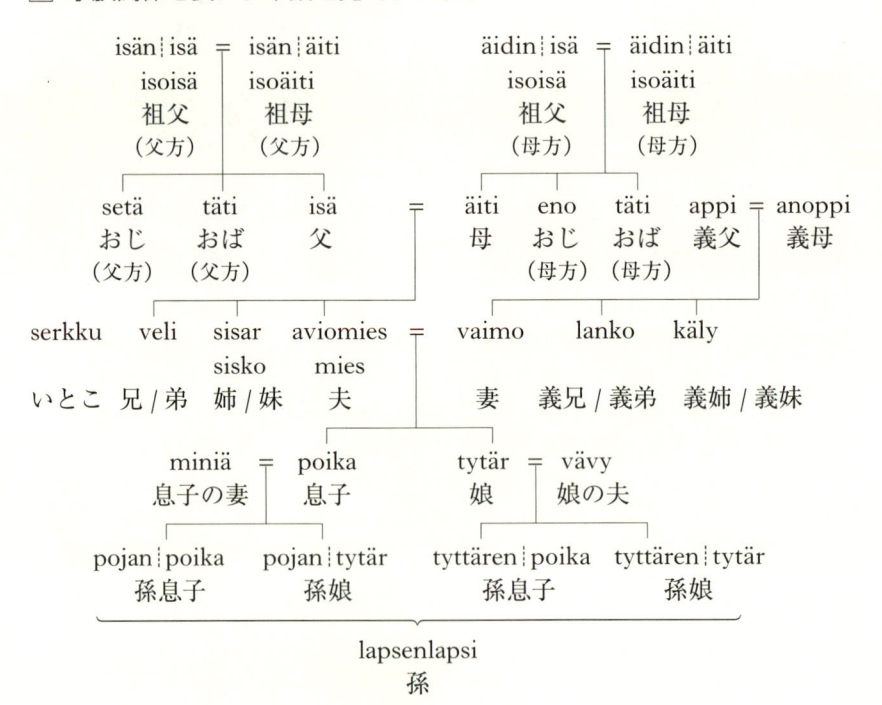

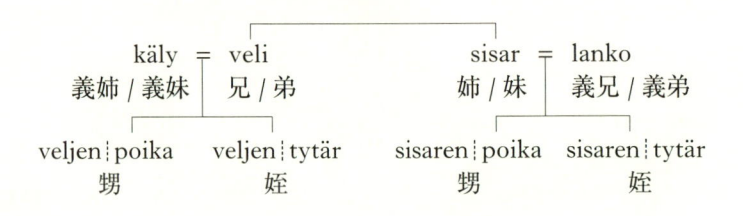

```
        isän｜isä  =  isän｜äiti            äidin｜isä  =  äidin｜äiti
         isoisä        isoäiti               isoisä        isoäiti
          祖父           祖母                  祖父           祖母
         (父方)         (父方)                (母方)         (母方)

    setä     täti     isä    =    äiti    eno    täti    appi  =  anoppi
    おじ     おば      父          母     おじ    おば    義父      義母
   (父方)   (父方)                       (母方)  (母方)

serkku   veli   sisar   aviomies  =  vaimo   lanko    käly
         sisko            mies
 いとこ  兄/弟  姉/妹     夫          妻    義兄/義弟  義姉/義妹

         miniä  =  poika         tytär  =  vävy
         息子の妻    息子          娘       娘の夫

      pojan｜poika  pojan｜tytär   tyttären｜poika  tyttären｜tytär
         孫息子        孫娘            孫息子           孫娘

                            lapsenlapsi
                                孫
```

```
        käly  =  veli          sisar  =  lanko
       義姉/義妹   兄/弟          姉/妹    義兄/義弟

   veljen｜poika  veljen｜tytär   sisaren｜poika  sisaren｜tytär
        甥            姪               甥            姪
```

・・・・・・・・・・・・・・・・・・・・・・・・・・・・・・・・・・・・・・
perhe 家族, suku / sukulaiset 親族, vanhemmat 両親, aviopari / pariskunta 夫婦

* 兄/弟, 姉/妹を区別するときは, 年上なら vanhempi / iso, 年下なら nuorempi / pikku を前に付けて区別します.

2 よく使う挨拶を覚えましょう．

(Hyvää) huomenta!	おはよう．
(Hyvää) päivää!	こんにちは．
(Hyvää) iltaa!	こんばんは．
Hyvää yötä!	おやすみなさい．
Näkemiin! (口語では Nähdään!)	さようなら．
Kuulemiin! (口語では Soitellaan!)	さようなら．(電話で)
Pikaisiin tapaamisiin!	また近いうちに．
Voi hyvin! / Voikaa hyvin!	お元気で．

以下はややくだけた挨拶です．

Terve!	やあ．/ じゃあ元気で．
Kiva nähdä!	やあ．
Hei! / Moi!	やあ．
Hei hei! / Moi moi!	それじゃあ．

次は安否を問う挨拶です．

Mitä kuuluu?	元気ですか？
— [Erittäin / Oikein] hyvää, kiitos.	—とても元気です，ありがとう．
— Ihan [kivaa / hyvää].	—とても元気です
— Eipä erikoista.	—相変わらずです．
— Mikäs tässä.	—まあまあです．
— Ei kovin hyvää.	—あまり元気ではありません．
— Entä sinulle?	—君は？

安否を問う場合は次のような言い方もできます．問い返すときに，sinulle ではなく sinulla となることに注意してください．

Miten menee?	最近はどうですか？
— Oikein hyvin, kiitos.	—順調です，ありがとう．
— Ihan [kivasti / mukavasti].	—快調です．
— Ei hassummin.	—まあまあです．
— Ei kovin hyvin.	—いま一つです．
— Entä sinulla?	—君は？

Kappale neljä
4 どこに住んでいるの?

CD 7

この課では，疑問文の作り方・答え方と「誰々が何々を持っている」という言い方を学びます．

1　*Autossa*
　　アウトッサ

2　Kyoko:　Missä kaupunginosassa te asutte?
　　　　　　ミッサ　カウプンギンオサッサ　テ　アスッテ

3　Jyrki:　Asumme Lauttasaaressa.
　　　　　　アスンメ　　ラウッタサーレッサ

4　Kyoko:　Onko se keskustan lähellä?
　　　　　　オンコ　セ　ケスクスタン　ラヘッラ

5　Jyrki:　Kyllä.　Aivan　lähellä.
　　　　　　キュッラ　　アイヴァン　ラヘッラ

6　　　　　Se on vain　kolme kilometriä keskustasta länteen.
　　　　　　セ　オン　ヴァイン　コルメ　キロメトリア　ケスクスタスタ　　ランテーン

7　Kyoko:　Asutteko te omakotitalossa?
　　　　　　アスッテコ　テ　オマコティタロッサ

8　Jyrki:　Emme.　Me asumme kerrostalossa.
　　　　　　エンメ　　メ　アスンメ　　ケッロスタロッサ

9　　　　　Huoneistomme on viidennessä kerroksessa.
　　　　　　フオネイストンメ　　オン　ヴィーデンネッサ　ケッロクセッサ

10　Kyoko:　Näkyykö meri teidän ikkunastanne?
　　　　　　ナキューコ　メリ　テイダン　イックナスタンネ

11　Leila:　Kyllä.　Meren ranta on ihan lähellä.
　　　　　　キュッラ　　メレン　ランタ　オン　イハン　ラヘッラ

12　　　　　Kesällä kävelemme pitkin rantaa iltaisin.
　　　　　　ケサッラ　カヴェレンメ　ピトキン　ランター　イルタイシン

13　Kyoko:　Onko teillä　oma sauna?
　　　　　　オンコ　テイッラ　オマ　サウナ

14	Jyrki:	Ei. Mutta talossa on. Meillä on saunavuoro.
		エイ ムッタ タロッサ オン メイッラ オン サウナヴオロ
15		Asukkaat käyvät saunassa vuorotellen.
		アスッカート カユヴァト サウナッサ ヴオロテッレン

1 　車の中で
2 　　響子：　どのあたりに住んでいるの？
3 　　ユルキ：　ラウッタサーリだよ．
4 　　響子：　中心部に近いの？
5 　　ユルキ：　ああ，近いとも．
6 　　　　　　中心街から西にたったの3キロだよ．
7 　　響子：　一戸建ての家に住んでいるの？
8 　　ユルキ：　いや．集合住宅に住んでいるんだ．
9 　　　　　　うちは5階だよ．
10 　響子：　窓から海は見える？
11 　レイラ：　見えるわ．海岸のすぐ近くだもの．
12 　　　　　　夏には，夕方いつも岸辺を散歩するのよ．
13 　響子：　サウナはあるの？
14 　ユルキ：　ない．でも建物にはある．サウナの順番があるんだ．
15 　　　　　　住んでいる人が順番でサウナを使うんだよ．

● 重要単語・表現

missä (< mikä) どこに，どの…に， te あなたたち， kyllä はい， aivan まさに， vain … …だけ， emme …ない， me 私たち， teidän (< te) あなたたちの， ihan まさに， iltaisin 毎夕， teillä (< te) あなたたち(の所)に， oma 自分の， ei …ない， mutta しかし， meillä (< me) 私たち(の所)に

* huoneisto**mme** のような名詞の後の -mme は「私たちの」，ikkunasta**nne** のような名詞の後の -nne は「あなたたちの」という意味を表わします．
* näkyy**kö** のような動詞の後の -kö は，文が疑問文であることを表わします．

● 気をつけましょう
- länteen（単数{中へ}格）< länsi「西」
- viidennessä は，序数（第6課 ❹ 参照）viides「第5」の単数{中で}格です．

● 覚えましょう

属格 + lähellä	（属格）の近くに
pitkin + 分格	（分格）に沿って
käydä（本文 käyvät）+ {中/所で}格	（{中/所で}格）に行く
→ käydä [työssä / töissä]	仕事に行く
käydä [koulua / lukiota]	[学校/高校]に通う
käydä kurssilla	講座に通う
käydä [kahvilla / kaljalla]	[コーヒー/酒]を飲みに行く
käydä lounaalla	昼食に行く
käydä [kaupassa / ostoksilla]	買い物に行く
käydä lääkärissä	医者に行く
käydä kylässä	人を訪ねる
käydä saunassa	サウナに入る
käydä suihkussa	シャワーを浴びる
käydä vessassa	トイレに行く
käydä elokuvissa	映画を見に行く
käydä retkellä	遠足に行く
käydä lenkillä	[ジョギング/散歩]に行く
käydä kalassa	釣りに行く
käydä [marjassa / sienessä]	[ベリー/きのこ]を採りに行く
⇔ mennä + {中/所へ}格	（{中/所へ}格）へ行く

＊「学校/高校に通う」の koulua, lukiota は単数分格になっています．

文法解説

❶ 人称変化(3)

主語が2人称複数のときは，asu**tte** のように人称語尾 -tte が付きます．また，主語が3人称複数のときは，käy**vät** のように人称語尾 -vät あるいは -vat が付きます．どちらが付くかは母音調和によって決まります．ここで，動詞の人称変化をまとめてみましょう．

(現在時制)	住む	歩く	通う	…だ/ある
1人称単数	asu**n**	kävele**n**	käy**n**	ole**n**
2人称単数	asu**t**	kävele**t**	käy**t**	ole**t**
3人称単数	asu**u**	kävele**e**	käy	on
1人称複数	asu**mme**	kävele**mme**	käy**mme**	ole**mme**
2人称複数	asu**tte**	kävele**tte**	käy**tte**	ole**tte**
3人称複数	asu**vat**	kävele**vät**	käy**vät**	o**vat**
不定詞	asua	kävellä	käydä	olla

人称語尾を取り去った残りを語幹と言います．3人称単数の現在形は，käy- のように語幹が長母音・二重母音で終わっていれば語幹と同じ形になり，それ以外の場合は，asu**u** や kävele**e** のように，語幹の最後の母音を延ばして作ります．なお，「…だ」「ある」を意味する動詞 olla の人称変化は3人称が不規則で，語幹 ole- が現われません．

❷ 《どこに》《どこで》(疑問詞(2))

「どこに」「どこで」は missä で表わします．missä は疑問詞 mikä「何」の{中で}格の形です．本文では，missä が{中で}格の名詞 kaupunginosassa を修飾しています．名詞とそれを修飾する形容詞が同じ格になるように，名詞とそれを修飾する疑問詞も同じ格で表わされます．

❸ 疑問文(1)

フィンランド語では，動詞に -ko あるいは -kö を付けることで疑問文を作ることができます．どちらが付くかは母音調和によって決まります．-ko/-kö

が付いた動詞は文頭に置かれます．疑問詞のあるなしに関わらず，疑問文のイントネーション(抑揚)は，尻上がりにはならないのが普通です．

 Se on keskustan lähellä. → On**ko** se keskustan lähellä?
 それは ある 中心部の 近くに   それは中心部の近くですか？
 Meri näkyy. → Näkyy**kö** meri?
 海が 見える   海は見えますか？
 Teillä on oma sauna. → On**ko** teillä oma sauna?
 あなた方には ある 自分の サウナ   自家用サウナを持っていますか？

「はい」のときは，kylläやaivan(「その通り」)といった語で答えるか，疑問文中の動詞を繰り返して答えます．口語ではjooがよく用いられます．疑問文中の動詞が2人称の場合，答えは1人称になることに注意しましょう．

「いいえ」のときは，否定動詞と呼ばれる特別な動詞を用います．否定動詞も人称変化します(ただし，口語では人称に関わらずeiを用います)．

   単数   複数
 1人称 2人称 3人称 1人称 2人称 3人称
 en et ei emme ette eivät

 Asu**tteko** omakotitalossa? 一軒家にお住まいですか？(2人称複数)
 — Kyllä (あるいは Joo). —はい．
 — Asu*mme*. —そうです．(1人称複数)
 — E*mme*. —いいえ．(1人称複数)

❹ 《中から》(場所格(2))

keskusta**sta** のように -sta/-stä が付く格は，「…の中から」という意味を表わすので，{中から}格と呼ぶことにします．{中から}格は起点を表わします．

❺ 《誰々の》(所有接尾辞(2))

第3課の❸で見たように，「人称代名詞＋の」は所有接尾辞で表わしますが，teidän ikkunastanne のように人称代名詞の属格形を前に置くこともで

きます．teidän は 2 人称複数代名詞の属格形です．この属格形は省略できますが，所有接尾辞は省略できません．また，修飾する語に格語尾が付いている場合，所有接尾辞は格語尾の後に付きます．ikkuna*stanne* は，ikkuna「窓」の単数{中から}格(格語尾は -sta)に 2 人称複数の所有接尾辞 -nne が付いた形です．1 人称複数のときは -mme が付きます．

❻ {所で}格(1)

kesällä は kesä「夏」の{所で}格で「夏に」という意味です．{所で}格は，季節の他，viime viiko**lla**「先週」，tä**llä** viiko**lla**「今週」，ensi viiko**lla**「来週」のような週，aamu**lla**「朝に」，päivä**llä**「昼に」，illa**lla**「晩に」，yö**llä**「夜に」のような一日の時間帯も表わします．なお，季節を表わす語は次の通りです．

春 kevät 夏 kesä 秋 syksy 冬 talvi
春に kevää**llä** 夏に kesä**llä** 秋に syksy**llä** 冬に talve**lla**

❼ 《A は B を持っている》(所有文(1))

「A は B を持っている」と言うときは，A ({所で}格) +「ある」+ B (主格) という語順で表わします．直訳すれば，「A のところに B がある」という意味になります．この構文を所有文と言います．B が saunavuoro「サウナの順番」のような具体的な物でない場合も使えます．「ある」を表わす動詞は，「…だ」を表わす動詞と同じ olla です．所有文の動詞は，A や B が何であっても，常に 3 人称単数形になります．

Meillä on auto. 私たちのところに車がある．
私たちに ある 車 → 私たちは車を持っている．
{所で}格 3 人称単数 主格

❽ 《…が》(主語(2))

主語が複数のときは，複数主格形で表わします．複数主格形には，asukkaat のように語尾 -t が付きます．単数属格形の語尾 -n を -t に替えれば作ることができます．

asukas (単数主格) ⇔ asukkaa**n** (単数属格) ⇔ asukkaa**t** (複数主格)

練習問題

フィンランド語で言ってみましょう.
 1) 君は学生ですか？
 2) 君はフィンランド語ができますか？
 3) 君はどこでフィンランド語を勉強した（oppi|a, opit）のですか？
 4) 君はどこで働いているのですか？
 5) 君はどこに住んでいるのですか？
 6) 私は両親と一緒に（vanhempieni luona）住んでいます.
 7) スーパー（valintamyymälä / supermarket）はこの近く（täällä）だとどこにありますか？
 8) あなたがたは中心街に住んでいるのですか？
 9) 私たちは郊外に（esikaupunkialue, -ella）住んでいます.
10) 私たちは田舎に（maalla）夏のコテージ（kesämökki）を持っています.
11) これが私たちの住まい（asunto）です.
12) 君はどんな家に（millaisessa asunnossa）住んでいるの？
13) 私には（minulla）子供（lapsi）が1人（yksi）います.
14) 彼はフィンランド人（suomalainen）ですか？
15) これはオリンピックスタジアム（olympiastadion）ですか？

典型的なアパート（kerrostalo）.

ヘルシンキの住宅事情

市内の住居は大半が積層住宅（kerrostalo）で，一戸建て（omakotitalo）や連続住宅（rivitalo）などの低層住宅は全戸数の1割強に過ぎません．住居の平均面積は60 m^{2}強で，賃貸住宅（vuokra-asunto）が約半数を占めています．

　フィンランドの住まいは，二重窓や床暖房など防寒対策が行き届いていて，冬でも薄着で暮らすことができます．暖房は温水の循環によっています．家に上がるときは玄関で靴を脱ぎます．室内は白熱電灯主体のため，夜はだいぶ暗い感じがします．台所のレンジは電気が普通です．電圧は220（一部230）ボルトで，コンセントの形も日本とは異なります．台所には洗った食器を入れておく乾燥戸棚（kuivauskaappi）があります．多くの場合，浴室はシャワーだけで浴槽はありません．サウナは，積層住宅の場合各戸にはなく，建物の中に共同のサウナがあって，住民が順番に使います．

【不動産広告の例】
Katajanokka kt 62.5 m^2
Kalust, 2h + k + kh + parv.
2/3 krs. Erittäin hyvä kunto ja varustus,
osittain merinäköala.
Alk 23.7. Vuokra 1200 €.
2kk tak.+ vp. 1,22 × 1kk vuokra.
Puh. 000 0000

カタヤノッカ　積層住宅 62.5 m^2
家具付　居室2＋台所＋浴室＋バルコニー
3階建ての2階　状態・設備極めて良し
海の眺望あり
入居7月23日から　家賃月1200 €
保証金2か月分＋仲介手数料1.22か月分
電話 000 0000

応用編

1 住まい（asunto）や家具（huonekalut）に関する単語を覚えましょう.

omakotitalo 一戸建て	katto 屋根，天井
paritalo 二戸建て住宅	seinä 壁
rivitalo 連続住宅	lattia 床
kerrostalo 積層住宅	matto カーペット
yksiö ワンルーム	verho カーテン
kaksio 二間のアパート	komero クローゼット
kolmio 三部屋のアパート	kaappi 戸棚
hissi エレベーター	lipasto 整理ダンス
rappukäytävä/raput 階段	hylly 棚
eteinen 玄関	teline ラック
keittiö 台所	pöytä 机, テーブル
olohuone 居間	tuoli 椅子
makuuhuone 寝室	nojatuoli 肘かけ椅子
vessa / toiletti トイレ	jakkara スツール
kylpyhuone 浴室	sohva ソファー
parveke バルコニー	penkki ベンチ
ovi 扉	peili 鏡
ikkuna 窓	sänky / vuode ベッド

2 missä を用いた場所をたずねる表現を覚えましょう.

Missä minä olen nyt?　　ここはどこですか？
— [Olette / Olet] Aleksanterinkadulla.　　—アレクサンダー通りです．
Missä on Stockmannin tavaratalo?　　デパートのストックマンはどこですか？
— Se on tuolla Mannerheimintien kulmassa.　　—あそこのマンネルヘイム通りの角にあります．
Missä on [kenkäosasto / vessa]?　　[靴売り場 / トイレ]はどこですか？
— Se on tuossa.　　—あそこです．

— Se on suoraan edessä.	—まっすぐ行ったところです．
— Se on [oikealla / vasemmalla].	—[右手 / 左手]にあります．
— Se on [yläkerrassa / alakerrassa].	—[上の階 / 下の階]にあります．
Missä te olette työssä?	あなたはどこで働いているんですか？
Missä sinä olet työssä?	君はどこで働いているんですか？
— Olen työssä tehtaassa.	—私は工場で働いています．
Missä te työskentelette?	あなたはどこで働いているんですか？
Missä sinä työskentelet?	君はどこで働いているんですか？
— Työskentelen virastossa.	—私は役所で働いています．
— Työskentelen sairaalassa lääkärinä.	—病院で医師として働いています．

Kappale viisi
5 出身はどこですか？

CD 8

この課では，疑問文の作り方・答え方と数の数え方を学びます．

1 Leila: Mistä päin Japania olet kotoisin? Tokiostako?
　　　　　ミスタ　パイン　ヤパニア　オレト コトイシン　トキオスタコ

2 Kyoko: Ei. Olen kotoisin Nagoyasta.
　　　　　エイ　オレン　コトイシン　ナゴヤスタ

3 　　　　Nagoya on neljänneksi suurin kaupunki Japanissa.
　　　　　ナゴヤ　オン ネルヤンネクシ　スーリン　カウプンキ　ヤパニッサ

4 　　　　Nagoyassa asuu neljä kertaa enemmän ihmisiä kuin
　　　　　ナゴヤッサ　アスー ネルヤ ケルター エネンマン　イフミシア クイン

　　　　　Helsingissä.
　　　　　ヘルシンギッサ

5 Leila: Kuinka kauan aiot viipyä Helsingissä?
　　　　　クインカ　カウアン　アイオト ヴィーピュア ヘルシンギッサ

6 Kyoko: Aion viipyä yhden vuoden.
　　　　　アイオン ヴィーピュア ユヒデン ヴオデン

7 　　　　Asun opiskelija-asuntolassa Viikissä.
　　　　　アスン　オピスケリヤアスントラッサ　ヴィーキッサ

8 　　　　Missä päin Viikki on?
　　　　　ミッサ　パイン ヴィーッキ オン

9 Jyrki: Se on keskustan pohjoispuolella.
　　　　　セ オン ケスクスタン　ポフヨイスプオレッラ

10 Kyoko: Onkohan sinne pitkä matka?
　　　　　オンコハン　シンネ　ピトカ　マトカ

11 　　　　Kuinka kaukana keskustasta Viikki on?
　　　　　クインカ　カウカナ　ケスクスタスタ　ヴィーッキ オン

12 Jyrki: Noin kymmenen kilometriä.
　　　　　ノイン　キュンメネン　キロメトリア

13 Kyoko: Tiedätkö, miten pääsee keskustasta Viikkiin?
　　　　　ティエダトコ　ミテン　パーセー　ケスクスタスタ　ヴィーッキーン

14 　Jyrki: 　Bussilla.　Bussi lähtee Rautatientorilta.
　　　　　　　　ブッシッラ　　ブッシ　ラヒテー　ラウタティエントリルタ

1　レイラ：　日本のどこ出身なの？　東京？
2　響子：　　いいえ．名古屋です．
3　　　　　　名古屋は日本で4番目に大きい街なんです．
4　　　　　　名古屋にはヘルシンキの4倍の人が住んでいるんですよ．
5　レイラ：　ヘルシンキにはどれくらいいるつもりなの？
6　響子：　　1年間いようと思っています．
7　　　　　　ヴィーッキの学生寮に住むんです．
8　　　　　　ヴィーッキってどの辺かしら？
9　ユルキ：　中心街から北の方角だよ．
10　響子：　　そこまでは遠いのかしら？
11　　　　　　中心街からヴィーッキはどのくらい離れているの？
12　ユルキ：　大体10キロくらいだね．
13　響子：　　中心街からヴィーッキへはどう行けばいいか知ってますか？
14　ユルキ：　バスで行くんだ．バスは駅前広場から出るんだよ．

● 重要単語・表現

mistä（< mikä）どこから，　neljänneksi suurin 4番目に大きい，　neljä kertaa enemmän 4倍多い，　kuin … …よりも，　kuinka kauan どれくらい長く，　sinne そこへ，　kuinka kaukana どれくらい遠くに，　noin およそ，　miten どうやって，どのように

● 気をつけましょう
- neljänneksi は，序数 neljäs「第4」の単数変格(第9課 ❷ 参照)です．
- yhden（単数属格）< yksi「1」
- onko**han** のように疑問文に -han/-hän が使われると，相手に答えを求めるというよりは，話者があるものごとについて確信を持っていないことを表わします．したがって，丁寧な問いかけではしばしばこの -han/-hän が使われます．

● 覚えましょう

olla（本文 olet, olen）kotoisin +｛中から｝格　　（｛中から｝格）出身だ
aikoa（本文 aiot, aion）+ 不定詞　　　　　　　　…するつもりだ

文法解説

❶《どこから》(疑問詞(3))

「どこから」は mistä で表わします．mistä は疑問詞 mikä「何」の｛中から｝格の形です．

❷ 疑問文(2)

疑問文を作る -ko/-kö は，動詞以外にも付けることができます．-ko/-kö が付いた語は文頭に置かれます．-ko/-kö が動詞以外の語に付くと，その語だけが疑問の対象になります．「はい」と答えるときは，kyllä の他 niin を用います．-ko/-kö が付いた語を繰り返してもかまいません．「いいえ」と答えるときは，否定動詞を用います．口語では，動詞の人称や数に関わりなく ei が用いられます．また，多くの場合，否定動詞の後に vaan …（口語では kun …）「そうではなくて…」が続きます．次の3つの例を比較してみましょう．

Asut**ko** sinä Helsingissä?　　　君はヘルシンキに住んでいるんですか？
— Kyllä.（口語では Joo.）　　　—はい．
— Asun.　　　　　　　　　　　—住んでいます．
— En.　　　　　　　　　　　　—いいえ．
Helsingissä**kö** sinä asut?　　　君が住んでいるのはヘルシンキなんですか？
— Kyllä.（口語では Joo.）　　　—はい．
— Niin.　　　　　　　　　　　—ええ．
— Helsingissä.　　　　　　　　—ヘルシンキです．
— En, vaan Espoossa.　　　　　—いいえ，エスポーに住んでいます．
— Ei kun Espoossa.（口語）　　 —いいえ，エスポーに住んでいます．
Missä sinä asut?　　　　　　　君が住んでいるのはどこですか？
— Asun Helsingissä.　　　　　—ヘルシンキです．

なお，フィンランド語では，本文の Tiedätkö, miten pääsee … からわかるように，疑問文をそのまま目的語として使うことができます．次の文では，Onko hän kotona?「彼(女)は家にいますか」という疑問文が，en tiedä「私は知らない」の目的語の働きをしています．

En tiedä, onko hän kotona. 彼(女)が家にいるかどうかわかりません．

❸ 基数詞(1)

数詞には基数詞と序数詞があります．基数詞は，ものごとを数え上げるときに使います．1 から 9 までの基数詞は次の通りです．

1 yksi	2 kaksi	3 kolme	4 neljä	5 viisi
ユクシ	カクシ	コルメ	ネルヤ	ヴィーシ
6 kuusi	7 seitsemän	8 kahdeksan	9 yhdeksän	
クーシ	セイッツェマン	カフデクサン	ユヒデクサン	

これらの形はみな主格形です．基数詞も名詞や形容詞と同じように格変化します．また，位取りは次のような語で表されます．

	10	100	1 000	1 000 000
主格形	kymmenen	sata	tuhat	miljoona
	キュンメネン	サタ	トゥハト	ミルヨーナ
分格形	kymmentä	sataa	tuhatta	miljoonaa
	キュンメンタ	サター	トゥハッタ	ミルヨーナー

その他の数はこれらの組み合わせで表わします．63 の場合，6 (kuusi)×10 (kymmenen)+3 (kolme) なので kuusi⦙kymmentä⦙kolme となります．位取りを表わす数詞は，直前に 2 以上の数詞が来ると分格形になるので，注意してください．同様に，10,000 は 10×1,000 なので kymmenen⦙tuhatta，100,000 は 100×1,000 なので sata⦙tuhatta となります．なお，11 から 19 までは例外で，1 の位を表わす数詞の後に -toista を付けます．13 の場合は kolme⦙toista となります．また，0 は nolla (ノッラ)と言います．

基数詞は名詞の前に置かれます．neljä kertaa や kymmenen kilometriä のように，基数詞の後の名詞が単数分格形になっていることに注意してください．詳しくは次の課で学びます．

43

❹ 期間の言い方

1日，1か月，1年のように1が付く場合は属格で表わします.「1年間」ならば，yksi「1」と vuosi「年」を共に属格形にして，(yhden) vuoden と言います．これだけで「1年間」という意味になり，他の語は必要ありません．2年，3年のように1以外の数が付く場合は，「基数詞の主格形＋単位を表わす名詞の単数分格形」で表わします．例えば「2年間」は，vuosi の単数分格形 vuotta を用いて，kaksi vuotta と言います．

　Aion viipyä yhde**n** [päivä**n** / viiko**n** / kuukaude**n** / vuode**n**].
　1［日／週／か月／年］間滞在するつもりです．
　Aion viipyä kaksi [päivä**ä** / viikko**a** / kuukaut**ta** / vuot**ta**].
　2［日／週／か月／年］間滞在するつもりです．

❺ {所で}格（2）

{所で}格は手段も表わします．bussi**lla** は bussi「バス」の単数{所で}格で，交通手段を表わしています．また，次の文の puikoi**lla** は，puikko「箸」の複数{所で}格です．

　Japanilaiset syövät puikoi**lla**.　日本人は箸で食べます．

❻ 《所から》（場所格（3））

rautatientori**lta** のように格語尾 -lta/-ltä が付く格は，「…の所（あるいは上）から」という意味を表わすので，{所から}格と呼ぶことにします．フィンランド語の場所を表わす格は，次のようにまとめられます．

	中			所（あるいは上）		
に	…の中に	｝{中で}格		…の所（あるいは上）に	｝{所で}格	
で	…の中で			…の所（あるいは上）で		
へ	…の中へ	{中へ}格		…の所（あるいは上）へ	{所へ}格	
から	…の中から	{中から}格		…の所（あるいは上）から	{所から}格	

練習問題

1. フィンランド語で言ってみましょう．
1) ヘルシンキはフィンランドで一番大きい街です．
2) ヘルシンキにはトゥルクの（Turku, Turussa）3倍の人が住んでいます．
3) 君はヘルシンキ出身ですか？
4) 私はトゥルク出身です．
5) あなたがたはフィンランドにどのくらい滞在するつもりですか？
6) 私たちは1か月滞在するつもりです．
7) ここから（täältä）バスターミナル（bussiterminaali）まではどれくらいありますか？
8) ここからバスターミナルへはどう行ったらいいのでしょう？

2. 例にならって，それぞれの語を適当な形に変えましょう．
例）Miten pääsee Porvooseen?（ポルヴォーへはどう行けばいいですか?）
　　bussi（バス）→ Bussilla.（バスで）
1) Miten pääsee Korkeasaareen?
　　laiva（船）
2) Miten pääsee Linnanmäelle?
　　raitiovaunu（市電）
3) Miten pääsee Itäkeskukseen?
　　metro（地下鉄）
4) Miten pääsee Gallen-Kallelan museoon?
　　taksi（タクシー）
5) Miten pääsee Tampereelle?
　　juna（列車）
6) Miten pääsee leirintäalueen?
　　auto（車）
7) Miten pääsee luonnonpuistoon?
　　polkupyörä（自転車）

ヘルシンキの鉄道駅（Rautatieasema）の駅舎．

フィンランドへのアクセス

　空の玄関口はヘルシンキ＝ヴァンター空港（Helsinki-Vantaan lento-asema）です。空港は，ヘルシンキの中心部から19キロほど北のヴァンター市にあります。ヘルシンキの中心部まではフィンランド航空の専用バスが運行しています。所要時間は約30分で，中央駅西横のシティターミナル（City Terminaali）に発着します。L字型の空港は，一辺が国際線ターミナル（Ulkomaan terminaali），他の一辺が国内線ターミナル（Kotimaan terminaali）になっています。小規模な空港ですが，機能的で使いやすい空港です。ただし，免税売店の数は少ないので，免税ショッピングの面ではあまり期待できません。

　陸の玄関口はフィンランド国鉄（Valtion rautatie, VRと略称）のヘルシンキ中央駅（Helsingin päärautatieasema）です。もっとも，この駅に発着している国際列車は，サンクト・ペテルブルク行きのシベリウス（Sibelius）号とレーピン（Repin）号，モスクワ行きのトルストイ（Tolstoi）号だけなので，国外から鉄道で到着する人は少ないでしょう。レーピン号とトルストイ号はロシア国鉄が運行しています。時計台と照明を捧げ持つ正面の4体の巨人像が印象的な中央駅の駅舎は，1919年に完成したサーリネン（Eliel Saarinen）の代表作です。最近，駅舎の整備が進んで，ようやくホームに屋根が架けられました。

　海の玄関口はヘルシンキ港（Helsingin satama）です。港には6つのターミナルがあり，船の運航会社，行き先別に分かれていて，うち4つはマーケット広場（Kauppatori）がある南港（Eteläsatama）にあります。南港に泊まっている大きな船は，マーケット広場から見て右手（Olympiaterminaali）がシルヤライン，左手（Katajanokan terminaali）がヴァイキングラインの船で，ともにストックホルム行きです。旅行会社のパンフレットにはよく「豪華客船」と謳われていますが，要は巨大なカーフェリーです。南港からは，エストニアのタリン行きのフェリー，水中翼船も出ています。タリンまでは直線距離でわずか80キロなので，フェリーでも3時間30分ほど，水中翼船なら1時間40分ほどで着いてしまいます。エストニア行きの船は西港（Länsisatama）のLänsiterminaaliからも出ています。タリンは，ソ連時代ほどではないにせよ，物価がフィンランドよりはだいぶ安いため，アルコール目当ての男性に加え，食料品・日用品目当ての女性もタリンに多数詰めかけています。

応用編

1 体の部分を表わす言い方を覚えましょう．

pää 頭	hiukset / tukka 髪	polvi 膝
kasvot 顔	olkapää 肩	nilkka 足首
otsa 額	rinta 胸	jalkaterä 足
silmä 目	vatsa / maha 腹	varvas つま先
korva 耳	selkä 背中	kantapää かかと
nenä 鼻	käsivarsi 腕	luu 骨
suu 口	kyynärpää ひじ	nivel 関節
huuli 唇	ranne 手首	lihas 筋肉
hammas 歯	käsi 手	veri 血
kieli 舌	peukalo 親指	aivot 脳
poski 頬	sormi 指	sydän 心臓
leuka あご	kynsi 爪	keuhko 肺
kaula 首	vyötärö ウエスト	iho 皮膚
kurkku のど	takamus 尻	hiki 汗
niska うなじ	jalka 脚	kyynel 涙

2 mistä を用いた場所をたずねる表現を覚えましょう．

Mistä [te tulette / sinä tulet]? ［あなた / 君］はどこから来たのですか？
— Tulen Japanista. ―私は日本から来ました．
Mistä [te olette / sinä olet] kotoisin? ［あなた / 君］はどこ出身ですか？
— Olen kotoisin Tokiosta. ―私は東京出身です．
Mistä bussi lähtee Porvooseen? ポルヴォー行きのバスはどこから出ますか？
— Se lähtee laiturilta kolme. ―3番乗り場から出ます．
Mistä voi ostaa sanomalehtiä? 新聞はどこで買えますか？
— Niitä voi ostaa kirjakaupoista ja kioskeista. ―本屋やキオスクで買えます．

Kappale kuusi
このバスはどこへ行きますか？

CD 9

この課では，数詞の使い方と「誰かが何々をする」「どこどこに何々がある」という言い方を学びます．

1 Kyoko: Missä on lähin bussipysäkki?
ミッサ　オン　ラヒン　ブッシピュサッキ

2 Jyrki: Se on suoraan talon edessä.
セ　オン　スオラーン　タロン　エデッサ

3 Kyoko: Mitä bussilippu maksaa?
ミタ　ブッシリップ　マクサー

4 Jyrki: Kertalippu maksaa kaksi euroa.
ケルタリップ　マクサー　カクシ　エウロア

5 Lippu ostetaan kuljettajalta.
リップ　オステターン　クルイェッタヤルタ

6 Lippu on voimassa tunnin.
リップ　オン　ヴォイマッサ　トゥンニン

7 *Bussi tuli. Kyoko ja Jyrki nousivat bussiin.*
ブッシ　トゥリ　キョーコ　ヤ　ユルキ　ノウシヴァト　ブッシーン

8 Kyoko: Mihin tämä bussi menee? Viikkiinkö?
ミヒン　タマ　ブッシ　メネー　ヴィーッキーンコ

9 Jyrki: Ei. Nousemme pois Rautatientorilla.
エイ　ノウセンメ　ポイス　ラウタティエントリッラ

10 Vaihdamme siellä bussiin numero
ヴァイヒダンメ　シエッラ　ブッシーン　ヌメロ

70 (seitsemänkymmentä).
セイツェマンキュンメンタ

11 Kyoko: Monesko pysäkki Rautatientori on?
モネスコ　ピュサッキ　ラウタティエントリ　オン

12 Jyrki: Yhdeksäs.
ユヒデクサス

48

13	Kyoko:	Millainen Viikki on?
		ミッライネン ヴィーッキ オン
14	Jyrki:	Viikissä on monta tutkimuslaitosta.
		ヴィーキッサ オン モンタ トゥトキムスライトスタ
15		Läheiselle suolle tulee tuhansia lintuja keväisin
		ラヘイセッレ スオッレ トゥレー トゥハンシア リントゥヤ ケヴァイシン
		ja syksyisin.
		ヤ シュクシュイシン
16		Luontopolkua seuraten voi tutustua
		ルオントポルクア セウラテン ヴォイ トゥトゥストゥア
		luontoon.
		ルオントーン

1	響子：	一番近いバス停はどこ？
2	ユルキ：	家のすぐ前さ．
3	響子：	バスの切符はいくらするの？
4	ユルキ：	一回券は2ユーロだ．
5		切符は運転手から買うんだ．
6		切符は1時間有効なんだよ．
7	バスがやって来ました．響子とユルキはバスに乗り込みました．
8	響子：	このバスはどこ行き？ ヴィーッキに行くの？
9	ユルキ：	いや．駅前広場で降りるよ．
10		そこで70番のバスに乗り換える．
11	響子：	駅前広場は何番目の停留所なの？
12	ユルキ：	9番目だよ．
13	響子：	ヴィーッキってどんなところかしら？
14	ユルキ：	ヴィーッキにはたくさん研究施設があるんだ．
15		近くの沼には春と秋に何千羽も鳥がやってくる．
16		自然歩道を歩けば自然が身近に感じられるよ．

● 重要単語・表現

mihin (< mikä) どこへ， siellä そこで，そこに， monesko 何番目の

(= kuinka mones), monta たくさんの, keväisin 春ごとに, syksyisin 秋ごとに

● 気をつけましょう
- tuhansia（複数分格）< tuhat「千」

● 覚えましょう
属格 + edessä　　　　　　　　　　　（属格）の前に
Mitä … maksaa?　　　　　　　　　　…の値段はいくらか？
olla（本文 on）voimassa　　　　　　有効だ
nousta（本文 nousivat）+ {中へ}格　（{中へ}格）に乗る
⇔ nousta pois + {中から}格　　　　（{中から}格）から降りる
vaihtaa（本文 vaihdamme）+ {中へ}格　（{中へ}格）に乗り換える
seurata（本文 seuraten）+ 分格　　（分格）をたどる
voida（本文 voi）+ 不定詞　　　　　…することができる
⇔ osata + 不定詞　　　　　　　　…する能力がある
tutustua + {中へ}格　　　　　　　（{中へ}格）に親しむ

▮ 文法解説

❶ 基数詞（2）

単数主格形の名詞あるいは目的語の働きをしている単数属格形（→ 第7課 ❽）の名詞の前に2以上の基数詞が置かれると，その名詞は単数分格形に変わります．意味的には複数でも複数形にはなりません．このとき，数詞は主格形です．

　　Lippu maksaa euro**n**（目的語・単数属格）．　　切符は1ユーロする．
　　Lippu maksaa kymmenen euro**a**（単数分格）．　切符は10ユーロする．
　　　　　　　×euroja（複数分格）．
　　Meillä on（yksi）tytär（単数主格）．　　　　私たちには娘が1人いる．
　　Meillä on kaksi tytär**tä**（単数分格）．　　　　私たちには娘が2人いる．
　　　　　　　×tyttäriä（複数分格）．

基数詞の付いた名詞が主語のときは，動詞も普通3人称単数形になります．
　　Bussi（主語・単数主格）tulee（3人称単数）．　バスが1台来る．
　　Kolme bussia（単数分格）　tulee peräkkäin. バスが3台連なって来る．
　　　　×busseja（複数分格）×tulevat（3人称複数）

ただし，その名詞が特別に限定されたものを指している場合は，3人称複数形になります．
　　Naapurin kaikki kolme tytärtä（単数分格）ovat（3人称複数）jo koulussa.
　　隣の家の3人の娘はみなもう学校に通っている．

基数詞の前に指示代名詞や ensimmäinen「最初の」，viimeinen「最後の」が置かれた場合も，動詞は3人称複数形になります．この場合，指示代名詞や ensimmäinen, viimeinen も複数形になるので注意してください．
　　Ensimmäiset（複数主格）kolme kuukautta（単数分格）sujuivat（3人称複数）nopeasti.　最初の3か月はすぐ過ぎた．

その他の場合は，基数詞が，形容詞と同じように名詞と同じ格になります．名詞と基数詞は，意味的には複数でも複数形にはなりません．
　　Minulla on vuoden（単数属格）viisumi.　　私には1年のビザがある．
　　Minulla on kahden（属格）vuoden viisumi.　私には2年のビザがある．
　　　　　　×vuosien（複数属格）

基数詞が複数の要素から成り立っている場合は，それぞれの要素がすべて格変化するのが原則です．ただし -toista は変化しません．
　　Hän on kuuden toista vuoden ikäinen.　　　　彼（女）は16歳です．
　　Hän on kolmen kymmenen kahden vuoden ikäinen.　彼（女）は32歳です．

kymmenen, sata, tuhat, kymmenentuhatta, satatuhatta, miljoona の複数形は，それぞれ，「何十もの」「何百もの」「何千もの」「何万もの」「何十万もの」「何百万もの」という意味を表わします．このとき，後ろに来る名詞は複数で，数詞と同じ格になります．主語になる場合は，動詞も複数形になる

51

ことに注意してください．
　　Tuhannet（複数主格）ihmiset（複数主格）marssivat（3人称複数）kadulla.
　　何千人もの人が通りを行進した．

❷ 不定人称受動文（1）
フィンランド語では，主語が人で，その主語を明らかにする必要がない場合に不定人称受動文を用います．したがって，不定人称受動文には表面上主語がありません．不定人称受動文は，人を主語とする能動文に対応しています．人が主語でない文からは不定人称受動文は作れません．
　　<u>Joku</u> kaatoi puun.　　　　　→ Puu kaadettiin.
　　誰かが木を切り倒した．（能動文）　（不定人称受動文）
　　<u>Kova myrsky</u> kaatoi puun.　　→ ×
　　すごい嵐で木が倒れた．（能動文）

受動文といっても受身を表わしているわけではないので，主語が人であれば，目的語がない文からも不定人称受動文を作ることができます．次の文の動詞 tanssia「ダンスをする」は自動詞なので，能動文に目的語はありません．
　　Ravintolassa asiakkaat tanssivat kello kahteentoista.
　　レストランでは客が12時までダンスをしています．（能動文）
　　Ravintolassa tanssitaan kello kahteentoista.
　　レストランでは12時までダンスをしています．（不定人称受動文）

口語では，2人称の相手に対して問いかける場合に，しばしば不定人称受動文が使われます．
　　Myydäänkö täällä puhelukortteja?（不定人称受動文）
　　= Myyttekö te täällä puhelukortteja?（能動文）
　　テレホンカードは売っていますか？

不定人称受動文を作るには，動詞を不定人称受動形にします．不定人称受動形の作り方は第16課 ❼ で詳しく学びます．不定人称受動形の動詞は，疑問文の場合を除いて，普通文頭には置かれません．代わりに目的語や場所格

の名詞が文頭に置かれます．なお，目的語の格表示が，不定人称受動文と能動文で異なることがあります．第 14 課の ❸ を参照してください．

　　Matkustajat ostavat lipu**n**（単数属格）kuljettajalta.
　　乗客は運転手から切符を買います．(能動文)
　　Lippu（単数主格）ostetaan kuljettajalta.
　　切符は運転手から買います．（不定人称受動文）

❸ 《どこへ》(疑問詞(4))

「どこへ」は mihin あるいは minne で表わします．mihin は疑問詞 mikä「何」の{中へ}格の形です．

❹ 序数詞

順番を数えるときには序数詞を用います．1 から 9 までの序数詞の単数主格の形は次の通りです．なお，フィンランド語では，序数詞を数字で書き表わす場合，数字の後ろに点を置いて表わします．

1. ensimmäinen	2. toinen	3. kolmas	4. neljäs	5. viides
エンシンマイネン	トイネン	コルマス	ネルヤス	ヴィーデス
6. kuudes	7. seitsemäs	8. kahdeksas	9. yhdeksäs	
クーデス	セイッツェマス	カフデクサス	ユヒデクサス	

位取りは次のような語で表わされます．

10.	100.	1 000.	1 000 000.
kymmenes	sadas	tuhannes	miljoonas
キュンメネス	サダス	トゥハンネス	ミルヨーナス

その他の序数はこれらの組み合わせで表わします．ただし，他の序数詞と組み合わせる場合，1 には yhdes，2 には kahdes を使います．例えば 21 なら，2×10＋1 なので，kahdes⦙kymmenes⦙yhdes となります．なお，11 から 19 までは例外で，1 の位を表わす序数詞の後に -toista を付けます．例えば 12 は，kahdes⦙toista となります．

名詞の前に置かれた序数詞は，形容詞と同じように名詞と同じ格になります．

Jään pois bussista kolmannella（単数{所で}格）pysäkillä（単数{所で}格）.
3番目の停留所でバスを降ります．

❺《AにBがある》(存在文(1))
「場所AにはBがある」という意味を表わすときは，A（{中で}格 / {所で}格）+「ある」+Bという語順になります．この構文を存在文と言います．動詞は常に3人称単数形になります．Aが人でなく場所を表わすことを除けば，第4課の❼で見た所有文とよく似ています．Bの格表示は次のように様々です．

Bの指示対象	Bの格表示
存在するものが単数の場合	単数主格形
数詞で数が特定されている場合	数詞（主格形）+ 名詞（単数分格形）
複数で数が特定されていない場合	複数分格形（→ 第9課❻）

Bが monta「多くの」で修飾されている場合，Bは単数分格形で表わされます．

Viikissä on ヴィーッキには
　tutkimuslaitos（単数主格）. 　研究所が1つある．
　kaksi（主格）tutkimuslaitosta（単数分格）. 　研究所が2つある．
　monta tutkimuslaitosta（単数分格）. 　研究所がたくさんある．
　tutkimuslaitoksia（複数分格）. 　研究所がいくつもある．

asua「住んでいる」，elää「暮らしている」，istua「座っている」，seisoa「立っている」，kasvaa「育っている」などが olla「ある」の代わりに使われることもあります．
　Suomessa asuu noin viisi miljoonaa ihmistä（単数分格）．
　フィンランドにはおよそ500万人の人が住んでいる．
　Pihalla kasvaa kauniita kukkia（複数分格）．
　庭にはきれいな花が咲いている．

olla「ある」の代わりに tulla「来る」を用いた Suolle tulee tuhansia lintuja.

のような文も存在文の一種です．ただし，場所 A は{所で}格ではなく{所へ}格になります．tuhansia lintuja は「何千羽もの鳥」という意味で，数詞は付いていますが数は特定されていないので，複数分格形になっています．

❻ 総称文

Luontopolkua seuraten voi tutustua luontoon. で，動詞 voi は voida「できる」の3人称単数形ですが，主語に当たる単語が表わされていません．このような文は，実際の行為ではなく，「一般に人は…」「誰でも…」といった一般論を述べています．ここでは，このような文を総称文と呼ぶことにします．総称文の動詞は必ず3人称単数形になります．次の文も，「彼の話し方を聞けば誰でもすぐに彼の出身がわかる」という意味を表わしています．

　Heti kuulee, että hän on Turusta.
　彼がトゥルク出身なのは聞けばすぐわかる．

練習問題

1. 数をそれぞれフィンランド語で言ってみましょう．
1) 18（基数）　　3) 97（基数）　　5) 1963（基数）　　7) 21（序数）
2) 21（基数）　　4) 365（基数）　　6) 14（序数）　　8) 28（序数）

2. フィンランド語で言ってみましょう．
1) 一番近い郵便局はどこですか？
2) 入場券（pääsylippu）はいくらですか？
3) 大人は（aikuinen, aikuiselta）3 ユーロです．
4) このバスは直接（suoraan）空港へ（lentokenttä, lentokentälle）行きますか？
5) この列車（juna）はどこへ行くのですか？
6) 私たちはどこで列車を降りるのですか？
7) 中心街にはたくさんハンバーガー屋（hampurilaisravintola）があります．
8) バーゲンセールに（alennusmyynti, -in）は何千人もの人（ihminen, ihmisiä）がやってきます．

ヘルシンキ市内の交通事情

　市内の公共交通機関（joukkoliikenne）には，市電，バス，地下鉄と近郊電車があります．観光客が利用しやすいのは市電でしょう．中でも3T，3B系統は，市内を循環し主な見所を周遊することができて便利です．一方，バスは系統も多く，慣れれば便利な移動手段です．中央駅東側の Rautatientori と西側の Elielinaukio，そしてマンネルヘイム通りの向こうの Kampin keskus（カンッピ・センター）の路面階がバスターミナルになっています．また，カンッピ・センターの地下からは長距離バスが出ています．カンッピ・センターには，地下鉄駅やショッピングセンターもあり，とても便利になりました．地下鉄は，市の中心部と東部の住宅地を結ぶ路線（1路線，支線あり）だけなので，観光向きではありません．鉄道の中央駅には，国鉄の近郊行き電車が発着しています．マーケット広場からは，スオメンリンナ（Suomenlinna）行きの船が出ています．

　市内の交通機関についての情報は，中央駅の地下にあるヘルシンキ市交通局（HKL）の案内所で入手できます．市電の切符は，HKL の窓口や R-Kioski で事前に買うと割引になります．地下鉄の場合，駅のコンコースに自動券売機があります．近郊電車の切符は，駅の窓口のほか車内でも買えます．2002年には，Matkakortti という名称の IC カード（älykortti）も導入されました．切符は，市電専用の1回券を除き，1時間以内なら乗換え可能です．どの交通機関でも時々検札があります．切符は，乗車後すぐに刻印機で乗車時刻を刻印しておきましょう．ヘルシンキ市外に行く場合は料金が異なります．市内と市外の交通はマークで区別されているので注意してください．

ヘルシンキ市内の路線．

ヘルシンキ市外まで行く路線．

市電の切符．

応用編

1 バスやタクシーなど交通に関する単語を覚えましょう.

bussi バス
raitiovaunu / ratikka 市電
metro 地下鉄
taksi タクシー
pysäkki 停留所
bussiterminaali バスターミナル
asema 駅
taksiasema タクシー乗り場
linjakartta 路線図
aikataulu 時刻表

kuljettaja 運転手
kertalippu 一回券
polkupyörä 自転車
mopo 原動機付自転車
moottoripyörä バイク
auto 車
kuorma-auto トラック
ajokortti 免許証
bensiini / bensa ガソリン
huoltoasema ガソリンスタンド

2 バスやタクシーに関する表現を覚えましょう.

[Minne / Mihin] tämä bussi　　このバスはどこへ行きますか？
 [menee / on menossa]?
Meneekö tämä bussi Tapiolaan?　このバスはタピオラに行きますか？

19世紀の建物の前を走る旧型市電.

57

Tämä lippu ei käy tähän bussiin.	この切符ではこのバスに乗れません。
Voisitteko sanoa, [missä / millä pysäkillä] minun on jäätävä pois?	[どこ / どの停留所]で降りればいいか教えてください。
Mistä löytyy taksiasema?	タクシー乗り場はどこですか？
Voisitteko kutsua taksin?	タクシーを呼んでもらえますか？
Miten nopeasti taksi tulee?	タクシーはどれくらいで来ますか？
— Kymmenen minuutin sisällä.	―10分以内に来ます。
Paljonko maksaa matka keskustaan?	中心街までいくらですか？
Kuinka nopeasti pääsemme rautatieasemalle?	駅までどれくらいかかりますか？
Viekää minut tähän osoitteeseen.	この住所までお願いします。
Pitäkää kiirettä!	急いでください。
Pysähtykää [aseman eteen / seuraavaan kadunkulmaan].	[駅の前 / 次の角]で止めてください。

3 **mihin** を用いた場所をたずねる表現を覚えましょう。

Mihin [te menette / sinä menet]?	[あなた / 君]はどこへ行くんですか？
— Menen [lääkärille / lounaalle / ruokatunnille].	―[医者 / 昼食 / 食事]に行きます。
— Menen [kahville / kaljalle].	―[コーヒー / 酒]を飲みに行きます。
Mihin sinä olet menossa?	どこへ行くところですか？
— Olen menossa [ostoksille / kävelylle].	―[買い物 / 散歩]に行くところです。
Mihin tämä juna menee?	この列車はどこへ行きますか？
— Se menee Savonlinnaan.	―サヴォンリンナに行きます。
Mihin [teille / sinulle] voi soittaa?	どこに電話をかければいいですか？
— [Kotiin / Työpaikalle].	―[家 / 勤務先]にかけてください。
Mihin numeroon [teille / sinulle] voi soittaa?	どの番号にかければいいですか？
— [Kotinumeroon / Työnumeroon] 686 0200.	―[自宅 / 勤務先] 686 0200 にかけてください。

7 Kappale seitsemän
今日はいい天気ね．

この課では，目的語の表わし方と目的語を表わすための名詞の格変化を学びます．

1 Kyoko: Hei, Leila! On kaunis ilma.
2 Taivaalla ei ole yhtään pilveä.
3 Mutta on vähän kylmä.
4 Leila: Suomen kesä on lyhyt. Syksy tulee jo.
5 Onko sinulla aikaa nyt?
6 Jos olet vapaa, mennään syömään lounasta.
7 Kyoko: Kiitos vain, mutta valitettavasti en voi tulla.
8 Tänään minulla on kiire.
9 Leila: Minne sinä menet?
10 Kyoko: Menen yliopiston neuvontatoimistoon.
11 Syyslukukausi alkaa pian.
12 Tapaan neuvojan tasan kello yksi.
13 Paljonko kello on?

14	Leila:	Kello on jo viittä vaille yksi.
		ケッロ　オン ヨ　ヴィーッタ　ヴァイッレ　ユクシ
15	Kyoko:	Niinkö?　Minun täytyy mennä tai myöhästyn.
		ニーンコ　　ミヌン　タユテュー メンナ　タイ ミュエハステュン
16		Hei sitten!　Tavataan myöhemmin.
		ヘイ　シッテン　　タヴァターン　ミュエヘンミン
17	Leila:	Hei hei!
		ヘイ　ヘイ

1	響子：	こんにちは，レイラ．いい天気ね．
2		空には雲ひとつないわ．
3		だけどちょっと寒いわね．
4	レイラ：	フィンランドの夏は短いの．もう秋なのよ．
5		今時間ある？
6		空いているならお昼を食べに行きましょう．
7	響子：	ありがとう，でも，残念だけどいけないわ．
8		今日は忙しいの．
9	レイラ：	どこへ行くの？
10	響子：	大学の相談室に行くのよ．
11		秋学期ももうすぐ始まるし．
12		1時ちょうどにカウンセラーに会うの．
13		今何時？
14	レイラ：	もう1時5分前よ．
15	響子：	本当？　行かなきゃ，遅れちゃう．
16		それじゃ．後で会いましょう．
17	レイラ：	じゃあね．

● **重要単語・表現**

ei ole …でない，ない，　yhtään（否定文で）ひとつも…ない，　vähän 少し，　jo もう，　sinulla（＜ sinä）君（の所）に，　jos もし，　valitettavasti あいにく（＝ ikävä kyllä），　minne どこへ（＝ mihin），　pian すぐに，　paljonko どれくらい（＝ kuinka paljon），　niin そう，そんな，　minun

(< minä) 私，　　tai さもなければ，　　myöhemmin 後で

● 気をつけましょう
- viittä（単数分格）< viisi「5」
- syömään は，動詞 syödä「食べる」の第 3 不定詞（第 13 課 ❻ 参照）です．

● 覚えましょう

mennä（本文 mennään）+ 第 3 不定詞	…しに行く
{所で}格 + on kiire	（{所で}格）は忙しい
分格 + vaille …	…に（分格）だけ足りない
属格 + täytyä（本文 täytyy）+（第 1）不定詞	（属格）は…しなければならない

文法解説

❶ 主語(3)
フィンランド語には，英語の it のような形式主語はありません．フィンランド語では，文に主語が現われないことがよくあります．不定人称受動文のほか，On kaunis ilma.「いい天気です」，On vähän kylmä.「少し寒い」といった天候や気候を表わす文にも主語が現われません．

❷ 《A に B がない》(存在文(2))
存在文「場所 A には B がある」が否定文になると，B は必ず分格になります．Taivaalla ei ole yhtään pilveä. の pilveä は，pilvi「雲」の単数分格形です．また，ei ole は olla の 3 人称単数形 on の否定の形です．

❸ 《A は B を持っている》(所有文(2))
「A は B を持っている」の B が不可算名詞の場合，B は単数分格形で表わされます．不可算名詞には，水・パン・肉のような物質名詞，時間などの抽象名詞，人々などの集合名詞があります．Onko sinulla aikaa nyt? の aikaa は，aika「時間」の単数分格形です．物質名詞については第 12 課の ❻，集合名詞については第 18 課の ❻ を参照してください．

❹ 不定人称受動文（2）
不定人称受動文は，Mennään syömään lounasta.「昼食を食べに行きましょう」や Tavataan myöhemmin.「後で会いましょう」のように，相手に「…しよう」と呼びかけるときにも使います．この場合，不定人称受動形の動詞は普通文頭に来ます．

　なお，口語では，主語が 1 人称複数のとき，1 人称複数形の動詞の代わりに不定人称受動形の動詞が使われることがあります．この場合，1 人称複数の代名詞 me が文頭に置かれ，不定人称受動形の動詞が続くのが普通です．
　Me lähdemme（1 人称複数）kahville.　コーヒーを飲みに行きます．
　= Me lähdetään（不定人称受動形）kahville.

❺ 単数分格形（1）
単数分格形の語尾は -a/-ä ですが，lounasta のように，-ta/-tä が付くことがあります．これは，次のような場合です．
　1) 単数主格形が長母音か二重母音で終わる場合
　2) 単数主格形が子音で終わる場合（ただし，単数主格形が -nen で終わるもの，単数属格形が -den で終わるものは除きます）
　3) 単数属格形が -den, -len, -nen, -ren, -sen のいずれかで終わる場合

1) と 2) の場合は，単数主格形にそのまま -ta/-tä を付けます．

	単数主格	単数属格	単数分格
1)	maa 国	(maa**n**)	maa**ta**
2)	kaunis 美しい	(kaunii**n**)	kaunis**ta**

3) の場合は，単数属格の語尾 -n とその前の -e- を取り去ったものに -ta/-tä を付けます．ただし，-den の -d- は -t- に替えなければなりません．

	単数主格	単数属格	単数分格
3)	(vesi 水)	ve**den**	ve**ttä**
	(totuus 真実)	totuu**den**	totuu**tta**
	(kieli 言葉)	kiel**en**	kiel**tä**
	(uni 夢)	un**en**	un**ta**

（saari 島）	saar***en***	saar***ta***
（japanilainen 日本人）	japanilais***en***	japanilais***ta***

-den, -len, -nen, -ren, -sen 以外で終わる語にも，同様の変化をするものがあります．lumi の場合は，単数属格形の -m- が -n- に替わるので注意してください．

単数主格	単数属格	単数分格
（lumi 雪）	lu***m***e***n***	lu***n***ta
（lohi 鮭）	loh***en***	loh***ta***

また，単数属格形が -den で終わっていても，単数分格形に -a/-ä が付く語もあるので注意してください．

単数主格	単数属格	単数分格
（lehti 雑誌）	leh***d***e***n***	leh***t***e***ä***

例外は他にもあり，頻繁に使う形なので，単数分格形は個々の単語ごとに覚えておいたほうが良いでしょう．第17課の ❷ も参照してください．

❻ 《…へ行く》（mennä と tulla）
「行けないわ」は，en voi tulla のように tulla を使って表わします．これは，tulla が，日本語の「来る」に対応する意味を表わすだけでなく，「相手のところに行く」という意味も表わすためです．

❼ 否定文(1)
否定文を作るときは否定動詞を用います．否定動詞は，第4課の ❸ で見たように，主語の人称・数によって人称変化します．肯定文の動詞は，語幹の形で否定動詞の後ろに置かれます．この形を動詞の否定形と呼ぶことにします．

肯定文	Voin	tulla.	私は行けます．
	できる	行く	
	（1人称単数）	（不定詞）	

否定文	En	voi	tulla.	私は行けません．
	ない（否定動詞）	できる	行く	
	（1人称単数）	（否定形(語幹)）	（不定詞）	

❽ 《…を》（目的語(2)）

Tapaan neuvojan tasan kello yksi. で，動詞 tapaan の目的語「カウンセラー」は neuvoja**n** と属格形になっています．継続的な動作や状態を表わさない文で，目的語が指すものが可算名詞の単数の場合，目的語は通常単数属格形で表わされます．逆に，文が継続的な動作や状態を表わしている場合は，可算名詞で単数の目的語は単数分格形で表わされます．比較してみましょう．

 Tapaan neuvoja**n**.   私はカウンセラーに会います．
 会う カウンセラーに（目的語・単数属格）
 Odotan neuvoja**a**.   私はカウンセラーを待っています．
 待つ カウンセラーを（目的語・単数分格）

odottaa「待つ」は分格の目的語を取るのが普通です．目的語が分格形になるのは，「待つ」という行為が通常，一定の時間「待っている」状態が継続することを前提にしているからです．同じように，rakastaa「愛する」，vihata「憎む」，pelätä「怖れる」，surra「悲しむ」，sääliä「同情する」のような感情を表わす動詞も，その意味から普通分格の目的語を取ります．

次の文のように，同じことが繰り返し行われる場合も，継続的な状態を表わしていると考えられ，目的語は分格になります．

 Minä näen hän**tä**   aika usein.
 私が 会う 彼(女)に（目的語・単数分格） とても しばしば
           私は彼(女)によく会います．

kirjoittaa「書く」の場合，目的語が属格形のときは，継続中の動作ではなく，「これから…を書く」という意味になります．一方，分格形の場合は，継続中の動作を表わし，「今…を書いている」という意味になります．

Kirjoitan kirjee**n**.　　　　　私は手紙を書きます.
書く　　手紙を(目的語・単数属格)
Kirjoitan kirje**ttä**.　　　　　私は手紙を書いています.
書く　　手紙を(目的語・単数分格)

目的語が指すものが量的に限定されていない場合，文が継続的な動作や状態を表わしていなくても，属格で表わすことはできません．したがって，目的語が指すものが可算名詞の複数の場合は複数分格形で，不可算名詞の場合は単数分格形で表わされるのが普通です．

Kirjoitan kirje**itä**.　　　　　私は手紙を何通か書きます.
書く　　手紙を(目的語・複数分格)

手紙を書くのはこれからで，継続中の動作ではありませんが，目的語が複数なので複数分格形になっています．次の文では，目的語 jäätelö「アイスクリーム」が物質名詞で不可算なため，単数分格形で表わされています．

Ostan jäätelö**ä**.　　　　　私はアイスクリームを買います.
買う　アイスクリームを(目的語・単数分格)

目的語の指示対象があるものの一部分で，量的に限定されていない場合，可算名詞の単数でも分格形になります．次の文で目的語の kirja「本」が単数分格形になっているのは，「読む」のが本の全体ではなく一部分であるからです．

Välitunnilla minä luen kirja**a**.　　私は休み時間に本を読みます.
休み時間に　私が　読む　本を(目的語・単数分格)

練習問題

1. フィンランド語で言ってみましょう．
1) 私たちには子供が (lapsi, lasta) 1 人もいません (ei ole).
2) 私は今時間がありません.
3) 今日は寒い.
4) 今日は天気が悪い (ruma ilma).
5) あなた方はどこへ行くのですか？

6) 私たちは市場へ (kauppatori, -lle) 買い物に (ostos, ostoksille) 行きます.
7) ちょうど8時です.
8) 9時10分前です.
9) 私は家に (kotiin) 帰らなければなりません.
10) 私はどこでバスを (bussi, -a) 乗り換え (vaihta|a) なければなりませんか?

2. 肯定文を否定文にしてみましょう.
1) Olen väsynyt.　　　　（私は疲れている）
2) Hän on kuuluisa.　　　（彼(女)は有名だ）
3) Osaan suomea.　　　　（私はフィンランド語ができる）
4) Hän osaa japania.　　　（彼(女)は日本語ができる）
5) Menen kävelylle.　　　（私は散歩に行く）
6) Hän menee uimaan.　　（彼(女)は泳ぎに行く）
7) Käyn kalassa.　　　　（私は釣りに行く）
8) Hän käy kaljalla.　　　（彼(女)は飲みに行く）

3. 単数分格形を作ってみましょう.
1) metsä   3) opiskelija 5) työ   7) kieli   9) lippu   11) lyhyt
2) kaupunki 4) oppilas   6) yliopisto 8) asukas 10) suo   12) vapaa

ラップランドの冬景色.

フィンランドの自然と気候

　フィンランドは，最南端が北緯60度，最北端が北緯70度で，国土の一部は北極圏に入ります．北緯60度のヘルシンキは，世界各国の首都の中で北から2番目に位置しています．こんなに北にあるとさぞかし寒かろうと思われますが，メキシコ湾流のおかげで緯度の割には寒くありません．一番寒い2月の平均気温は−4.9度で，大体札幌と同じくらいです．ただし，時にはロシアから寒波が押し寄せ，猛烈に寒くなることもあります．1987年には−34.3度を記録しました．フィンランド全体では，北部や内陸部はさらに寒く，−51.5度まで下がったこともあります．秋から冬にかけては風が比較的強いので，体感温度はもっと下がります．雪は近年あまり多くありません．ヘルシンキでは，積もっても30センチといったところです．フィンランドの冬は寒さ以上に暗さがこたえます．暗さのせいで，うつ病になる人も少なくありません．冬至の頃は，ヘルシンキで昼の時間が6時間弱になり，国土の最北端では51日間も太陽が昇りません．この期間のことをフィンランド語ではkaamosと言います．

　フィンランドでは冬が一番長く，ヘルシンキでは11月下旬から3月いっぱいが冬に当たります．4月から5月にかけては春で，雪が融け，草木がいっせいに芽吹き，とてもわくわくする季節です．冬の終わりから春にかけては霧が多く発生します．夏は冬と逆で昼が長く，夏至の頃はヘルシンキで19時間，北極圏では白夜（yötön yö）になります．国土の最北端では73日もの間太陽が沈みません．太陽に飢えたフィンランド人は，夏至祭がすむと一斉に休暇に入り，国全体がバカンスモードに入ってしまいます．夏でも気温はそれほど高くなく，ヘルシンキの7月の平均気温は17度です．夏日になるのも年10日に満たないのが普通です．しかし，ロシアから熱波が押し寄せると，たちまち30度を超えてしまいます．9月に入るとすっかり秋です．夏から秋にかけては比較的雨が多く降りますが，ヘルシンキでは月70ミリ程度で，年間の降水量も600–700ミリと，東京の半分以下に過ぎません．

応用編

1 天気に関する単語を覚えましょう.

selkeä 晴れた	ukkonen 雷	myrsky 暴風雨
poutainen 晴れた	(vesi)sade 雨	lumimyrsky 吹雪
aurinkoinen 日が照った	lumi(sade) 雪	sateenkaari 虹
pilvinen 曇った	räntä(sade) みぞれ	halla 霜
sateinen 雨の	sadekuuro にわか雨	sääennuste 天気予報
tuulinen 風が強い	ukkoskuuro 雷雨	varoitus 警報
pilvi 雲	rankkasade 豪雨	lämpötila 気温
sumu 霧	tuuli 風	kosteusaste 湿度

2 天気に関する表現を覚えましょう.

On [kaunis / hyvä] ilma.　　　　いい天気です.
Ulkona on [pimeää / valoisaa].　　[暗い / 明るい].
Ulkona on [kylmä / viileää /　　　[寒い / 涼しい / 暖かい / 暑い].
　　lämmin / kuuma].
Onpas [kuuma / kylmä] päivä　　今日は[暑い / 寒い].
　　tänään.
Eilen oli [kuuma / kylmä] päivä.　昨日は[暑かった / 寒かった].
Eilen oli [ruma / huono] ilma.　　昨日は天気が悪かった.
Aurinko paistaa.　　　　　　　日が照っています.
Sataa [vettä / räntää / lunta].　　[雨 / みぞれ / 雪]が降っています.
Tänään tuulee kovasti.　　　　　今日は風が強い.
Päivä on [aurinkoinen / pilvinen /　[晴れています / 曇っています / 雨が
　　sateinen / tuulinen].　　　　　　降っています / 風があります].
Millainen ilma [tänään on /　　　[今日 / 明日]はどんな天気ですか？
　　huomenna on]?
[Tänään / Huomenna] on [aurin-　[今日 / 明日]は[晴れ / 晴れ / 曇り /
　　koista / selkeää / pilvistä / sateista /　雨 / 風が強い]でしょう.
　　tuulista].

Helle jatkuu koko maassa.	全国的に暑い天気が続くでしょう．
Epävakainen sää jatkuu lähiaikoina.	はっきりしない天気が続くでしょう．
Sää pystyy poutaisena.	雨は降らないでしょう．
Sade voi olla ajoittain runsasta.	一時強く降るでしょう．
Enimmäkseen poutaa ja paikoin sadetta.	おおむね晴れ，ところによって一時雨．
[Lähes koko maassa / Lähinnä Etelä-Suomessa] sadetta.	[全国的に / 南部を中心に]雨．
Illan suussa ovat ukkoskuurot mahdollisia.	夕方雷雨があるかもしれません．
Illalla on odotettavissa sadetta.	夕方には雨になりそうだ．
Tulee kai sade.	雨が降りそうだ．
Saattaa tulla sade.	雨が降りそうだ．
Taitaa sataa vettä.	雨が降りそうだ．
Taivas näytti sateiselta.	雨が降りそうな雲行きだ．
Näyttää tulevan sade.	雨が降ってきそうだ．
Näyttää siltä, että huomenna on poutaa.	明日は晴れそうだ．
Huomiseksi on ennustettu poutaa.	明日は晴れるでしょう．

Kappale kahdeksan
フィンランド語はできますか？

CD 11

この課では，目的語の表わし方と「誰々は何々しなければならない」という言い方を学びます．

1 Kyoko: Olen huolissani opinnoistani.
オレン フオリッサニ オピンノイスタニ

2 Pelkään, että en ymmärtäisi luentoja.
ペルカーン エッタ エン ユンマルタイシ ルエントヤ

3 Neuvoja: Mutta sinähän osaat suomea.
ムッタ シナハン オサート スオメア

4 Kyoko: Osaan vähän, mutta en tarpeeksi.
オサーン ヴァハン ムッタ エン タルペークシ

5 Neuvoja: No, sitten suomen kielen kurssi pitkälle
ノ シッテン スオメン キエレン クルッシ ピトカッレ

ehtineille on sinulle sopiva.
エヒティネイッレ オン シヌッレ ソピヴァ

6 Kyoko: Montako kertaa viikossa kurssi on?
モンタコ ケルター ヴィーコッサ クルッシ オン

7 Neuvoja: Kaksi kertaa.
カクシ ケルター

8 Se on kuudelta joka maanantai ja torstai.
セ オン クーデルタ ヨカ マーナンタイ ヤ トルスタイ

9 Kyoko: Osallistun sille kurssille.
オサッリストゥン シッレ クルッシッレ

10 Neuvoja: No, ensiksi pitää maksaa kurssimaksu
ノ エンシクシ ピター マクサー クルッシマクス

kielikeskuksen tilille.
キエリケスククセン ティリッレ

11 Säilytä kuitti ja tuo se mukanasi
サイリュタ クイッティ ヤ トゥオ セ ムカナシ

		kielikeskuksen toimistoon. キエリケスククセン　トイミストーン
12		Siellä voit ilmoittautua kurssille. シエッラ ヴォイト イルモイッタウトゥア クルッシッレ
13	Kyoko:	Paljon kiitoksia neuvoistasi. パルヨン　キートクシア ネウヴォイスタシ
14	Neuvoja:	Hyvää viikonloppua. ヒュヴァー　ヴィーコンロッブア
15	Kyoko:	Kiitos samoin. キートス　サモイン

1	響子：	勉強のことで悩んでいます．
2		講義を理解できないかも．
3	カウンセラー：	でもあなたはフィンランド語ができるじゃない．
4	響子：	多少はできますけど，十分じゃありません．
5	カウンセラー：	それなら，あなたには上級者向けのフィンランド語のコースが合っているわ．
6	響子：	そのコースは週に何回あるんですか？
7	カウンセラー：	2回よ．
8		毎週月曜日と木曜日の6時から．
9	響子：	そのコースに出ます．
10	カウンセラー：	それじゃ，まず，語学センターの口座に授業料を払い込んで．
11		領収書をもらったら語学センターの事務室に持ってきてね．
12		コースの登録はそこでできるわ．
13	響子：	いろいろ助言をありがとう．
14	カウンセラー：	よい週末を．
15	響子：	ありがとう，あなたも．

● 重要単語・表現

että（従属節を導く接続詞），　tarpeeksi 十分に，　sitten それでは，　monta-

ko kertaa 何度 (=kuinka monta kertaa),　joka 毎…, …ごと,　sille (< se) そこへ,　ensiksi まず,　paljon たくさんの
* montako + 単数分格 (=kuinka monta + 単数分格)で「(分格)はいくつ」という意味になります.
* paljon の後に名詞が来る場合, 可算名詞なら複数分格形, 不可算名詞なら単数分格形になります.
* neuvoista**si** のような名詞の後の -si は,「君の, あなたの」という意味を表わします.

● 気をつけましょう
- 「勉強」を意味する opinnot (本文中では opinnoista) は, 常に複数形で用います.
- pelkään (1 人称単数) < pelätä「恐れる」
- sinä**hän** の -hän は, 相手の意見に同意していないことを表わしています.
- kuudelta (単数{所から}格) < kuusi「6」
- tuo (命令法 2 人称単数) < tuoda「持ってくる」⇔ viedä「持って行く」
- 後置詞 mukana「…と共に」+ -si で,「君が持って」という意味になります.

● 覚えましょう
olen huolissani + {中から}格	私は ({中から}格)を心配している
ymmärtää (本文 ymmärtäisi) + 分格	(分格)を理解する
sopiva + {所へ}格	({所へ}格)に合っている
osallistua (本文 osallistun) + {中へ}格	({中へ}格)に参加する
(属格) + pitää + (第 1)不定詞	(属格)は…しなければならない
maksaa + {所へ}格	({所へ}格)へ支払う
kiitos / kiitoksia + {中から}格	({中から}格)をありがとう

* huolissa**ni** の -ni は所有接尾辞で, 主語および動詞の人称・数に合わせて変わります.
* osallistua は普通{中へ}格を取りますが, kurssi の場合は, kurssille と{所へ}格にするのが普通です.

文法解説

❶ {中から}格(1)

{中から}格は，「…について」という意味も表わします．opinno**sta**ni は，opinnot「勉学」の複数{中から}格で，「勉学について」心配していることを表わしています．neuvo**ista**si も，neuvo「アドバイス」の複数{中から}格で，「アドバイスについて」感謝していることを表わしています．なお，opinnoista**ni** の -ni は 1 人称単数の所有接尾辞，neuvoista**si** の -si は 2 人称単数の所有接尾辞です．

❷ 《…を》(目的語(3))

第 7 課の ❽ で見たように，目的語は，文が継続的な動作や状態を表わしている場合は必ず分格形で表わされます．一方，文が継続的な動作や状態を表わさない場合は，目的語が指示するものが量的に限定されていれば属格形で，量的に限定されていなければ分格形で表わされます．不可算名詞や可算名詞の複数の場合，通常は量的に限定されていないので，分格で表わされるのが普通です．

目的語名詞	文が継続的な動作・状態を表す	文が継続的な動作・状態を表さない	
		量的に限定されない	量的に限定
可算名詞単数	単数分格	単数分格	単数属格
不可算名詞	単数分格	単数分格	
可算名詞複数	複数分格	複数分格	

以上に加え，否定文の目的語は，文が継続的な動作・状態を表わしているかどうか，目的語が指示するものが量的に限定されているかどうかに関わらず，必ず分格で表示されます．

Tapaan neuvoja**n**（可算名詞単数・単数属格）．　カウンセラーに会う．
En tapaa neuvoja**a**（単数分格）．　　　　　　　カウンセラーに会わない．
Ymmärrän luento**ja**（可算名詞複数・複数分格）．講義を理解している．
En ymmärrä luento**ja**（複数分格）．　　　　　　講義を理解していない．

したがって，目的語が属格形で表示されるためには，次の3つの条件が満たされなければなりません．1つでも条件が満たされないと，分格が使われます．
　1) 肯定文であること
　　（→ 否定文なら： 分格）
　2) 継続的な動作や状態を表わす文ではないこと
　　（→ 継続的な動作や状態を表わしているなら： 分格）
　3) 指し示すものが量的に限定されていること
　　（→ 量的に限定されていないなら： 分格）

❸ {所へ}格
{所へ}格は，「誰々にとって」「誰々向けの」といった意味も表わします．本文中の (pitkälle) ehtineille は (pitkälle) ehtinyt の複数{所へ}格で，「上達した人向けの」，sinulle は2人称単数代名詞 sinä の{所へ}格で，「あなたにとって」という意味です．

{所へ}格は受け手を表わすこともあります．次の文の minulle は，1人称単数代名詞 minä の{所へ}格で，「私」がお金の受け手であることを表わしています．
　Voitko lainata minulle vähän rahaa? 私に少しお金を貸してくれませんか？

❹ {所から}格(1)
{所から}格は「…時に」という意味も表わします．kuudelta は kuusi「6」の{所から}格で，「6時に」という意味を表わしています．

❺ 曜日
「…曜日に」という場合，曜日を表わす語に -na を付けて表わしますが，「毎週…曜日」の場合は，joka＋曜日を表わす語で表わし，-na は付きません．同様の意味は，sunnuntaisin, keskiviikkoisin のように，曜日を表わす語に -isin (曜日を表わす語が -i で終わる場合は -sin) を付けても表わせます．
　曜日を表わす語は次の通りです．なお，「平日」は arkipäivä，「祝日」は

pyhäpäivä,「祭日」は juhlapäivä,「平日に」は arkisin,「祝日に」は pyhäisin と言います.

日曜日 sunnuntai	水曜日 keskiviikko	土曜日 lauantai
月曜日 maanantai	木曜日 torstai	
火曜日 tiistai	金曜日 perjantai	

❻《…しなければならない》(義務を表わす構文(1))

「Aは…しなければならない」という意味を表わすには，A(属格)+「ねばならない」+「…する(不定詞)」という語順の構文を使います.「ねばならない」を表わす動詞は，A(義務を負う人)の人称や数に関わりなく，常に3人称単数形になります. 動詞は，pitää, täytyy, on pakko などが使われます. Aが属格になることに注意しましょう. Aは省略されることもあります.

(Sinun) pitää　　 maksaa　 kurssimaksu.
属格　 3人称単数　不定詞　 単数主格
君は講習費を支払わなければならない.

Aが省略された場合，動詞の前に不定詞の目的語が来ることがあります.

Kurssimaksu täytyy maksaa etukäteen.
講習費は事前に払わなければならない.

不定詞 maksaa の目的語 kurssimaksu が単数主格形であることに注意してください. ❷で見たように，目的語を表示する格には分格と属格がありますが，義務を表わす構文では，不定詞の目的語を属格で表示することができません. 目的語が属格で表示される条件(上の❷を参照)がそろっている場合，代わりに主格が使われます.

「…する必要がない」は，pitää の否定形 ei pidä, on pakko の否定形 ei ole pakko, あるいは動詞 tarvita の否定形 ei tarvitse を用いて表わします. これらの動詞は常に3人称単数形で，目的語は，否定文なので必ず分格で表わされます.

Sinun ei tarvitse maksaa kurssimaksu**a**（単数分格）.
君は講習費を支払う必要はありません．

なお，pitää や täytyy は「…に違いない」という意味で使われることもあります．
　　Tässä täytyy olla jokin väärinkäsitys.　何か誤解があるに違いない．

❼《…しなさい》(命令文(2))
命令法の動詞 säilytä「とっておく」の目的語 kuitti，同じく命令法の動詞 tuo「持ってくる」の目的語 se が，ともに主格形になっていることに注意してください．命令文でも，目的語を属格で表示することはできません．目的語が属格で表示される条件がそろっている場合，代わりに主格が使われます．

❽《同じ》(不定代名詞(1))
Kiitos samoin. の samoin は，不定代名詞 sama「同じ(もの)」が変化した形です．次の文の sama**n** は sama の単数属格形です．また，sama**ssa**, sama**an** は，それぞれ単数{中で}格と単数{中へ}格で，形容詞として使われています．
　　Hän on saman ikäinen kuin minä.　　　彼(女)は私と同じ年です．
　　Tavataan samassa paikassa samaan aikaan.　同じ場所で同じ時間に会おう．

sama は，sitä samaa「お互いに」，samat sanat「私も同じです」，sama se「了解」といった決まった表現でも使われます．

練習問題

1. 本文中で目的語の働きをしている(代)名詞5個を全部挙げてみましょう.

2. フィンランド語で言ってみましょう.
   1) 私は妻のことが気がかりです.
   2) 私は子供が (lapsi, lapsesta) 自慢 (ylpeä) です.
   3) このブラウス (pusero) は君にぴったりだ.
   4) この薬 (lääke) は1日に (päivä, -ssä) 何度飲ま (otta|a) なければなりませんか？
   5) 私たちは週1回 (kerran) テニス (tennis) をします (pelat|a, pelaamme).
   6) 君は言葉を (kieli, kieltä) いくつしゃべれる (puhu|a) のですか？
   7) あなた方の家は何部屋 (huone, -tta) ありますか？
   8) フィンランド語のコースは毎週月曜日です.
   9) 君は競技に (kilpailu, -un) 参加しますか？
   10) 君は罰金 (sakko) を支払わなければなりません.
   11) 仕事は (työ, -n) 明日までに (huominen, huomiseksi) できあがって (valmis) いなければなりません.
   12) まず警察に (poliisi, -lle) 届け (ilmoittautu|a) なければなりません.
   13) 電池 (patteri) が切れて (tyhjä) います. 新しいのに (uusi, uuteen) 交換して (vaihta|a, vaihda) ください.
   14) 証明書 (todistus) を持ってきてください.
   15) 本 (kirja) を図書館 (kirjasto) に返して (tuo|da takaisin) ください.

フィンランドの地理

　フィンランドの面積は約33万8千km^{2}で，日本の9割ほどです．南はフィンランド湾，西はボスニア湾に面し，東は1200kmにおよぶ長い国境線でロシアと接しています．第2次世界大戦後ソ連に領土の最北部の割譲を余儀なくされたため，北極海には面していません．
　フィンランドの地形は概して平坦で，国土の大半が海抜200m以下です．とりわけ西部のオストロボスニア地方（フィンランド語ではPohjanmaa）は平坦で，春先には雪解け水でしばしば洪水が起こります．フィンランドというとフィヨルドを思い浮かべる人がいますが，こう平坦ではフィヨルドはできません．とはいえ全く平らというわけではなく，氷河が後退した時に残したモレーン（氷堆石）によって各地に丘陵が形成されました．そのうちの一つ，サルパウスセルカ（Salpausselkä）を駆け下りるイマトラの急流（Imatrankoski）は観光名所の一つになっています．氷河が残したもう一つの地形は，湖の間を細長く伸びる堤防状の小高い丘（エスカー，フィンランド語ではharju）です．サヴォンリンナ（Savonlinna）の近くにあるプンカハルユ（Punkaharju）が有名です．なお，スカンジナビア山脈に連なる北西部はやや高く，フィンランドの最高地点は，ハルティアトゥントゥリ（Haltiatunturi）山頂の1328mです．
　南西部の海上には数万におよぶ島が浮かんでいます．内陸には数十万の湖が散在しています．最大の湖は，ラッペーンランタ（Lappeenranta）に近い4400km^{2}のサイマー（Saimaa）湖で，面積は琵琶湖の6.5倍に当たります．サイマー湖は，運河によってフィンランド湾につながっています．運河の出口には，第2次大戦までフィンランド領で，ヘルシンキに次ぐ都会だったロシア領のヴィープリ（Viipuri，ロシア語でVyborg）があります．フィンランドの湖は氷河地形の一種なので，水深が浅いのが特徴です．湖とそれを結ぶ水路では，タンペレとハメーンリンナ（Hämeenlinna）を結ぶシルバーラインをはじめ，多くの区間で船が運航されています．船からは森と湖の国の風景を堪能することができますが，基本的に変化の乏しい風景なので，長時間乗っていると飽きてくるのが難点です．

応用編

地形に関する単語を覚えましょう.

meri 海	joki 川	metsä 森
salmi 海峡	puro 小川	laidun 牧場
lahti 湾	lampi 池	nurmikko 芝生
ranta 岸	suo 沼	pelto 畑
kallio 岩場	järvi 湖	maapallo 地球
hiekkaranta 砂浜	laakso 谷	aurinko 太陽
niemi 岬	mäki 丘	kuu 月
saari 島	vuori 山	tähti 星
saaristo 群島	tunturi 氷河地形の山	revontulet オーロラ

・・
Itämeri バルト海, Suomenlahti フィンランド湾, Pohjanlahti ボスニア湾, Jäämeri 北極海, Pohjoisnapa 北極, Pohjoinen napapiiri 北極圏

ハメーンリンナ (Hämeenlinna) 付近の湖水風景.

● 時刻の言い表わし方 ●

[Paljonko / Mitä] kello on?　　　　　何時ですか？
Mikä on oikea aika?　　　　　　　　正確な時間は何時ですか？
Kello on +「…時…分」.　　　　　　…時…分です.

X 時 0 分　　　　（tasan）+ X（主格）
X 時 30 分　　　 puoli + [X + 1]（主格）
　　　　　　　　（3 時 30 分なら puoli neljä のように 1 つ大きい数になります）
X 時 Y 分過ぎ　　Y（主格 / 分格）+（minuuttia）+ yli + X（主格）
　　　　　　　　（15 分の場合は，neljännestä あるいは varttia も使います）
X 時 Y 分前　　　Y（分格 / 主格）+（minuuttia）+ vaille + X（主格）
　　　　　　　　（15 分の場合は，neljännestä あるいは varttia も使います）
X 時 Y 分　　　　X（主格）+ Y（主格）

3 時ちょうど　　（tasan） kolme
3 時 5 分　　　　viisi (minuuttia) yli kolme
　　　　　　　　あるいは viit**tä** yli kolme
　　　　　　　　あるいは kolme nolla viisi.
3 時 15 分　　　[neljännes**tä** / vart**tia**] yli kolme
　　　　　　　　あるいは viisitoista (minuuttia) yli kolme
　　　　　　　　あるいは kolme viisitoista
3 時 23 分　　　kolme kaksikymmentäkolme
3 時 30 分　　　puoli neljä
　　　　　　　　あるいは kolme kolmekymmentä
3 時 45 分　　　[neljännes**tä** / vart**tia**] vaille neljä
　　　　　　　　あるいは viisitoista (minuuttia) vaille neljä
　　　　　　　　あるいは kolme neljäkymmentäviisi

3 時 50 分　　　kymmen**tä** vaille neljä
　　　　　　　あるいは kymmenen (minuuttia) vaille neljä
　　　　　　　あるいは kolme viisikymmentä

vaille の代わりに vailla を使うこともできます．Kello on viisitoista nolla nolla (15 時)．や Kello on viisitoista kaksikymmentä (15 時 20 分)．のように，24 時間制で表わすこともできます．12 時間制の場合に，午前と午後を区別する場合は，aamulla「朝」，päivällä「昼」，illalla「夕方」，yöllä「夜」などを付けます．

数字で表わす場合は，kello の略号 klo を用い，時と分の間にピリオドを置いて表わします．この場合，24 時間制で表わすのが普通です．午前 9 時 30 分なら klo (0)9.30，午後 3 時 45 分なら klo 15.45 のようになります．毎正時の場合は，klo 15（午後 3 時）のように表わします．

「…時…分に」と言う場合は，「…時…分」の言い方の前に kello を付けて表わします．kello は省略することもできます．「…時 0 分に」「…時 30 分に」と言う場合は，時を表わす基数詞を{所から}格にして表わすこともあります．

何時に？	Mihin aikaan? / Monelta(ko)?
3 時に	kello kolme
	あるいは (kello) kolme**lta** (kolmelta は{所から}格)
	あるいは (kello) kolme nolla nolla
3 時 30 分に	(kello) puoli neljä
	あるいは (kello) puoli neljä**ltä** (neljältä は{所から}格)
	あるいは (kello) kolme kolmekymmentä
3 時ちょうどに	tasan (kello) kolme
3 時頃に	kolme**n** maissa (kolmen は属格)
3 時前に	ennen kello kolme**a** (kolmea は分格)
3 時過ぎに	kello kolme**n** jälkeen (kolmen は属格)
3 時から 4 時の間に	(kello) kolme**n** ja neljä**n** välillä (kolmen, neljän は属格)

3時から4時まで　　（kello）kolme**sta** neljä**än**（kolmesta は{中から}格、neljään は{中へ}格）

練習問題

1. 次の時刻をフィンランド語で言ってみましょう.
1) 9時43分　　　3) 12時55分　　　5) 15時38分　　　7) 24時00分
2) 10時30分　　　4) 13時5分　　　6) 20時45分

2. フィンランド語で言ってみましょう.
1) 目覚し時計（herätyskello）は7時15分に鳴ります（soi|da）.
2) 君は朝何時に起きます（herät|ä, heräät）か？
3) 7時半に起きます.
4) 平日は（arkisin）8時に朝食を食べます（syö|dä aamiaista）.
5) 9時から（yhdeksästä）4時までは仕事です（ol|la työssä）.
6) もう9時になった？
7) もう9時15分だよ.
8) まだ（vasta）9時5分前だよ.
9) もうすぐ（melkein）10時だ.
10) 本日は9時から6時まで（kuuteen）営業します（palvel|la, -emme）.

9 Kappale yhdeksän
英語で何と言いますか？

CD 12

この課では，名詞・形容詞の格変化を学びます．

1 *Puhelin soi.*
　プヘリン　ソイ

2 Leila: Täällä puhuu Leila. Hyvää iltaa!
　　　　ターッラ　プフー　レイラ　　ヒュヴァー　イルター

3 Kyoko: Iltaa!
　　　　イルター

4 Leila: Miten vietät viikonloppua?
　　　　ミテン　ヴィエタト　ヴィーコンロップア

5 Kyoko: Minulla ei ole mitään suunnitelmia viikonlopuksi.
　　　　ミヌッラ　エイ　オレ　ミターン　スーンニテルミア　ヴィーコンロブクシ

6 Luen kirjoja tai kuuntelen CD-levyjä.
　ルエン　キルヨヤ　タイ　クーンテレン　セーデーレヴュヤ

7 Millaisia suunnitelmia sinulla on?
　ミッライシア　スーンニテルミア　シヌッラ　オン

8 Leila: Aion mennä marjaan Espooseen.
　　　　アイオン　メンナ　マルヤーン　エスポーセーン

9 Kyoko: Vai niin! Ota minut mukaan!
　　　　ヴァイ　ニーン　オタ　ミヌト　ムカーン

10 Leila: Miksipä en. Haen sinut asunnostasi.
　　　　ミクシパ　エン　ハエン　シヌト　アスンノスタシ

11 Kyoko: Kiitos. Millaisia marjoja siellä on?
　　　　キートス　ミッライシア　マルヨヤ　シエッラ　オン

12 Leila: Puolukoita ja mustikoita.
　　　　プオルコイタ　ヤ　ムスティコイタ

13 Kyoko: Minkä värinen puolukka on?
　　　　ミンカ　ヴァリネン　プオルッカ　オン

14 Leila: Se on punainen.
　　　　セ　オン　プナイネン

15	Kyoko:	Mikä puolukka on englanniksi? ミカ　プオルッカ　オン エングランニクシ
16	Leila:	Se on *lingonberry*.　Ja mustikka on *blueberry*. セ　オン リンゴンベリー　ヤ　ムスティッカ　オン ブルーベリー
17	Kyoko:	Onko siellä sieniäkin? オンコ　シエッラ　シエニアキン
18	Leila:	Kyllä.　Mutta sieniä on sekä syötäviä　että キュッラ　ムッタ　シエニア オン セカ　シュエタヴィア　エッタ myrkyllisiä. ミュルキュッリシア

1		電話が鳴っています．
2	レイラ：	レイラよ．こんばんは．
3	響子：	こんばんは．
4	レイラ：	週末は何か予定があるの？
5	響子：	週末は何の予定もないわ．
6		本を読むかCDを聴くんじゃないかしら．
7		あなたはどんな予定があるの？
8	レイラ：	エスポーへベリーを摘みに行こうと思っているの．
9	響子：	まあ！　私も一緒に連れて行って．
10	レイラ：	もちろんよ．寮まで迎えに行くわ．
11	響子：	ありがとう．そこにはどんなベリーがあるの？
12	レイラ：	プオルッカとムスティッカね．
13	響子：	プオルッカは何色なの？
14	レイラ：	赤よ．
15	響子：	プオルッカは英語で言うと何？
16	レイラ：	コケモモよ．ムスティッカはブルーベリー．
17	響子：	そこにはきのこも生えてるの？
18	レイラ：	ええ．でも，きのこは食べられるのも毒のもあるわ．

● 重要単語・表現

täällä ここで，ここに，　mitään (< mikään)（否定文で）何も…ない，　A

tai B　Aあるいは B,　　millaisia (< millainen) どんな,　　minut (< minä) 私を,　　mukaan 一緒に,　　miksi なぜ,　　sinut (< sinä) 君を,　　minkä värinen どんな色,　　sekä A että B　A も B も

● 気をつけましょう
- Espooseen (単数{中へ}格) < Espoo「エスポー」
- miksi**pä** の -pä は，この文が，実質的な問いかけではなく，反語的に「もちろん連れて行くわ」という意味であることを表わしています．
- sieniä**kin** の -kin は，「…もまた」という意味を表わしています．

● 覚えましょう
viettää (本文 vietät) + 分格　　　　　(分格)を過ごす
kuunnella (本文 kuuntelen) + 分格　　(分格)を聴く

文法解説

❶《A は B を持っていない》(所有文(3))
所有文「A は B を持っている」の B が可算名詞の複数で数が特定されていない場合，B は，存在文と同じように複数分格で表わされます．また，所有文が否定文「A は B を持っていない」になると，B は必ず分格になります．

　Minulla on viisumi (可算・単数: 単数主格)．　私はビザを持っている．
　⇔ Minulla ei ole viisumi**a** (単数分格)．　私はビザを持っていない．
　Minulla on kaksi (主格) las**ta** (単数分格)．　私には子供が 2 人いる．
　⇔ Minulla ei ole kah**ta** (分格) las**ta** (単数分格)．
　　　　　　　　　　　　　　　　　　　私には子供は 2 人いない．
　Minulla on aika**a** (不可算: 単数分格)．　私は時間があります．
　⇔ Minulla ei ole aika**a** (単数分格)．　私は時間がありません．
　Minulla on suunnitelm**ia** (可算・複数: 複数分格)．
　　　　　　　　　　　　　　　　　　　私には計画がある．
　⇔ Minulla ei ole suunnitelm**ia** (複数分格)．　私には計画がない．

❷ 変格(1)

viikonlopu**ksi** のように，格語尾 -ksi が付く格は変格です．変格は，変化の結果を表わすのが最も基本的な使い方です．次の文の iloise**ksi** は，iloinen「うれしい」の単数変格形，kolmanne**ksi** は序数詞 kolmas「3番目」の単数変格形です．なお，tuli は tulla「来る」の3人称単数過去形で，ここでは「…になる」という意味で使われています．

  Kyoko tuli iloise**ksi**.   響子はうれしくなった．
  Kyoko tuli kilpailussa kolmanne**ksi**. 響子は競技で3位になった．

主語が複数の場合は，結果を表わす変格も複数形になります．

  Kyokon posket tulivat punaisi**ksi**（複数変格）．
  響子は頬が赤くなった．

tulla sairaa**ksi** は「病気になる」，tulla vanha**ksi** は「年を取る」，tulla valmii**ksi** は「できあがる」という意味です．変格と共に使われる動詞には，他に muuttua「変わる」などがあります．

「…語で」という場合，englanni**n** kielel**lä**「英語で」と，属格 + {所で}格で表わすことができますが，englanni**ksi** のように変格でも表わせます．

時を表わす名詞の変格は期限や期日を表わします．本文の viikonlopu**ksi** はこの用法です．次の文の kuude**ksi** は基数詞 kuusi「6」の，huomise**ksi** は huominen「明日」の，torstai**ksi** は torstai「木曜日」の単数変格形です．

  Tulen kotiin kello kuude**ksi**. 6時までに帰ります．
  Maksakaa laskunne huomise**ksi**. 明日までに払ってください．
  Varasin ajan hammaslääkäriltä ensi torstai**ksi**.
  次の木曜日に歯医者を予約した．

時を表わす名詞の変格は期間も表わします．次の文の kuukaude**ksi** は kuu-kausi「1か月」の単数変格形です．

  Vuokrasimme mökin kuukaude**ksi**. コテージを1か月間借りた．

この表現は期限を念頭に置いた言い方なので，ある状態が継続していることを述べる文では，変格を使うことはできません（→第5課❹）．
　　✕ Viivyimme mökillä kuukaude**ksi**.
　　◯ Viivyimme mökillä kuukaude**n**.　コテージに1か月間滞在した．

❸《…を》（目的語（4））
目的語は分格か属格か主格で表わしますが，目的語が人称代名詞や疑問代名詞 kuka「誰」の場合は，属格と主格の代わりに対格が使われます．対格形は，人称代名詞と疑問代名詞 kuka にしかありません．例えば minut, sinut は，それぞれ1人称単数代名詞，2人称単数代名詞の対格形です．また，kuka の対格形は kenet です．人称代名詞と kuka の主格形・属格形が目的語を表わすことはありません．

　　Otatko Kyoko**n** mukaan?　　⇔　　Otatko minu**t** mukaan?
　　響子（属格）を連れて行きますか？　　私（対格）を連れて行きますか？
　　Ota Kyoko mukaan!　　　　　⇔　　Ota minu**t** mukaan!
　　響子（主格）を連れて行きなさい．　　私（対格）を連れて行きなさい．

❹《なぜ》（疑問詞（5））
「なぜ」は miksi で表わします．miksi は疑問詞 mikä「何」の変格の形です．

❺　名詞・形容詞の格変化
フィンランド語の主な格とその語尾をまとめると，次のようになります．

	単数	複数
主格	語尾なし	-t
属格	-n	-ien, -jen, -iden
分格	-a/-ä	-ia/-iä, -ja/-jä, -ita/-itä
{中で}格	-ssa/-ssä	-issa/-issä
{中へ}格	-(h)+母音+n, -seen	-iin, -ihin, -siin
{中から}格	-sta/-stä	-ista/-istä
{所で}格	-lla/-llä	-illa/-illä
{所へ}格	-lle	-ille

{所から}格	-lta/-ltä	-ilta/-iltä
様格（→ 第12課 ❸）	-na/-nä	-ina/-inä
変格	-ksi	-iksi

これらの語尾は，いずれも名詞・形容詞の語幹に付きます．単数属格形から語尾 -n を取り除いた形が語幹です．語幹は，辞書の見出しになっている形，つまり単数主格形と同じであることもありますが，いつも同じであるとは限りません．単数のさまざまな格は，語幹にそれぞれの語尾を付けることで作ることができます．複数の主格形も，語幹に語尾 -t を付けて作ります．複数の主格以外の格は，複数分格形から作ります．複数分格形から語尾を取り去り，代わりにそれぞれの語尾を付ければ，それぞれの格になります．なお，複数属格形は，単数分格形から作ることがあります．

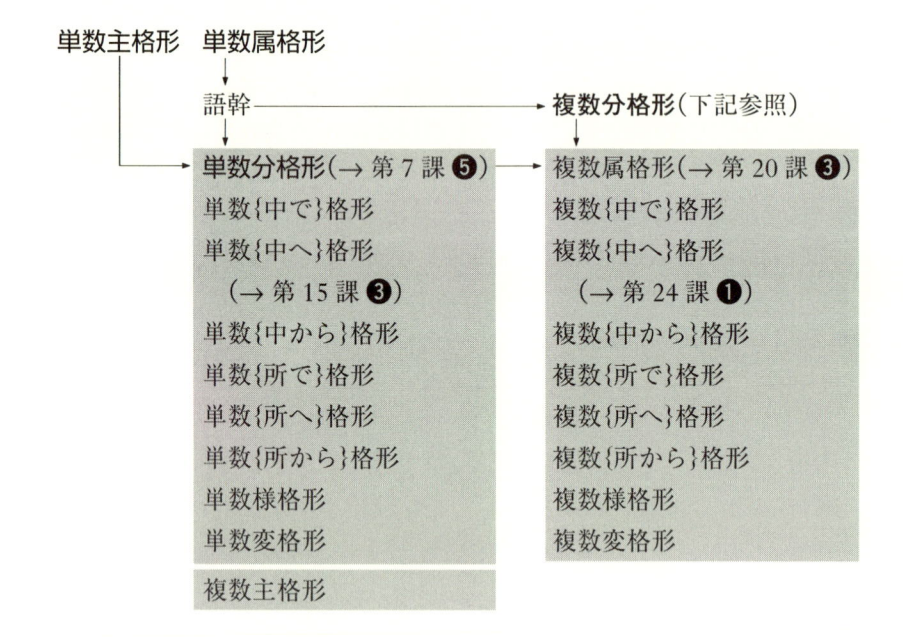

単数主格形　単数属格形

語幹　　　　　　　　　　　　→ 複数分格形（下記参照）

単数分格形（→ 第7課 ❺）　　複数属格形（→ 第20課 ❸）
単数{中で}格形　　　　　　　　複数{中で}格形
単数{中へ}格形　　　　　　　　複数{中へ}格形
　（→ 第15課 ❸）　　　　　　　（→ 第24課 ❶）
単数{中から}格形　　　　　　　複数{中から}格形
単数{所で}格形　　　　　　　　複数{所で}格形
単数{所へ}格形　　　　　　　　複数{所へ}格形
単数{所から}格形　　　　　　　複数{所から}格形
単数様格形　　　　　　　　　　複数様格形
単数変格形　　　　　　　　　　複数変格形

複数主格形

名詞・形容詞は，単数主格形の終わり方によってグループ分けすることができます．同じグループに属する名詞・形容詞は同じ変化をするので，グループごとの変化のパターンさえ覚えればよいことになりますが，グループの数

がけっこう多く混同しやすいので，はじめのうちは，それぞれの単語について，辞書の見出しになっている単数主格形だけでなく，単数属格形，単数分格形，複数分格形をあわせて覚えるようにしましょう．大変なようですが，これが一番の近道です．

名詞・形容詞の分類は次のようになります．
- グループ 1　　-u, -o, -y, -ö で終わる語
- グループ 2　　二重母音でない2つの母音で終わる語
- グループ 3　　2音節語で -a で終わり，第1音節が -u- か -o- の語
　　　　　　　　2音節語で -ä で終わる語
　　　　　　　　3音節以上の語で -a または -ä で終わる語
- グループ 4　　3音節以上の語で -a または -ä で終わる語
- グループ 5　　2音節語で -a で終わり，第1音節が -i- か -e- か -a- の語
　　　　　　　　3音節以上の語で -a または -ä で終わる語
- グループ 6　　-i で終わり，その -i が単数属格形で -i- のままの語
- グループ 7　　-i で終わり，その -i が単数属格形で -e- に替わる語
- グループ 8　　-li, -ni, -ri で終わり，その -i が単数属格形で -e- に替わる語
- グループ 9　　-si で終わる語
- グループ 10　-e で終わる語
- グループ 11　2音節以上の語で長母音で終わる語
- グループ 12　1音節語で長母音で終わる語
- グループ 13　二重母音で終わる語

グループ14以下は子音で終わる語です．主なグループは次の通りです．
- グループ 17　-nen で終わる語
- グループ 19　-s で終わり，その -s が単数属格形で -kse- に替わる語
- グループ 20　-s で終わり，その -s が単数属格形で -de- に替わる語
- グループ 21　序数詞（ensimmäinen, toinen を除く）
- グループ 23　-s で終わり，その -s が単数属格形で脱落する語

第 7 課の ❺ で見た単数分格形の作り方で，1) に当たるのはグループ 11–13，2) に当たるのは 17, 20, 21 を除く 14 以下のグループ，3) に当たるのはグループ 8, 9, 17, 20 です．

❻ 複数分格形
複数分格形の格語尾には，-ia/-iä, -ja/-jä, -ita/-itä の 6 つがあります．-ia/-iä, -ja/-jä は語幹が短母音で終わっているときに用いられ，-ita/-itä は語幹が長母音，二重母音あるいはその他の 2 つの母音で終わっているときに用いられます．-a と -ä の違いは母音調和によるもので，また -i- は，母音にはさまれると -j- に替わります．

単数主格	単数属格	語幹	複数分格	
suunnitelma	suunnitelma**n**	suunnitelma-	suunnitelm**ia**	計画
sieni	siene**n**	siene-	sien**iä**	きのこ
kirja	kirja**n**	kirja-	kirj**oja**	本
CD-levy	CD-levy**n**	CD-levy-	CD-levy**jä**	CD
maa	maa**n**	maa-	ma**ita**	国
tie	tie**n**	tie-	te**itä**	道
museo	museo**n**	museo-	museo**ita**	博物館

ただし 3 音節以上の長い語は，語幹が短母音で終わっていても，しばしば語尾 -ita/-itä を取ります．

単数主格	単数属格	語幹	複数分格	
puolukka	puoluka**n**	puoluka-	puoluko**ita**	コケモモ
mustikka	mustika**n**	mustika-	mustiko**ita**	ブルーベリー

複数分格形の語尾は，語幹そのものに付いているのではありません．多くの場合，語幹の最後の部分が多少変化します．その語がどのグループに属しているかがわかれば，どのように変化するかわかるのですが，慣れるまでは難しいので，複数分格形そのものを暗記してしまったほうが良いでしょう．詳しくは第 19 課で学びます．

❼ 《…もまた》(1)
「…も(また)」と言いたいときは，sieniä**kin** のように -kin を単語の後ろに付けて表わします．この -kin は，myös で置き換えることができます．
　Onko siellä sieniä**kin**? = Onko siellä **myös** sieniä?

否定文で「…も(また)」と言いたいときは，-kaan/-kään を単語の後ろに付けます．この -kaan/-kään は，myöskään で置き換えることができます．
　Minä**kään** en voi tulla. = Minä en **myöskään** voi tulla. 私も行けません．

練習問題

1. フィンランド語で言ってみましょう．
 1) 君は夏の休暇（kesäloma）をどうやって過ごすのですか？
 2) 1週間（viikko, viikoksi），田舎に（maalle）帰ります．
 3) 夏の間，家に帰りますか？
 4) 彼は突然（yhtäkkiä）怒り（vihainen, vihaiseksi）出した．
 5) 君にはどんな考えが（idea, ideoita）ありますか？
 6) お金（raha）を十分（tarpeeksi）持ち合わせて（mukana）いません．
 7) 週末は（viikonloppu, -na）本を何冊か読みます．
 8) 君を一緒に連れて行きます．
 9) ホテルまで私を迎えに来て．
10) フィンランドにはどんな鳥がいますか？
11) フィンランドの国旗（lippu）はどんな色ですか？
12) それは青と白（sinivalkoinen）です．
13) 私はフィンランド語もスウェーデン語もできます．
 ＊所有文に mukana を付けると，「携行している」という意味になります．

2. 肯定文を否定文に直しましょう．
 1) Minulla on auto.　　　　4) Meillä on oma sauna.
 2) Minulla on pääsylippu.　5) Onko sinulla viisumi?
 3) Meillä on kesämökki.　　6) Onko sinulla yhtään rahaa?

フィンランドの動植物

　フィンランドでは自然が身近にあります．リス，ウサギ，ハリネズミ，キジ，キツツキなど，小動物を見かけることも珍しくありません．郊外に行けばシカも出没します．道路に飛び出したシカと車が衝突する事故も少なくありません．夏には，ヤナギランなど，野に花が咲き乱れ，ポプラや柳の種が綿毛となって風に舞います．遊歩道もあちこちに整備され，バードウオッチングのための展望台も設けられています．フィンランドでは釣りや狩りもさかんです．アウトドアを楽しむ場合は，蚊に注意してください．

　森は国土の3分の2を占めています．中でも白樺の森は，フィンランドを象徴する風景です．白樺の森にはベリーやきのこも豊富です．フィンランドでは，誰にでも，自家消費のために森に入ってベリーやきのこを摘む権利が認められています．フィンランド人は，森を敬いかつ畏れてきました．森に囲まれた湖の岸辺のサウナ小屋は，いわばフィンランド人にとって理想の場所なのです．クロスカントリーやオリエンテーリングも，フィンランドではとても人気があります．森の守り神の名をタピオ (Tapio) といいます．エスポー市にある田園都市タピオラ (Tapiola) の名は，このタピオに由来しています．ちなみに，日本でもすっかりおなじみになった甘味料キシリトールは，白樺の樹液から作られています．

白樺並木．

応用編

1 動物 (eläin) の名前を覚えましょう.

koira 犬	härkä 牡牛	muikku シロマス
kissa 猫	lehmä 牝牛	siika コクチマス
hiiri ハツカネズミ	lammas 羊	kirjolohi ニジマス
rotta ネズミ	vuohi ヤギ	(meri)lohi 鮭
siili ハリネズミ	sika / porsas 豚	ahven スズキ
orava リス	lintu 鳥	kuha パーチ
jänis ウサギ	ankka アヒル	silli ニシン
kettu キツネ	kukko おんどり	silakka バルト海産ニシン
susi オオカミ	kana めんどり	tonnikala マグロ
peura 鹿	lokki カモメ	rapu ザリガニ
hirvi ヘラジカ	hanhi ガン	katkarapu エビ
poro トナカイ	sorsa 鴨	perhonen 蝶
karhu 熊	joutsen 白鳥	muurahainen アリ
tiikeri 虎	pöllö フクロウ	mehiläinen 蜜蜂
leijona ライオン	käärme ヘビ	hyttynen 蚊
apina 猿	sammakko カエル	kärpänen ハエ
hevonen 馬	kala 魚	torakka ゴキブリ

* 動物の雄は uros, 雌は naaras と言います.

2 植物 (kasvi) の名前を覚えましょう.

ruoho 草	koivu 白樺	kielo スズラン
lehti 葉	kuusi モミ	orvokki スミレ
oksa 枝	mänty 松	narsissi 水仙
puu 木	tammi 樫	ruusu バラ
kukka 花	haapa ポプラ	tulppaani チューリップ
siemen 種	pihlaja ナナカマド	joulutähti ポインセチア
sieni きのこ	paju 柳	hyasintti ヒヤシンス

vihannekset 野菜	peruna ジャガイモ	päärynä 西洋ナシ
herne サヤエンドウ	purjo リーキ	persikka モモ
papu 豆	sipuli タマネギ	luumu プラム
tomaatti トマト	valkosipuli ニンニク	viinirypäle ブドウ
paprika ピーマン	porkkana ニンジン	appelsiini オレンジ
kurkku キュウリ	punajuuri ビーツ	greippi グレープフルーツ
kaali キャベツ	lanttu スウェーデンカブ	sitruuna レモン
salaatti レタス	hedelmä くだもの	banaani バナナ
yrtti 香草	omena リンゴ	ananas パイナップル

3 色の名前を覚えましょう.

valkoinen 白	harmaa 灰色	sininen 青
musta 黒	punainen 赤	violetti / sinipunainen 紫
ruskea 茶	oranssi 橙	kirjava 多色の
kulta / kultainen 金	keltainen 黄	tumma （色が）濃い
hopea / hopeinen 銀	vihreä 緑	vaalea （色が）薄い

4 言葉に関する表現を覚えましょう.

Mitä kieltä te puhutte?	あなたは何語を話しますか？
— Puhun englantia.	—英語を話します.
[Osaatteko / Puhutteko] suomea?	フィンランド語は[できます / 話せます]か？
— [Osaan / Puhun] vähän suomea.	—少しフィンランド語が[できます / 話せます].
— En osaa suomea.	—フィンランド語はできません.
— En puhu suomea (sujuvasti).	—フィンランド語は(うまく)話せません.
— Puhun, mutta huonosti.	—話せますが下手です.
Ymmärrättekö suomea?	フィンランド語はわかりますか？
— En ymmärrä.	—わかりません.
— Ymmärrän, mutta en puhu.	—わかりますが話せません.

Mikä on äidinkielenne?	あなたの母語は何ですか？
Mitä *crayfish* on suomeksi?	「ザリガニ」はフィンランド語で何ですか？
Miten sanotaan suomeksi *Thank you*?	「ありがとう」はフィンランド語でどう言いますか？
Miten tämä äännetään?	これはどう発音するのですか？
Mitä tämä tarkoittaa?	これはどういう意味ですか？
Mitä tässä lukee?	ここに何と書いてありますか？
Ymmärrätkö?	わかりましたか？
── En ymmärrä mitä puhutte.	──あなたの言っていることがわかりません．
Voisitteko selittää sen englanniksi?	英語で説明してもらえませんか？
Voisitteko puhua hitaammin?	もっとゆっくり話してもらえませんか？
Voisitteko [sanoa uudelleen / toistaa]?	もう一度言ってもらえませんか？
Anteeksi, kuinka?	すみません，なんですって？
Mitä? / Mitä sinä kysyt?	何ですか？
Puhukaa kovempaa!	大きい声で言ってください．

Kappale kymmenen
10 銅像の後ろは大聖堂です.

CD 13

この課では，場所を表わす言い方と「誰々の」という言い方を学びます.

1. Nelosen raitiovaunu tulee.
   ネロセン　ライティオヴァウヌ　トゥレー

2. Kyoko poistuu raitiovaunusta.
   キョーコ　ポイストゥー　ライティオヴァウヌスタ

3. Hän on Senaatintorilla.
   ハン　オン　セナーティントリッラ

4. Siellä on monta kaunista rakennusta.
   シエッラ　オン　モンタ　カウニスタ　ラケンヌスタ

5. Torin keskellä on Aleksanteri II:n patsas.
   トリン　ケスケッラ　オン　アレクサンテリ　トイセン　パッツァス

6. Patsaan takana on Tuomiokirkko.
   パツァーン　タカナ　オン　トゥオミオキルッコ

7. Oikealla puolella on valtioneuvoston rakennus.
   オイケアッラ　プオレッラ　オン　ヴァルティオネウヴォストン　ラケンヌス

8. Vasemmalla puolella on yliopiston päärakennus.
   ヴァセンマッラ　プオレッラ　オン　ユリオピストン　パーラケンヌス

9. Päärakennuksen vieressä on yliopiston kirjasto.
   パーラケンヌクセン　ヴィエレッサ　オン　ユリオピストン　キルヤスト

10. Se on Tuomiokirkkoa vastapäätä.
    セ　オン　トゥオミオキルッコア　ヴァスタパータ

11. Kaikki nämä rakennukset ovat Carl Ludvig Engelin piirtämiä.
    カイッキ　ナマ　ラケンヌクセト　オヴァト　カール　ルドヴィク　エンゲリン　ピールタミア

12. Nyt Kyoko kävelee torin halki kirjastoon päin.
    ニュト　キョーコ　カヴェレー　トリン　ハルキ　キルヤストーン　パイン

13. Kirjaston edessä hän odottaa luokkatoveriansa, Dennistä.
    キルヤストン　エデッサ　ハン　オドッター　ルオッカトヴェリアンサ　デニスタ

14 He molemmat osallistuvat suomen kielen kurssille, joka
   ヘ　モレンマト　オサッリストゥヴァト　スオメン　キエレン　クルッシッレ　ヨカ

   on tarkoitettu ulkomaalaisille.
   オン　タルコイテットゥ　ウルコマーライシッレ

1　4番の市電がやってきました．
2　響子が市電から降りて来ます．
3　彼女は上院広場にいます．
4　そこにはたくさんの美しい建物があります．
5　広場の中央にはアレクサンドル2世の像があります．
6　像の後ろは大聖堂です．
7　右側には政府の建物があります．
8　左側には大学の本館があります．
9　本館の隣は大学の図書館です．
10　それは大聖堂の向かいです．
11　これらすべての建物は，カール・ルートヴィヒ・エンゲルが設計しました．
12　響子は今，広場を横切って図書館のほうへ歩いています．
13　図書館の前で彼女はクラスメートのデニスを待っています．
14　彼らは2人とも外国人向けのフィンランド語のコースに出ています．

大聖堂（Tuomiokirkko）．

ヘルシンキ大学（Helsingin yliopisto）本館．右奥は大学図書館．

97

● 重要単語・表現

kaikki すべて(の)，　nämä これら(の)，　ovat …だ，(…が)[ある/いる]，　he 彼ら，　molemmat 両方，　joka［関係代名詞］

* luokkatoveri**nsa** のような名詞の後の -nsa は，「彼(女)の，彼らの」という意味を表わします．

● 気をつけましょう

- Aleksanteri II:n は，Aleksanteri toisen と読みます．

● 覚えましょう

属格 + keskellä	(属格)の真ん中に
属格 + takana	(属格)の後ろに
属格 + vieressä	(属格)の隣に
分格 + vastapäätä	(分格)の向かいに
属格 + halki	(属格)を通って (= poikki)
{中へ}格 + päin	({中へ}格)の方へ
odottaa + 分格	(分格)を待っている

▎文法解説

❶ 数の名前

数には名前があります．「4番(の市電)」「(高速道路の)4号線」「(テレビの)4チャンネル」などは，以下の数の名前を使って表わします．

1　ykkönen　　2　kakkonen　　3　kolmonen　　4　nelonen　　5　viitonen
　ユッコネン　　　カッコネン　　　コルモネン　　　ネロネン　　　ヴィートネン
6　kuutonen　　7　seitsemän　　8　kahdeksikko　　9　yhdeksikkö　　10　kymppi
　クートネン　　　セイッツェマン　　カフデクシッコ　　ユヒデクシッコ　　キュンッピ

口語では，7 を seiska，8 を kasi，9 を ysi と言います．kymppi には 10 ユーロの意味もあります．その他，50 ユーロなら viis(i)kymppinen，100 ユーロなら satanen，500 ユーロなら viis(i)satanen と言います．

❷ 後置詞

torin keskellä の keskellä は，「(…の)真ん中に」という意味で，その前に置かれた属格形の名詞 torin が，「…の」の部分を表わしています．この keskellä のように，名詞の後ろに置かれて，名詞と述語を結びつける働きをする語のことを後置詞と言います．後置詞の前に置かれる名詞は，ほとんどの場合属格形になりますが，tuomiokirkko**a** vastapäätä「大聖堂の向かい側に」や talve**a** varten「冬に備えて」，tie**tä** pitkin「通りを通って」のように，分格形になることもあります．また，pohjoise**en** päin「北に向かって」や aamu**un** asti「朝まで」，kello viite**en** saakka「5時まで」のように，{中へ}格の名詞を取る後置詞や lapse**sta** asti「子供のときから」，eilise**stä** lähtien「昨日から」，alu**sta** alkaen「始めから」のように，{中から}格の名詞を取る後置詞もあります．

後置詞には，{中で}格/{所で}格，{中へ}格/{所へ}格，{中から}格/{所から}格の格語尾が付いているように見えるものがたくさんあり，実際，次のように，後置詞の多くは「…に」「…へ」「…から」という場所の意味を表わしています．

edessä (すぐ)前に	eteen (すぐ)前へ	edestä (すぐ)前から
edellä 前に	edelle 前へ	edeltä 前から
takana 後ろに	taakse 後ろへ	takaa 後ろから
päällä 上の面に	päälle 上の面へ	päältä 上の面から
yllä 上に	ylle 上へ	yltä 上から
alla 下に	alle 下へ	alta 下から
sisällä 中に	sisälle 中へ	sisältä 中から
ääressä / äärellä 脇に	ääreen / äärelle 脇へ	äärestä / ääreltä 脇から
vieressä / vierellä 隣に	viereen / vierelle 隣へ	vierestä / viereltä 隣から
lähellä 近くに	lähelle 近くへ	läheltä 近くから
ympärillä 周りに	ympärille 周りへ	ympäriltä 周りから
keskellä 真ん中に	keskelle 真ん中へ	keskeltä 真ん中から
välissä / välillä 間に	väliin / välille 間へ	välistä / väliltä 間から

これらはいずれも属格名詞の後に置かれます.「間に / へ / から」の場合は,「単数属格名詞 ja 単数属格名詞」または複数属格名詞の後に置かれます.

❸ 《A は B だ》(補語(2))
「A は B だ」の構文で A が複数のとき, B にあたる名詞・形容詞は, 複数分格形で表わされるのが普通です. 本文で, A にあたる kaikki nämä rakennukset「これらの建物すべて」に対して, B の piirtämiä「設計したもの」が複数分格形になっているのはそのためです. しかし, A が限定された集合を指し, A と A 以外のものとの対比が問題になっているような場合には, B を複数主格形で表わすことができます. A は常に主格形です.

  He ovat japanilais**ia**（複数分格）.   彼らは日本人だ.
  He ovat tämän kaupungin ainoat 彼らはこの町唯一の日本人だ.
  japanilais**et**（複数主格）.

❹ 《誰々の》(所有接尾辞(3))
3 人称に対する所有接尾辞は -nsa/-nsä です. ただし, 母音で終わる格語尾の後に所有接尾辞を付けるときは, 同じ母音が 3 つ続かない限り, その母音を延ばして -n を付けるのが普通です.

単数主格	toveri**nsa**	友だちが
単数分格	toveri**ansa** / toveri**aan**	友だちを
単数{所に}格	toveri**llaan**	友だちのところに

所有接尾辞をまとめると次のようになります. 3 人称の所有接尾辞は, 単数でも複数でも同じ形です.

	単数	複数
1 人称	-ni	-mme
2 人称	-si	-nne
3 人称	-nsa/-nsä/-母音 + n	-nsa/-nsä/-母音 + n

なお, 単数主格形に所有接尾辞を付けるとき, 単数主格形と語幹の形が異なる場合は, 語幹に付けなければなりません.

	単数主格	単数属格	語幹	「私の…(単数主格)」
	huone 部屋	huonee*n*	huonee- →	huonee**ni**
	nimi 名前	nime*n*	nime- →	nime**ni**

また，子音で終わる格語尾のあとに所有接尾辞が付くと，その子音は脱落します．したがって，所有接尾辞が付くと，単数主格・単数属格・複数主格はまったく同じ形になってしまいます．

	「部屋」		「私の部屋」
単数主格	huone	+ ni	huone**ni**
単数属格	huonee*n*	+ ni	huone**ni**
複数主格	huonee*t*	+ ni	huone**ni**

3人称の所有接尾辞が付いた語の前に3人称代名詞の属格形を置くと，所有接尾辞だけの場合と意味が違ってきます．所有接尾辞だけの場合，所有接尾辞は文の主語を指すのが普通です．一方，属格＋所有接尾辞の場合，所有接尾辞は文の主語を指すことができません．比較してみましょう．

　Pekka kirjoitti siskolle**en**.
　ペッカは(自分の)妹に手紙を書いた．
　Pekka kirjoitti *hänen* siskolle**en**.
　ペッカは彼(女)の妹に手紙を書いた．
　Pekka tapasi Liisan ja sisko**nsa** torilla.
　ペッカはリーサと(自分の)妹に広場で会った．
　Pekka tapasi Liisan ja *hänen* sisko**nsa** torilla.
　ペッカはリーサと彼女の妹に広場で会った．

従属節中に属格＋所有接尾辞がある場合，所有接尾辞は主節の主語を指します．

　Pekka pyysi, että Liisa siivoaisi *hänen* huone**nsa**.
　ペッカはリーサに自分(＝ペッカ)の部屋の掃除を頼んだ．
　Pekka pyysi, että Liisa siivoaisi huonee**nsa**.
　ペッカはリーサに自分(＝リーサ)の部屋を掃除するよう頼んだ．

属格を伴わない所有接尾辞は，目的語や所有文の所有者など，文の主語以外のものを指すことがあります．

 Pekka nosti *pöydän* pois paikalta**an**.
 ペッカは机を(それがあった場所から)どけた．
 Pöytä nostettiin pois paikalta**an**.
 机を(それがあった場所から)どけた．
 Mitä *sinulla* on laukussa**si**?
 君は自分の鞄の中に何を持っていますか？
 → 君の鞄の中には何が入っていますか？

❺ 人称代名詞

ここで，人称代名詞の主な形をまとめておきましょう．

	1人称単数	2人称単数	3人称単数	1人称複数	2人称複数	3人称複数
主格	minä	sinä	hän	me	te	he
属格	minun	sinun	hänen	meidän	teidän	heidän
対格	minut	sinut	hänet	meidät	teidät	heidät
分格	minua	sinua	häntä	meitä	teitä	heitä
{中で}格	minussa	sinussa	hänessä	meissä	teissä	heissä
{中へ}格	minuun	sinuun	häneen	meihin	teihin	heihin
{中から}格	minusta	sinusta	hänestä	meistä	teistä	heistä
{所で}格	minulla	sinulla	hänellä	meillä	teillä	heillä
{所へ}格	minulle	sinulle	hänelle	meille	teille	heille
{所から}格	minulta	sinulta	häneltä	meiltä	teiltä	heiltä

❻ 関係代名詞(1)

suomen kielen kurssille, joka on tarkoitettu ulkomaalaisille の joka は，単数主格の関係代名詞で，先行詞は kurssille です．関係代名詞の使い方については，15課の❽で詳しく学びます．

練習問題

1. フィンランド語で言ってみましょう．
1) 私は駅前広場にいます．
2) 広場の真ん中にはアレクシス・キビの（Aleksis Kivi, Aleksis Kiven）銅像があります．
3) 左手には鉄道の駅（Rautatieasema）があります．
4) 銅像の後ろには国立劇場（Kansallisteatteri）があります．
5) 広場の反対側には（toisella puolella）国立美術館（Valtion taidemuseo）があります．
6) 国立美術館の前にバスが止まっています（pysähty|ä）．
7) 多くのバスが駅前広場から発車します．
8) 駅前広場からカイサニエミ通り（Kaisaniemenkatu）が始まります（alka|a）．
9) バスは，カイサニエミ通りを通って（pitkin）ハカニエミに（Hakaniemi, Hakaniemeen）向かいます（aja|a）．
10) カイサニエミ通りには（Kaisaniemenkadulla）地下鉄も走っています（kulke|a）．

2. 主語を単数に変えてみましょう．
1) Me olemme suomalaisia.　　　　　私たちはフィンランド人です．
2) He ovat opiskelijoita.　　　　　　彼らは学生です．
3) Oletteko te väsyneitä?　　　　　　あなたたちは疲れていますか？
4) Ne ovat väriltään punaisia.　　　　それらは色が赤です．
5) Nämä rakennukset ovat kauniita.　　これらの建物は美しい．

ヘルシンキ市内の地区

ヘルシンキ市の面積は 186 km² で，東京 23 区の 3 割ほどです．ヘルシンキはとても治安の良い街ですが，危険が全くないわけではありません．ロシアのマフィアも流れて来ているので，油断は禁物です．地区によっても雰囲気はかなり異なります．

　上院広場周辺はクルーヌンハカ（Kruununhaka, 俗語では Krunikka）と呼ばれます．その東側，海に半島状に突き出している地区は，カタヤノッカ（Katajanokka, Skatta）です．この地区には，ユーゲントシュティルと呼ばれる様式で建てられた街並みが残っています．一方，市の南の公園カイヴォプイスト（Kaivopuisto）の東側には大使館や豪壮な邸宅が立ち並び，西側には，やはりユーゲントシュティルの街並みが残る高級住宅街エイラ（Eira）地区があります．さらに西，エスポー市との間にある大きな島はラウッタサーリ（Lauttasaari, Lauttis）です．この島には海岸沿いに豊かな自然が残っています．

　鉄道の中央駅の北側には海が切れ込んで湾を作っています．このトェーロェ湾（Töölönlahti）の西側がトェーロェ（Töölö, Tölika）地区です．この地区は歴史のある住宅街で，南部には古典主義，北部には機能主義の建物が多く見られます．一方，湾の東側はカッリオ（Kallio, Kaltsi）地区です．この地区には労働者階級が多く住んでいます．カッリオとクルーヌンハカは Pitkäsilta（長い橋）という橋で隔てられていますが，橋の南北で生活水準はかなり異なります．カッリオ地区に向かってこの橋を渡ると，正面に民族ロマン主義様式のカッリオ教会がそびえています．その手前には，市の立つハカニエミ広場（Hakaniemen tori）があります．カッリオ地区の北側一帯には売春婦も出没し，市内で最も危険な場所と言われています．アキ・カウリスマキ（Aki Kaurismäki）監督は，映画「カラマリユニオン（Calamari Union）」で，カッリオ地区に暮らす主人公たちが高級住宅街エイラ地区を目指す様子を戯画的に描きました．

応用編

1. 場所を表わす副詞を覚えましょう．

edessä / eteen / edestä （すぐ）前に / へ / から
edellä / edelle / edeltä 前に / へ / から
keskellä / keskelle / keskeltä 真ん中に / へ / から
takana / taakse / takaa 後ろに / へ / から
oikealla / oikealle / oikealta 右に / へ / から
vasemmalla / vasemmalle / vasemmalta 左に / へ / から
ylhäällä / ylhäälle, ylös / ylhäältä 上方に / へ / から
korkealla / korkealle / korkealta 上方に / へ / から
alhaalla / alhaalle, alas / alhaalta 下方に / へ / から
sisällä / sisälle, sisään / sisältä 中に / へ / から
ulkona / ulos / ulkoa 外に / へ / から
lähellä / lähelle / läheltä 近くに / へ / から
kaukana / kauas / kaukaa 遠くに / へ / から
täällä / tänne / täältä ここに / へ / から
tuolla / tuonne / tuolta あそこに / へ / から
siellä / sinne / sieltä そこに / へ / から
poissa / pois 別のところに / へ
eteenpäin 前方へ
taaksepäin 後方へ
ylöspäin 上方へ
alaspäin 下方へ
takaisin 戻って

2. 位置関係を表わす表現を覚えましょう．

Kuvassa **oikealla** on isäni.　　　写真の右にいるのは父です．
Kuvassa **vasemmalla** on äitini.　写真の左にいるのは母です．
Edessä on Leila-sisko.　　　　　前にいるのは妹のレイラです．
Takana on Petri-veli.　　　　　　後ろにいるのは兄のペトリです．

Kolmas mies **oikealta** on Jyrki-setä.	右から3番目の男性はユルキおじさんです。
Edessä oikealla on Jaana-täti.	前列右にはヤーナおばさんがいます。
Tyttäreni on kolmas [**edestä / takaa**].	娘は[前 / 後ろ]から3番目です。
Tohtori Niemelän huone on kolmas **vasemmalla**.	ニエメラ先生の部屋は左側の3番目です。
Onko tässä **lähellä** postia?	近くに郵便局はありませんか？
Ruokaosasto on **alhaalla** kellarikerroksessa.	食料品売り場は地階に降りてください。
Ravintola on **ylhäällä** viidennessä kerroksessa.	レストランは5階に上がってください。
Menkää portaita [**alas / ylös**]!	階段を[降りて / 上がって]ください。
Astukaa **sisään**!	中に入ってください。
Ulos!	外へ出ろ。

Kappale yksitoista
11 遅れてすみません．

CD 14

この課では，動詞の変化を学びます．

1 Dennis: Anteeksi, että olen myöhässä.   Kelloni käy väärin.
2 Kyoko: Ei se mitään.   Onko sinulla jokin ongelma?
3 Dennis: On.   Minusta suomen kieli on aika vaikeaa.
4 Ymmärrän kielioppia huonosti.   Auta minua!
5 Tiedätkö mitä tämä sana tarkoittaa?
6 Kyoko: Katso itse sanakirjasta.
7 Dennis: Saanko lainata luentolehtiötäsi huomiseen saakka?
8 Kyoko: Ota mieluummin kopioita.
9 Dennis: Kopiokoneet ovat epäkunnossa.
10 Kyoko: Onkohan se totta?   Okei, annan lehtiöni lainaksi.
11 Dennis: Voi, kiitos!   Tarjoan sinulle päivällisen.
12 Milloin sinulle sopii?
13 Kyoko: Minulla on syntymäpäivä ensi perjantaina.
14 Dennis: Vai niin.   No, sitten ensi perjantaina.
15 Missä me tapaamme ja mihin aikaan?
16 Kyoko: Puoli seitsemältä, Cafe Esplanadissa.   Sopiiko?

17 Dennis: Kyllä. Se käy minulle.

1 デニス： 遅れてごめん．時計が合っていなかったんだ．
2 響子： いいのよ．何か問題でもあるの？
3 デニス： ああ．僕にはフィンランド語は難しすぎる．
4 　　　　　文法がよくわからないんだ．助けてくれよ．
5 　　　　　この単語の意味は知ってる？
6 響子： 自分で辞書を調べなさいよ．
7 デニス： 明日までノートを貸してくれるかい？
8 響子： コピーを取れば．
9 デニス： コピー機は調子が悪いんだ．
10 響子： 本当なの？　わかったわ，貸してあげる．
11 デニス： やった，ありがとう．夕食をご馳走するよ．
12 　　　　　いつがいい？
13 響子： 私は来週の金曜日が誕生日なの．
14 デニス： そうか．じゃあ，来週の金曜日だ．
15 　　　　　どこで何時に待ち合わせようか？
16 響子： 6時半にカフェ・エスプラナーディで．いい？
17 デニス： ああ．いいよ．

● 重要単語・表現
väärin 間違って， jokin 何か， minusta (< minä) 私にとって， aika とても， mitä (< mikä) 何を， itse 自分で， milloin いつ， ensi 次の， mihin aikaan 何時に， minulle (< minä) 私に，私へ
* Anteeksi, että … の että は接続詞で，根拠を表わす節を導いています．
* ensi は格変化しません．第15課の ❷ を参照してください．

● 気をつけましょう
- 動詞 käydä は，käy väärin では「動く」，käy minulle では「都合が良い」という意味で使われています．
- onko**han** の -han は，話者が疑いを抱いていることを表わしています．

- lehtiö**ni** は，lehtiö の単数属格形に所有接尾辞 -ni が付いた形です．
- 「6時半」は puoli kuudelta でなく puoli seitsemältä になります．

● 覚えましょう

olla（本文 olen）myöhässä	遅刻する
auttaa（本文 auta）＋分格	（分格）を助ける
tarkoittaa＋分格	（分格）を意味する
katsoa（本文 katso）＋{中から}格	（{中から}格）から調べる
{中へ}格＋saakka	（{中へ}格）まで（＝asti）
⇔ {中から}格＋saakka	（{中から}格）から（＝asti）
lainata＋{所から}格	（{所から}格）に借りる
⇔ lainata＋{所へ}格	（{所へ}格）に貸す
olla（本文 ovat）epäkunnossa	壊れている
⇔ olla kunnossa	正常な，機能している
antaa（本文 annan）… lainaksi	…を貸す
⇔ saada … lainaksi	…を借りる
tarjota（本文 tarjoan）＋{所へ}格	（{所へ}格）におごる
sopia（本文 sopii）＋{所へ}格	（{所へ}格）に合う

＊ epä- が付くと反対の意味になります．

文法解説

❶《何か》（不定代名詞(2)）

jokin は不定代名詞で「何かあるもの」という意味です．

　　Pensaikossa liikkui jokin.　茂みの中で何かが動いた．

Onko sinulla jokin ongelma? では ongelma を修飾する形容詞として使われています．格変化すると，格語尾は jo- と -kin の間に入ります．格語尾が -a で終わる場合はしばしば -k- が脱落し，jo**ta**in（単数分格）のようになります．

	単数	複数
主格	jokin	jotkin
属格	jonkin	joidenkin
分格	jotakin → jotain	joitakin → joitain
{中で}格	jossakin → jossain	joissakin → joissain
{中へ}格	johonkin	joihinkin
{中から}格	jostakin → jostain	joistakin → joistain
{所で}格	jollakin → jollain	joillakin → joillain
{所へ}格	jollekin	joillekin
{所から}格	joltakin → joltain	joiltakin → joiltain
様格	jonakin → jonain	joinakin → joinain
変格	joksikin	joiksikin

❷ {中から}格(2)

{中から}格は，意見の持ち主や，ある感情や感覚を抱いている人を表わすことができます．Minusta suomen kieli on aika vaikeaa. の minusta は，1人称単数代名詞 minä の{中から}格で，「私の感じでは」という意味になります．

❸ 《A は B だ》（補語(3)）

「A は B だ」の文で，Suomen kieli on aika vaikeaa. のように，A が単数であっても B が分格になることがあります．これは，A が物質名詞や抽象名詞で不可算名詞の場合です．比較してみましょう．

 Omena on makeaa（単数分格）． リンゴ（というもの）は甘い．
 Omena on makea（単数主格）． （ここにある）リンゴは甘い．

リンゴを物質名詞として捉えているときには分格になり，個々のリンゴが念頭にある場合は主格になります．

B が不可算名詞の場合も，B は単数分格で表わされます．対応する疑問詞も分格になるので注意してください．

 Tämä on valkoviiniä（単数分格）． これは白ワインです．
 Mitä（分格）tämä on? これは何ですか？

Millais**ta**（単数分格）se on?　　　　　それはどんなですか？

また，B が名詞で A の材質を表わしている場合，A が単数でも複数でも，B は必ず単数分格になります．
　　Tämä sormus on（täyttä）kulta**a**（単数分格）．
　　Nämä sormukset ovat（täyttä）kulta**a**（単数分格）．
　　この指輪/これらの指輪は(純)金でできている．

❹ 《何を》（疑問詞(6)）
これまで見てきたように（→ 第8課 ❷, ❻, ❼），目的語はいろいろな格で表わされます．「何を」とたずねる場合も，疑問詞 mikä「何」がいろいろな格になります．疑問詞とそれに対する答えは次のように対応しています．
　　Mi**n**kä（属格）sinä ostit?　　　　Sanakirja**n**（単数属格）．
　　何を買いましたか？　　　　　　　辞書です．
　　Mikä（主格）täytyy maksaa?　　　Puhelinlasku（単数主格）．
　　何を払わなければなりませんか？　電話代です．
　　Mi**tä**（分格）sinä juot?　　　　　Kahvi**a**（単数分格）．
　　何を飲みますか？　　　　　　　　コーヒーです．
　　Mi**tä**（分格）sinä keräät?　　　　Mustiko**ita**（複数分格）．
　　何を摘んでいるのですか？　　　　ブルーベリーです．

疑問詞 mikä は，主格を除いて単数複数の区別がありません．単数も複数も分格は mitä になります．

❺ 変格(2)
変格は「…として」という意味も表わします．laina**ksi** は laina「借り物」の変格で，「借り物として」という意味を表わしています．luulla「思う」，kuvitella「思い描く」，kutsua「呼ぶ」など，特定の動詞と使われた変格も，同じ意味を表わします．
　　Luulin häntä tyhmä**ksi**．　　　　彼(女)は馬鹿だと思っていました．
　　Kuvittelin häntä nuoremma**ksi**．　彼(女)はもっと若いと思っていました．

Hän kutsui minua valehtelija**ksi**. 彼(女)は私を嘘つきと呼んだ.

❻ 動詞の分類

フィンランド語の動詞は，不定詞の終わり方によって7つのグループに分けることができます．同じグループに属する動詞は同じ変化をするので，各グループの変化パターンさえ覚えておけば，どんな動詞にも応用することができきます．語幹の作り方も，それぞれのグループごとに決まっています．

グループ	不定詞の末尾	語幹の作り方
I	-a/-ä	-a/-ä を取る
II	-da/-dä	-da/-dä を取る
III	-la/-lä, -na/-nä, -ra	-la/-lä/-na/-nä/-ra を取って -e を付ける
IV	-sta/-stä	-ta/-tä を取って -e を付ける
V	-ta/-tä	-a/-ä を取って -t- を -a/-ä に替える
VI	-ita/-itä	-a/-ä を取って -se を付ける
VII	-eta/-etä	-a/-ä を取って -t- を -ne に替える

グループ	不定詞	語幹
I	katso**a** 見る	katso-
II	käy**dä** 通う	käy-
III	tul**la** 来る	tule-
	men**nä** 行く	mene-
	pur**ra** 嚙む	pure-
IV	pää**stä** 達する	pääse-
V	tarjo**ta** 提供する	tarjoa-
VI	val**ita** 選ぶ	valitse-
VII	kylm**etä** 寒くなる	kylmene-

❼ 子音階程交替(1)

それでは，グループ I の動詞 ymmärtää の1人称単数現在形が，ymmä**rt**än ではなく ymmä**rr**än になるのはなぜでしょうか．また，グループ V の動詞 tavata の1人称複数現在形が，ta**v**aamme ではなく ta**p**aamme になる

112　第11課

のはどうしてでしょうか．これは，子音階程交替と呼ばれる現象があるためです．この交替現象は，語幹最後の母音の前に p, t, k あるいは p, t, k を含む子音連続があるときに起こります．交替する音の組み合わせは決まっていて，組み合わせの一方を強階程，他方を弱階程と言います．

強階程　　pp tt kk p t k　　　 ht mp nt nk lt rt lke rke hke
弱階程　　 p t k v d 脱落　　hd mm nn ng ll rr lje rje hje

強階程と弱階程のどちらになるかは，変化形ごとに決まっています．動詞の場合，次のように，不定詞の階程によって2つのタイプに分かれます．3人称はどちらのタイプでも強階程であることに注意しましょう．

	タイプ I	タイプ II
不定詞	強階程	弱階程
1人称単数・複数現在形	弱階程	強階程
2人称単数・複数現在形	弱階程	強階程
3人称単数・複数現在形	強階程	強階程
否定形	弱階程	強階程
2人称単数命令形	弱階程	強階程

不定詞	ymmär*t*ää 強	tie*t*ää 強	ta*v*ata 弱
動詞のグループ	グループ I	グループ I	グループ V
階程交替のタイプ	タイプ I	タイプ I	タイプ II
1人称単数現在形	ymmär*r*än 弱	tie*d*än 弱	ta*p*aan 強
2人称単数現在形	ymmär*r*ät 弱	tie*d*ät 弱	ta*p*aat 強
3人称単数現在形	ymmär*t*ää 強	tie*t*ää 強	ta*p*aa 強
1人称複数現在形	ymmär*r*ämme 弱	tie*d*ämme 弱	ta*p*aamme 強
2人称複数現在形	ymmär*r*ätte 弱	tie*d*ätte 弱	ta*p*aatte 強
3人称複数現在形	ymmär*t*ävät 強	tie*t*ävät 強	ta*p*aavat 強
否定形	ymmär*r*ä 弱	tie*d*ä 弱	ta*p*aa 強
2人称単数命令形	ymmär*r*ä 弱	tie*d*ä 弱	ta*p*aa 強

階程交替する動詞には，強階程子音を持った語幹と弱階程子音を持った語幹

の，2種類の語幹があることになります．もちろん，すべての動詞が階程交替するわけではありません．階程交替の有無，階程交替する場合の階程交替のタイプは，不定詞と1人称単数現在形を比べればわかります．ですから，動詞を覚えるときは，不定詞の形だけでなく1人称単数現在形も一緒に覚えておきましょう．なお，タイプⅠの動詞 aikoa, hakea, lukea, タイプⅡの動詞 pelätä などは，弱階程になると強階程の -k- が消えてしまいますので，特に注意が必要です．

	タイプⅠ			タイプⅡ
不定詞	ai**k**oa	lu**k**ea	hakea（強階程）	pelätä（弱階程）
1人称単数現在形	aion	luen	haen（弱階程）	pel**k**ään（強階程）

なお，階程交替は名詞・形容詞にも起こります．第17課の❼を見てください．

練習問題

1. 本文には目的語の働きをしている(代)名詞が疑問詞を含めて7個あります．全部挙げてみましょう．

2. 次の動詞の1人称単数現在形と3人称単数現在形を言ってみましょう．掲げてある形は不定詞の形で，（　）内は動詞のタイプを示しています．
   ＊の付いた動詞は階程交替するので注意してください．

aikoa (I)*, alkaa (I)*, asua (I), auttaa (I)*, hakea (I)*, katsoa (I),
kuunnella (III)*, kävellä (III), käydä (II), lainata (V), lukea (I)*,
lähteä (I)*, maksaa (I), mennä (III), myöhästyä (I), nousta (IV),
odottaa (I)*, olla (III), opiskella (III), osallistua (I), osata (V), ostaa (I),
ottaa (I)*, pelätä (V)*, poistua (I), puhua (I), päästä (IV), saada (II),
säilyttää (I)*, tarjota (V), tarkoittaa (I)*, tavata (V)*, tietää (I)*,
tulla (III), tuoda (II), vaihtaa (I)*, viettää (I)*, voida (II), ymmärtää (I)*

3．フィンランド語で言ってみましょう．
 1) お手数をかけて（häirit|ä）すみません．
 2) 遅れていないといいんですが（toivottavasti）．
 3) 機械が（kone, -essa）どこかおかしい（vika）．
 4) テレビで（televisio, -sta）何かおもしろいもの（mielenkiintoinen, mielenkiintoista）をやって（tul|la）いますか？
 5) 私は彼は正しい（oikea, -ssa）と思う．
 6) 喜んで（mielelläni）君を手伝おう．
 7) 君は彼らが結婚したって（että）知っているかい？
 8) クリスマスプレゼント（joululahja）に本をもらった（saa|da, sain）．
 9) 私はおなか（vatsa）の調子が悪い（huonossa kunnossa）．
10) いつが都合がいいですか？
11) 金曜日なら都合がいいです．
12) この色は君に似合わない（ei käy）．
* toivottavasti「願わくは」は文全体を修飾する副詞です．

エンドウマメ（herne）を売る夏のマーケット広場（Kauppatori）．

フィンランドの食文化

　旅の楽しみの一つは，旅先でおいしいものを食べることです．残念ながら，フィンランドでおいしいものにありつくのはなかなか難しいかもしれません．素材は決して悪くないのですが，調理の方法が悪いのか，全体的にいまひとつです．どうもフィンランド人は食にあまりこだわりを持っていないようで，フィンランド人男性が最も好きな食べ物といえば，肉団子 (lihapulla) やソーセージ (makkara) といった具合です．味のわりに値段が高いのも困りもので，安くておいしいということはフィンランドではまずありません．

　とはいえ，おいしいものもちゃんとあります．一番お奨めなのは軽く塩漬けにした鮭 (graavilohi) でしょう．8月はザリガニ (rapu) のシーズンで，ゆでたザリガニとウォッカでザリガニパーティーを催します．もっともザリガニは相当高価です．10月には，マーケット広場で，250年の伝統を誇るバルト海産ニシン市 (silakkamarkkinat) が開かれ，切り身のパン粉焼き (silakkapihvi) や酢漬け (maustesilakka) が並びます．ちなみに魚は，燻製にしたり (savukala)，干したり (lipeäkala)，あぶったり (hiilloskala) して食べるのが普通です．

　夏にマーケット広場に行くと，エンドウマメ (herne) がたくさん売っていて，みな生のままかじっています．エンドウマメスープ (hernekeitto) はフィンランドの名物料理で，昔から木曜日にはこのスープを食べる習慣があります．夏はイチゴ (mansikka) の季節でもあります．秋にはきのこが出回ります．アンズタケ (kantarelli) やアンズタケの一種 (suppilovahvero) が代表的なきのこです．なお，春に採れるアミガサダケ (korvasieni) は美味ですが，毒があるので処理をしないと食べられません．

応用編

1 食品の名前を覚えましょう.

leipä パン
sämpylä ロールパン
limppu ローフパン
viineri デニッシュ
korvapuusti シナモンロール
pulla （小型の）菓子パン
piirakka / piiras パイ
leivos 小型の焼き菓子
munkki / donitsi ドーナツ
voileipä オープンサンド
pitsa ピザ
hampurilainen ハンバーガー
ranskanperunat / ranskalaiset フライドポテト
perunalastut ポテトチップ
suklaa チョコレート
purukumi ガム
makeiset / karkki 飴
pastilli ドロップ
keksi ビスケット
näkkileipä クラッカー
puuro ポリッジ
aamiaishiutaleet シリアル
vehnä 小麦
ruis ライ麦
riisi 米
kananmuna 鶏卵
broileri ブロイラー

kana, kanan- 鶏（の）
nauta, naudan- 牛（の）
vasikka, vasikan- 子牛（の）
lammas, lampaan- 羊（の）
porsas, porsaan- / sika, sian- 豚（の）
poro, poron- トナカイ（の）
rinta 胸
reisi もも
koipi 足
filee ヒレ肉
jauheliha ひき肉
kinkku ハム
nakki フランクフルト
makkara ソーセージ
rasvaton 無脂肪の
jogurtti ヨーグルト
viili 粘るヨーグルト
kerma クリーム
juusto チーズ
voi バター
margariini マーガリン
hillo ジャム
hunaja 蜂蜜
mauste 調味料
sokeri 砂糖
suola 塩
pippuri こしょう

sinappi マスタード
ketsuppi ケチャップ
etikka 酢，ビネガー

öljy オイル
soijakastike 醤油
kastike ソース，ドレッシング

2 謝罪と感謝の表現を覚えましょう．

Olen (hyvin / todella) pahoillani.	（本当に）すみません．
(Suokaa / Anna) anteeksi!	ごめんなさい．
Pyydän anteeksi.	申し訳ありません．
Anteeksi, että myöhästyin.	遅れてすみません．
Anteeksi, että jouduit odottamaan.	お待たせしてすみません．
Anteeksi, että vastaukseni tulee näin myöhässä.	返事が遅くなってすみません．
Anteeksi, että aiheutin vaivaa.	お手数をかけて申し訳ありません．
Anteeksi, jos häiritsen.	ご迷惑でしたらお許しください．
Häiritsenkö sinua?	ご迷惑ですか？
Älkää välittäkö! / Älä välitä!	気にしないでください．
Ei se (haittaa) mitään.	いいんですよ．
Kiitos!	ありがとう．
Paljon kiitoksia!	どうもありがとう．
Kiitoksia (todella) paljon!	（本当に）どうもありがとう．
Kiitos avusta.	手伝ってくれてありがとう．
Kiitos [käynnistä / kutsusta].	[来て / 呼んで]くれてありがとう．
Kiitos [kirjeestäsi / soitostasi].	[手紙 / 電話]をありがとう．
Kiitos vaivoistasi.	ご苦労さま．
Kiitos viimeisestä.	先日はありがとうございました．
Kiitän sinua sydämestäni.	心から感謝しています．
Olen teille [hyvin / todella] kiitollinen.	あなたにとても感謝しています．
Ei kestä (kiittää)!	どういたしまして．
[Ole / Olkaa] hyvä!	どういたしまして．
Ei mitään kiittämistä.	どういたしまして．

Kappale kaksitoista
12 水をもらえますか？

CD 15

この課では，命令文の作り方と数量の表わし方を学びます．

1 *Ravintolassa*

2 Tarjoilija: Hyvää iltaa. Tervetuloa.

3 Dennis: Kiitos.

4 Tarjoilija: Onko teillä pöytävarausta?

5 Dennis: On. Nimellä White.

6 Tarjoilija: Tätä tietä, olkaa hyvä.

7 *Kyoko ja Dennis istuvat pöytään.*

8 Tarjoilija: Tässä on ruokalista.

9 Dennis: Kiitos. Katsotaanpas nyt.

10 Mitä ruokaa sinä otat, Kyoko?

11 Kyoko: Haluan syödä kalaruokaa. Mitä suosittelette?

12 Tarjoilija: Meillä on oikein hyvää lohta.

13 Kyoko: Hyvä on, otan sitä.

14 Dennis: Minä en pidä kalasta. Otan grillipihviä.

15 Tarjoilija: Miten haluatte pihvinne?

16 Dennis: Puoliraakana. Mitä me juomme ruuan kanssa?

17	Kyoko:	Haluan valkoviiniä.
18	Dennis:	No, sitten lasi valkoviiniä hänelle ja minulle Lapinkultaa.
19	Tarjoilija:	Kiitoksia.
20	Tarjoilija:	Tässä on leipää.
21	Kyoko:	Saammeko myös kivennäisvettä?
22	Dennis:	Kaksi pulloa.
23	Tarjoilija:	Kiitos.

1 レストランで
2 ウエイトレス： こんばんは．いらっしゃいませ．
3 デニス： ありがとう．
4 ウエイトレス： ご予約の方ですか？
5 デニス： ええ．ホワイトです．
6 ウエイトレス： こちらです．どうぞ．
7 響子とデニスはテーブルにつきます．
8 ウエイトレス： こちらがメニューになります．
9 デニス： ありがとう．どれどれ．
10 　　　　　　　響子は何にする？
11 響子： 私は魚料理がいいわ．お奨めは何ですか？
12 ウエイトレス： とてもいい鮭がありますよ．
13 響子： いいわ，それにします．
14 デニス： 僕は魚はいやだ．ステーキにしよう．
15 ウエイトレス： 焼き加減はどういたしましょう？
16 デニス： レアで．飲み物はどうしようか？
17 響子： 白ワインがいいわ．
18 デニス： それじゃ，彼女に白ワインのグラスを，僕にはラピン

		クルタ.
19	ウエイトレス：	ありがとうございます.
20	ウエイトレス：	パンをどうぞ.
21	響子：	ミネラルウォーターももらえますか？
22	デニス：	ビンを 2 本.
23	ウエイトレス：	かしこまりました.

● 重要単語・表現

tätä(< tämä) これを，この…を，　 olkaa hyvä どうぞ，　 oikein 本当に，hänelle (< hän) 彼(女)に，彼(女)へ，　 myös … …もまた

● 気をつけましょう

- katsotaan**pa**s の -pa は勧誘を強める働きをしています．この -pa は，口語ではしばしば -s を伴います．
- pihvi**nne** は，pihvi の単数属格形に 2 人称複数(敬称)の所有接尾辞が付いた形です．
- ruuan は，ruoka「食べ物」の単数属格形です．ruoan という形もあります．

● 覚えましょう

haluta (本文 haluan) + 不定詞	…したい
suositella (本文 suosittelette) + 分格	(分格)を勧める
pitää(本文 pidä) + {中から}格	({中から}格)が好きだ
(= tykätä + {中から}格)	(口語で)({中から}格)が好きだ
属格 + kanssa	(属格)と一緒に

文法解説

❶ 敬称

フィンランド語では，目上や知らない人と話すとき，あるいは改まった場面では，相手が 1 人でも人称代名詞に te を使い，動詞や所有接尾辞も 2 人称

複数形を用います．これを敬称と言い，Mitä suosittelette? や Miten haluatte pihvinne? はその例です．ただし，相手が目上や知らない人なら，いつでも敬称が使われるというわけではありません．学生は教師に対して普通 sinä を使って話しますし，日常生活のさまざまな場面で，敬称を使うことはむしろ少ないと言ったほうがよいでしょう．デパートや高級なレストラン，銀行の窓口などでは，敬称が比較的多く使われます．注意しなければならないのは，sinä と te の使い分けに個人差があるということです．たとえば，学生に sinä で呼ばれることに憤慨する教師もいるかもしれません．したがって，sinä と te の使い分けは，実際の体験を通して身に付け，また，相手の反応によって臨機応変に対処するしかありません．

なお，敬称の te が「A は B だ」の A になるとき，動詞は 2 人称複数形を使いますが，補語 B は単数形になるので注意してください．

Oletteko（2 人称複数）te japanilainen（単数主格）?
あなたは日本人ですか？
Oletteko（2 人称複数）te japanilaisia（複数分格）?
あなた方は日本人ですか？

❷《…してください》（命令文(3)）

olkaa は，動詞 olla の 2 人称複数の命令形です．命令したり，頼んだり，勧めたりする相手が 1 人でないときはこの形を使います．また，敬称を使う場合は，相手が 1 人であってもこの形を使い，丁寧さを表わします．2 人称複数命令形は不定詞から作ります．グループごとの作り方をまとめると，次のようになります（グループ VII の paeta は「逃げる」という意味です）．

	不定詞		2 人称複数命令形	
グループ I	-a/-ä	(istua)	-a/-ä を取って	-kaa/-kää (istu**kaa**)
グループ II	-da/-dä	(syödä)	-da/-dä を取って	-kaa/-kää (syö**kää**)
グループ III	-la/-lä	(olla)	-la/-lä を取って	-kaa/-kää (ol**kaa**)
	-na/-nä	(mennä)	-na/-nä を取って	-kaa/-kää (men**kää**)
	-ra	(purra)	-ra を取って	-kaa (pur**kaa**)
グループ IV	-sta/-stä	(nousta)	-ta/-tä を取って	-kaa/-kää (nous**kaa**)
グループ V	-ta/-tä	(levätä)	-a/-ä を取って	-kaa/-kää (levät**kää**)

グループ VI -ita/-itä（valita）	-a/-ä を取って	-kaa/-kää（valit**kaa**）
グループ VII -eta/-etä（paeta）	-a/-äを取って	-kaa/-kää（paet**kaa**）

なお，階程交替する動詞の場合，2人称複数の命令形は必ず不定詞と同じ階程になります．

不定詞	2人称複数命令形	1人称単数現在形
o*tt*aa（強階程）	o*tt*a**kaa**（強階程）	o*t*an（弱階程）
suosi*t*ella（弱階程）	suosi*t*el**kaa**（弱階程）	suosi*tt*elen（強階程）
ta*v*ata　（弱階程）	ta*v*at**kaa**（弱階程）	ta*p*aan（強階程）

❸ 様格

格語尾 -na/-nä が付く格は様格です．様格は「…(の状態)で」「…として」といった(一時的な)状態を表わします．puoliraaka**na** は「レアで」という意味，第 2 課で出てきた vaihto-oppilaa**na** は「交換留学生として」という意味になります．次の文では，序数詞 toinen「2番目」が様格で使われています．

　Tulin maaliin toise**na**.　2番目にゴールした．

様格は，動詞 pitää と共に使われると「…を…と思う」という意味を表わします．

　Kaikki pitivät ehdotusta hyvä**nä**.　誰もが提案を良いと思った．

様格は，次の文のように時も表わします．

　Olen työssä viite**nä** päivä**nä** viikossa.
　私は週 5 日働いています．
　Soitan sinulle tämän [päivän / viikon] aika**na**.
　[今日中に / 今週中に]電話します．

様格は，perjantai**na**「金曜日に」のように曜日を表わすほか，viime vuon**na**「去年」，tänä vuon**na**「今年」，ensi vuon**na**「来年」のように年や，huomen**na**「明日」，ylihuomen**na**「明後日」，toissa päivä**nä**「一昨日」，seuraavana päivä**nä**「翌日」，erää**nä** päivä**nä**「ある日」のように日にちも表わします．

また，jouluna「クリスマスに」，juhannuksena「夏至祭に」のように，祝祭日にも様格を使います．「週末に」も viikonloppuna と様格になります．なお，vuonna のもとの形(単数主格形)は vuosi です．

第4課の❻で見たように，季節や1日の時間帯は{所で}格で表わしますが，viime kesänä「前の夏」，tänä kesänä「この夏」，ensi kesänä「今度の夏」，maanantaiaamuna「月曜日の朝」，tänä aamuna「今朝」，tänä iltana「今晩」，viime yönä「昨夜」のように，限定が付く場合は様格を用いて表わします．

❹ 数量表現(1)
物質名詞は不可算ですが，単位を決めれば数えることができます．例えば，valkoviini「白ワイン」そのものは数えられませんが，グラスに注げば1杯，2杯と数えることができます．「白ワイン何杯」と言うときの語順は，(基数詞)＋単位を表わす名詞＋物質名詞で，物質名詞は単数分格になります．単位を表わす名詞も2以上の基数詞の後では単数分格になります．

 (yksi)＋lasi（単数主格）＋valkoviiniä（単数分格） 白ワイン1杯
 kaksi＋lasia（単数分格）＋valkoviiniä（単数分格） 白ワイン2杯

可算名詞の場合も，単位を使って数えるときには同じように表わします．ただし，名詞は，単数分格でなく複数分格になります．

 (yksi)＋tusina（単数主格）＋lyijykyniä（複数分格） 鉛筆1ダース
 kaksi＋tusinaa（単数分格）＋lyijykyniä（複数分格） 鉛筆2ダース
 (yksi)＋kilo（単数主格）＋omenoita（複数分格） リンゴ1キロ
 kaksi＋kiloa（単数分格）＋omenoita（複数分格） リンゴ2キロ

❺ 《AにBがある》(存在文(3))
存在文では，Bが不可算名詞の場合，Bを単数分格形で表わします．Tässä on leipää. でパンが単数分格形になっているのは，パンが物質名詞で数えられないからです．ここで，存在文(「場所AにBがある」)・所有文(「AがBを持っている」)で，Bに当たる名詞がどのように表示されるかまとめておきましょう．なお，否定文になると，Bは必ず分格で表わされます(→第7課

❷，第 9 課 ❶）．

	可算名詞・単数	可算名詞・複数	不可算名詞
存在文	単数主格（第 6 課 ❺）	複数分格（第 6 課 ❺）	単数分格
所有文	単数主格（第 4 課 ❼）	複数分格（第 9 課 ❶）	単数分格（第 7 課 ❸）

* 可算名詞が 2 以上の数詞で限定されている場合は，数詞は主格，名詞は単数分格になります．

❻ 物質名詞

vesi「水」や kahvi「コーヒー」のような液体や，hillo「ジャム」や hunaja「蜂蜜」のように流動性の高いもの，suola「塩」や sokeri「砂糖」のような粉状のものは，いずれも物質名詞で不可算です．leipä「パン」，voi「バター」，juusto「チーズ」，liha「肉」，suklaa「チョコレート」，jäätelö「アイスクリーム」，paperi「紙」なども物質名詞です．第 7 課の ❽ で見たように，目的語が物質名詞の場合，必ず単数分格形で表わされます．また，上で見たように，存在文・所有文の場合も，必ず単数分格形で表わされます．

　パンが数えられないのはおかしな気がします．数えられないのは素材としてのパンで，店頭で売られている個々のパンは，当然数えることができます．したがって，pulla「菓子パン」，sämpylä「ロールパン」，voileipä「サンドイッチ」などはいずれも物質名詞ではなく可算名詞です．本文の場合，ウエイトレスが持ってきたパンは当然数えられるはずですが，具体的にどういうパンなのかが問題になっているわけではないので，不可算名詞として扱われています．肉も，liha は不可算ですが，pihvi「ステーキ」は数えられます．したがって，pihvi が目的語になる場合は属格で表わすことができます．ただし，一枚一枚のステーキを問題にしていない場合は，物質名詞に準じて Otan grillipihviä. のように単数分格形で表わします．なお，kala「魚」は，素材を意味する場合は物質名詞ですが，一匹一匹の魚を問題にしている場合は可算名詞として取り扱われます．

練習問題

1. 単数と複数の両方の命令形で言ってみましょう．
1) 一生懸命 (ahkerasti) 勉強しなさい．
2) 7時の (kello seitsemän) 列車に乗りなさい．
3) 専門家 (asiantuntija) の助言 (neuvo) を聞きなさい．
4) この本を読みなさい．
5) 両親を (vanhemmat, vanhempia) 手伝い (autta|a) なさい．
6) 友だち (ystävä) を連れて行きなさい．
7) 教科書 (oppikirja) の 20 ページを (sivulta kaksikymmentä) 開け (avat|a) なさい．

2. (　) 内の語を必要があれば適当な形に変えましょう．
1) Lasissa on (maito).　　　　　　（コップの中に牛乳が入っている）
2) Maljassa on (mustikka).　　　　（ボウルの中にいくつかブルーベリーが入っている）
3) Pöydällä on (puhelin).　　　　　（机の上に電話がある）
4) Talossa ei ole (sauna).　　　　　（家にはサウナがない）
5) Ravintolassa istuu (iloinen ihminen).　（レストランには明るい顔をした人々が座っている）
6) Minulla on yksi (poika).　　　　（私には息子が1人います）
7) Minulla on kaksi (poika).　　　　（私には息子が2人います）
8) Minulla on (pikkuraha).　　　　（私は小銭を持っています）

フィンランド料理

フィンランドには，これがフィンランド料理だと言えるようなものはあまりありません．比較的有名なのはカレリアパイ (karjalanpiirakka) です．これは米あるいはジャガイモを詰めた木の葉型の薄いパイで，もともとはカレリア地方の郷土料理です．カレリア風煮込み (karjalanpaisti) もこの地方の郷土料理です．サヴォ (Savo) 地方は，ライ麦の堅いパンの中に魚を詰めた kalakukko で有名です．オストロボスニア (Pohjanmaa) 地方には，型に流したチーズを表面に焦げ目が付くまで焼いた leipäjuusto が伝わっています．ラップランドはトナカイ料理が名物で，細切りにしたトナカイ肉を煮てコケモモのゼリーと一緒に食べる poronkäristys が代表的な料理です．

その他，料理のレパートリーはドイツ料理に準じていて，パンも，小麦のパン (vehnäleipä) と並んでライ麦パン (ruisleipä) をよく食べます．なお，薄くて堅い板状のクラッカー (näkkileipä, hapankorppu) は北欧諸国の特産品です．代表的な料理には，鮭のスープ (lohikeitto)，レバーのキャセロール (maksalaatikko)，肉，ジャガイモ，タマネギを賽の目に切って炒める料理 (pyttipannu) などがあります．フィンランド人の食生活に欠かせないのはソーセージ (makkara, nakki はフランクフルト，lenkkimakkara はボローニャ・ソーセージ) です．サウナを出ると，ビールを飲みながらソーセージをかじります．そのくせ市販の国産ソーセージの味が今ひとつなのは不思議なことで，国産ソーセージを代表する HK Sininen の味がフィンランドの食文化の水準を物語っているような気がします．

フィンランド人は甘いものが大好きで，アイスクリーム・スタンドがあちこちにありますし，量り売りの飴やチョコレートもあちこちで売っています．チョコレートは Fazer 社が有名で，Geisha という名前のチョコレートを売っています．甘草エキス (lakritsi) や塩化アンモニウム (salmiakki) が入った黒い飴も人気です．日本人にはなじみのない味ですが，是非一度試してみてください．

応用編

1 メニュー（ruokalista, juomalista）に出てくる単語を覚えましょう．

alkuruoka 前菜	puoliraaka レア
pääruoka メインディッシュ	puolikypsä ミディアム
kalaruoka 魚料理	hyvin [paistettu / kypsennetty]
liharuoka 肉料理	十分に焼けた
paistettu 焼いた，炒めた	pata キャセロール
grillattu あぶった	muhennos 煮込み
friteerattu 揚げた	keitetty muna ゆで卵
keitetty ゆでた，煮た	munakas オムレツ
haudutettu 煮込んだ	savukala 燻製の魚
savustettu / palvattu 燻製にした	graavilohi 鮭のマリネ
salaatti サラダ	lihapyörykkä / lihapulla
keitto スープ	ミートボール
leike 骨なしの薄肉	jauhelihapihvi ハンバーグ
kyljys チョップ	paahtopaisti ローストビーフ
paisti ロースト	uuniperunat ベイクトポテト
pihvi ステーキ	perunasose / muusi マッシュポテト

・・

jälkiruoka デザート	mansikka イチゴ
kiisseli フール	puolukka 赤コケモモ
kakku ケーキ	mustikka ブルーベリー
torttu タルト	vadelma ラズベリー
pannukakku パンケーキ	karpalo クランベリー
ohukaiset / letut 薄いパンケーキ	mesimarja 北極キイチゴ
jäätelö アイスクリーム	lakka / hilla ホロムイイチゴ

・・

juomavesi 飲料水	virvoitusjuoma 清涼飲料水
kivennäisvesi ミネラルウォーター	limonadi / limsa 炭酸水
jäävesi 氷水	(tuore)mehu ジュース

olut ビール
kotikalja 自家製ビール
valkoviini 白ワイン
punaviini 赤ワイン
viina スピリッツ
votka ウォッカ

siideri シードル
likööri リキュール
kahvi コーヒー
tee 紅茶
maito 牛乳
piimä サワーミルク

・・・・・・・・・・・・・・・・・・・・・・・・・・・・・・・・
属格 + kera …添え，属格 / {中へ}格 + tapaan …風の

Ruokalista（メニュー）

Päivän tarjous（本日のお勧め）
 Juustopaneroitu porsaanleike（豚エスカロープのチーズ焼き）　　9,00

Päivän annoksia（本日の料理）
 Paistetut silakkafileet（バルト海産ニシンのソテー）　　7,00
 Kaalikääryleet（ロールキャベツ）　　7,00
 Simpukka-katkarapusalaattia（貝と海老のサラダ）　　7,00
 Yrttivoilla täytetty kananrinta（鶏胸肉の香草バター包み焼き）　　12,00
 Merilohimedaljonki（鮭のメダイヨン）　　13,50
 Härän sisäfilepihvi（牡牛のヒレステーキ）　　15,00

Alkuruokana kaikkiin pääruoka-annoksiin: Kasvissosekeitto tai salaatti.
（メイン料理には前菜として野菜のポタージュかサラダをお付けします）

2 許可を求めたり依頼をしたりするときの表現を覚えましょう.

Saanko häiritä (sinua) hetken?	ちょっといいですか？
Saanko tämän (omakseni)?	これをいただけますか？
Saako täällä [polttaa / tupakoida]?	ここでタバコを吸ってもいいですか？
— Olkaa hyvä.	—ええ，どうぞ.
— Valitettavasti ei.	—ご遠慮ください.
Saanko istua tähän?	ここに座ってもいいですか？
Saanko lainata sateenvarjoa?	傘を貸してください.
Saanko [soittaa / käyttää puhelintanne]?	電話を貸してください.
— Käyttäkää vapaasti.	—どうぞご自由に.
Voinko mennä sisään?	中に入ってもいいですか？
Voinko pyytää apuanne?	お願いをしてもいいですか？
Voisitko ojentaa minulle suolan.	塩を取ってください.
Voisitko odottaa hetken.	ちょっと待ってください.
[Voisitko / Viitsitkö] viedä kirjeen postiin.	手紙を投函してください.
Voisitko rikkoa kymmenen euroa kahden euron kolikoiksi?	10ユーロを2ユーロの硬貨にくずしてもらえませんか？
Voisitko auttaa minua?	手伝ってもらえませんか？
Voisitko soittaa puolestani?	代わりに電話をかけてもらえませんか？
Voisitteko näyttää miten kopiokone toimii?	コピー機の使い方を教えてください.
Voisitteko neuvoa kirjaston käyttöä?	図書館の利用法を教えてもらえませんか？
Voisitteko sanoa paljonko kello on?	今何時かご存知ですか？
Olisitteko ystävällinen ja sanoisitte … ?	…を教えていただけませんか？
Olisin hyvin kiitollinen, jos auttaisit minua.	手伝ってもらえるとありがたいのですが.
Anteeksi että vaivaan, mutta …	お手数をかけてすみませんが…
Minulla olisi sinulle [pieni / yksi] pyyntö.	一つ君に頼みがあるんだけれど.

Kappale kolmetoista
13　誕生日おめでとう.

CD 16

この課では，仮定を表わす言い方と動詞の変化を学びます．

1　Dennis:　Paljon onnea syntymäpäivällesi!

2　　　　　Tässä on pieni lahja.　Ole hyvä!

3　Kyoko:　Kiitoksia paljon!

4　Dennis:　Eipä tuo mitään.　Kippis!

5　Kyoko:　Kippis!

6　Dennis:　Täytätkö sinä tänään 20 (kaksikymmentä) vuotta?

7　Kyoko:　Äläpäs kiusaa minua.

8　　　　　Olen 25 (kaksikymmentäviisi) vuotta vanha.

9　　　　　Japanilaiset näyttävät nuoremmilta kuin he todellisuudessa ovat.

10　Tarjoilija:　Onko kaikki hyvin?

11　Dennis:　Oikein hyvin, kiitos.

12　Tarjoilija:　Miltä ruoka maistuu?

13　Kyoko:　Se maistuu hyvältä.

14　Tarjoilija:　Saako olla jotakin muuta?

15 Dennis: No otetaan vielä jälkiruokaa.
16 Minulle jäätelöä ja kuppi kahvia. Entä sinulle?
17 Kyoko: Saisinko samanlaisen?
18 Tarjoilija: Saako olla lisää kahvia?
19 Dennis: Ei kiitos. Saisinko laskun.
20 Tarjoilija: Hetkinen vain.
21 Dennis: Kyoko, tänään on perjantai. Eikä ole vielä myöhä.
22 Mennään tanssimaan.
23 Kyoko: Sehän olisi kiva.
24 *He menivät yökerhoon ja tanssivat kunnes yökerho meni kiinni.*

1 デニス： 誕生日おめでとう．
2 ささやかだけどプレゼントだよ．さあどうぞ．
3 響子： どうもありがとう．
4 デニス： どうってことないさ．さあ乾杯．
5 響子： 乾杯．
6 デニス： 君は今日20歳になったのかい？
7 響子： からかわないで．
8 25歳よ．
9 日本人は実際よりも若く見えるの．
10 ウエイトレス： いかがでしょうか？
11 デニス： 申し分ありません，ありがとう．
12 ウエイトレス： お口に合いましたか？
13 響子： おいしいわ．
14 ウエイトレス： ほかに何かお持ちしましょうか？
15 デニス： それじゃデザートを．

16		僕はアイスクリームとコーヒー．響子はどうする？
17	響子：	私も同じものをお願いできますか？
18	ウエイトレス：	もっとコーヒーはいかがですか？
19	デニス：	ありがとう，結構です．勘定をお願いできますか？
20	ウエイトレス：	少々お待ちください．
21	デニス：	響子，今日は金曜日だ．それにまだ早い．
22		これから踊りに行かないか．
23	響子：	いいわね．
24		彼らはナイトクラブへ行って，店が閉まるまで踊りました．

● 重要単語・表現

ole hyvä どうぞ，　älä… …するな，　hyvin 申し分なく，　miltä (< mikä) どんなふうに，　jotakin (< jokin) 何か，　muuta (< muu) 他(の)，samanlaisen (< samanlainen) 同じ(種類の)物を，　olla …だ，ある，いる (不定詞)，hetkinen ちょっと待って (= pieni hetki)，　vielä まだ，　kunnes …まで

* samanlainen は同じ種類のものを指すのに対して，sama は同一のものを指します．

● 気をつけましょう

- Älä**pä**s の -pä は命令を強める働きをしています．この -pä は，口語ではしばしば -s を伴います．
- nuoremmilta は，nuori「若い」の比較級(第16課 ❻ 参照) nuorempi の複数{所から}格形です．
- eikä の -kä は否定を強める働きをしています．
- se**hän** の -hän は話し手の気持ちを強調する働きをしています．

● 覚えましょう

kiusata (本文 kiusaa) + 分格	(分格)をからかう
lisää + 分格	(分格)をより多く
mennä (本文 meni) kiinni	閉まる

文法解説

❶ 《…するな》（命令文(4)）

2人称単数に対する命令文で，動詞の前に älä を置くと，「…するな」という否定命令文になります．否定命令文も否定文の一種なので，目的語がある場合は必ず分格になります．2人称複数に対する命令文の場合は，語尾 -kaa/-kää を -ko/-kö に替え，動詞の前に älkää を置くと，否定命令文になります．

  不定詞   kiusata（グループ V）
  2人称単数命令形 kiusaa   2人称単数否定命令形 älä kiusaa
  2人称複数命令形 kiusat**kaa**   2人称複数否定命令形 älkää kiusat**ko**

なお，2人称複数に対する命令文は，肯定でも否定でも，文字通り複数の相手に向けられている場合と，敬称で1人の相手に向けられている場合があるので，注意してください．

❷ {所から}格(2)

動詞 näyttää「…のように見える」, maistua「…の味がする」, haista「…のにおいがする」, tuoksua「…の香りがする」, tuntua「…と感じる」, kuulostaa「…と聞こえる」, vaikuttaa「…のように思われる」は，「…」の部分を{所から}格で表わします．

Ruoka näyttää herkulli**selta**.	おいしそうな料理だ．
Mi**ltä** ruoka maistuu?	料理の味はどうですか．
Täällä haisee palanee**lta**.	ここは焦げ臭い．
Täällä tuoksuu hyvä**ltä**.	いい香りがする．
Ilma tuntuu kylmä**ltä**.	寒い．
Se kuulostaa hyvä**ltä** ajatukse**lta**.	それは良い考えだ．
Hän vaikuttaa sairaa**lta**.	彼(女)は具合が悪そうだ．

なお，näyttää, tuntua の後には，että 節や分詞の属格形が来ることがあります．

Tuntuu siltä, **että** kohta alkaa sataa.	もうすぐ雨が降りそうだ.
Näyttää tuleva**n** kaunis päivä.	いい天気になりそうだ.
Sää näyttää lähipäivinä paraneva**n**.	天気は二三日で回復しそうだ.

tulevan や paranevan は能動現在分詞の属格形です．能動現在分詞については「中級編」第22課を参照してください．

❸ 《すべて(の)》(不定代名詞(3))

kaikki は不定代名詞です．Onko kaikki hyvin? のように単独で名詞的に使うことも，名詞の前に置いて形容詞的に使うこともできます．kaikki も他の名詞と同じように格変化しますが，複数主格だけは格変化せず，単数主格と同じ形になります．語幹の子音が -k- になったり -kk- になったりするのは，階程交替があるためです．第17課の ❼ を参照してください．

	単数	複数
主格	kaikki	kaikki
属格	kaike**n**	kaikk**ien**
分格	kaikke**a**	kaikk**ia**
{中で}格	kaike**ssa**	kaik**issa**
{中へ}格	kaikke**en**	kaikk**iin**
{中から}格	kaike**sta**	kaik**ista**
{所で}格	kaike**lla**	kaik**illa**
{所へ}格	kaike**lle**	kaik**ille**
{所から}格	kaike**lta**	kaik**ilta**
様格	kaikke**na**	kaikk**ina**
変格	kaike**ksi**	kaik**iksi**

kaikki は，不可算名詞を指しているときは単数扱い，可算名詞を指しているときは複数扱いになります．

Pidän kaikesta japanilaisesta ruoasta (単数{中から}格).
日本食は何でも好きです．
Pidän kaikista suomalaisista lauluista (複数{中から}格).
フィンランドの歌は何でも好きです．

次の文では，前者の場合，ある事態が想定されているのに対し，後者の場合は，具体的な事物が想定されています．
　Kaikki（単数主格）oli（3人称単数）mielenkiintoista（単数分格）．
　すべてが興味深かった．
　Kaikki（複数主格）olivat（3人称複数）mielenkiintoisia（複数分格）．
　すべてが興味深かった．

❹《何》(疑問詞(7))
miltä は疑問詞 mikä の{所から}格の形です．ここで，疑問詞 mikä の変化をまとめてみましょう．主格以外は，単数も複数も同じ形になります．

　単数主格　　　mikä
　属格　　　　　minkä
　分格　　　　　mitä
　{中で}格　　　missä
　{中へ}格　　　mihin
　{中から}格　　mistä
　{所で}格　　　millä　　（millä tavalla「どうやって」）
　{所へ}格　　　mille
　{所から}格　　miltä
　様格　　　　　minä　　（minä päivänä「何日に」，minä vuonna「何年に」）
　変格　　　　　miksi
　複数主格　　　mitkä

疑問詞 mikä は名詞を修飾して形容詞的に使うこともできます．この場合は，「どの」という意味になり，名詞と同じ格で表わされます．
　Minkä（属格）kakun（単数属格）valitset?
　どのケーキにしますか？（切り分けられてある場合）
　Mitä（分格）kakkua（単数分格）sinä otat?
　どのケーキにしますか？（切り分けられてない場合）
　Mihin（{中へ}格）ravintolaan（単数{中へ}格）mennään?
　どのレストランに行こうか？

❺ 条件法(1)

saisinko は，動詞 saada の条件法 1 人称単数形です．条件法の目印は -isi- で，これが動詞の語幹に付きます．このとき，語幹の形が若干変わることがあります．動詞のグループごとにまとめてみましょう．人称語尾は -isi- の後に付きます．3 人称単数の場合は -isi のままで，語尾は付きません．

　lukisin や pakenisin の例からわかるように，階程交替する動詞の条件法の形はすべて強階程です．1 人称単数現在形から語尾 -n を取り去って得られる語幹が弱階程のときは，語幹末の子音を対応する強階程の子音に替えたものが，条件法を作る際の語幹になります．例えば，lukea「読む」の場合，1 人称単数現在形は luen ですが，条件法を作る際の語幹は luke- になります．なお，käydä の条件法の形は kävisi- です．

	不定詞	語幹	条件法 1 人称単数
I	-a/-ä (istua)	istu-	istu**isin**
	語幹の最後が -e- (lukea)	luke-	luk**isin**（-e- が脱落）
	語幹の最後が -i- (sopia)	sopi-	sop**isin**（-i- が脱落）
II	-da/-dä		
	語幹の最後が長母音 (saada)	saa-	sa**isin**（短母音に短縮）
	語幹の最後が -i- (voida)	voi-	vo**isin**（-i- が脱落）
	語幹の最後が二重母音 (syödä)	syö-	sö**isin**（前の母音が脱落）
III	-la/-lä (olla)	ole-	ol**isin**（-e- が脱落）
	-na/-nä (mennä)	mene-	men**isin**（-e- が脱落）
	-ra (purra)	pure-	pur**isin**（-e- が脱落）
IV	-sta/-stä (nousta)	nouse-	nous**isin**（-e- が脱落）
V	-ta/-tä (haluta)	halua-	halua**isin**
	語幹の最後が -aa-/-ää- (levätä)	lepää-	lepä**isin**（-a-/-ä- が脱落）
VI	-ita/-itä (valita)	valitse-	valits**isin**（-e- が脱落）
VII	-eta/-etä (paeta)	pakene-	paken**isin**（-e- が脱落）

条件法は，仮定とその仮定のもとでの帰結を表わします．条件節「もし…ならば」の中だけでなく，帰結節の中でも使われます．否定文では否定動詞 + … -isi の形になります．

Olisin iloinen, jos tulisit.　　　　　君が来てくれるとうれしい.
En lähtisi mukaan, vaikka pyytäisitkin.　頼まれても一緒には行きません.

条件法は願望も表わします．この場合，動詞に -pa/-pä が付いたり，文頭に jospa, voi jos, kunpa, voi kun といった表現が来たりします．
　　[Saisinpa / Jospa saisin] lottovoiton!　くじが当たればなあ.

また，Saisinko toisen samanlaisen? や Saisinko laskun. のように，しばしば丁寧な依頼を表わします．控えめな意思表示として使われることもあります．
　　Nostaisin 100 euroa tililtäni.　　　口座から 100 ユーロおろします.

確信を持っていないことを表わすために使われることもあります．
　　Katsotaan, olisiko täällä tilaa nyt.　空きがあるか見てみましょう.
　　En tiedä, mitä sanoisin.　　　　　何と言ったらいいかわからない.
　　Voisiko se olla totta?　　　　　　本当ですか？

❻ 第 3 不定詞 (1)

Mennään tanssimaan の tanssimaan は第 3 不定詞です．動詞 mennä は第 3 不定詞を取ることができます．第 3 不定詞を取る動詞は，lähteä「出かける」，tulla「来る」など，動きを表わす動詞をはじめ，他にも多数あります．第 3 不定詞自身も，目的語や場所格の名詞を取ることができます．第 3 不定詞が取る目的語や場所格の名詞は第 3 不定詞の後ろに置かれるのが普通です．次の文の tennistä は第 3 不定詞 pelaamaan の目的語です．
　　Lähdetään pelaamaan tennistä.　テニスをしに行きましょう.

第 3 不定詞は，動詞の基本形で辞書の見出しになっている不定詞とは別の形です．見出しになっている不定詞の方は，第 1 不定詞と呼ぶことにしましょう．第 3 不定詞は -maan/-mään で終わります．-maan/-mään は語幹に付きます．

	(第 1) 不定詞	語幹	第 3 不定詞
グループ I	-a/-ä (lukea)	luke-	luke**maan**

グループ II	-da/-dä (syödä)	syö-	syö**mään**
グループ III	-la/-lä (olla)	ole-	ole**maan**
	-na/-nä (mennä)	mene-	mene**mään**
	-ra (purra)	pure-	pure**maan**
グループ IV	-sta/-stä (nousta)	nouse-	nouse**maan**
グループ V	-ta/-tä (levätä)	lepää-	lepää**mään**
グループ VI	-ita/-itä (valita)	valitse-	valitse**maan**
グループ VII	-eta/-etä (paeta)	pakene-	pakene**maan**

lukemaan や pakenemaan の例からわかるように，階程交替する動詞の第 3 不定詞の形は必ず強階程です．1 人称単数現在形から語尾 -n を取り去って得られる語幹が弱階程のときは，語幹末の子音を対応する強階程の子音に替えたものが，第 3 不定詞を作る際の語幹になります．例えば，lukea「読む」の場合，1 人称単数現在形は luen ですが，第 3 不定詞を作る際の語幹は luke- になります．

練習問題

1. フィンランド語で言ってみましょう．
 1) ここでタバコを吸っては (poltta|a) いけません．
 2) 私たちの邪魔をする (häirit|ä) のはやめてください．
 3) ドアを (ovi, ovea) 開けっ放しに (jättä|ä … auki) しないでください．
 4) 土足で (kengät jalassa) 中に (sisälle) 入らないでください．
 5) フィンランド語の授業中 (tunnilla) は英語を話してはいけません．
 6) これは味がしない (ei … miltään)．
 7) ここはタバコ (tupakka, tupakalta) 臭い．
 8) すべて OK (kunto, kunnossa) です．
 9) 彼は父親に (kuin isä) 似て (samanlainen) いる．
 10) 彼は父親に全然似ていない (toisenlainen)．
 11) 人が違えば好みも異なる (← 違う (eri) 人は違う (erilainen, erilaisista) ことを (asia, asioista) 好む)．

12) フィンランド語ができるならフィンランド語を話すのに．
13) 電話を借りて（käyttä|ä）もいいですか？（条件法の動詞を用いて）
14) 窓を開けて（avat|a）くださいますか？（条件法の動詞を用いて）
15) もう家に帰らなければならないのですが．（条件法の動詞を用いて）

2．例にならって，それぞれの語を適当な形に変えましょう．

例) Mennään (syödä) lounasta. (昼食を食べに行きましょう) → syömään
1) Mennään (ostaa) lahjoja. (プレゼントを買いに行きましょう)
2) Mennään (kuunnella) musiikkia. (音楽を聴きに行きましょう)
3) Mennään (tavata) neuvojaa. (カウンセラーに会いに行きましょう)
4) Mennään (hakea) lapset koulusta. (学校に子供を迎えに行きましょう)
5) Mennään maalle (levätä). (休息しに田舎へ行きましょう)
6) Mennään Suomeen (opiskella) suomea. (フィンランド語を勉強しにフィンランドへ行きましょう)
7) Mennään kirjastoon (lukea) sanomalehtiä. (新聞を読みに図書館へ行きましょう)
8) Mennään metsään (poimia) marjoja. (ベリーを摘みに森へ行きましょう)

年中行事とその食べ物

年中行事はそれぞれ食べるものが決まっています．中でも異彩を放っているのは，復活祭（pääsiäinen）に食べるマンミ（mämmi）でしょう．ライ麦と麦芽で作った一種のプディングで，こげ茶色のどろっとした食べ物です．復活祭のパーティーには，羊のロースト（lampaanpaisti）と，バター，凝乳，卵を固めてピラミッド型に整形したデザート（pasha）が出されます．5月1日のメーデー（vappu）には，油で揚げた鳥の巣状のメーデークッキー（tippaleipä）を食べ，蜂蜜酒（sima）を飲みます．

ご馳走が多いのは何と言ってもクリスマス（joulu）です．クリスマスが近づくと，ジンジャークッキー（piparkakku）や，スモモの入った星型のクリスマスタルト（joulutorttu），ロールパン（joulupulla）などを焼いてクリスマスを迎える準備をします．イブの朝にはライスプディング（riisipuuro）を食べます．ディナーのメインは豚肉のハム（joulukinkku）で，軽く塩漬けにした鮭，レバーのパテ（maksapasteija），塩漬けのニシンとビーツやニンジン，ジャガイモなどを賽の目に切って盛り合わせたロソッリ（rosolli）と呼ばれるサラダ，卵入りチーズ（munajuusto），スウェーデンカブ，ニンジン，マッシュポテト，レバーのキャセロール（laatikko）などが並びます．飲み物には，風味付けをして温めたワイン（glögi），セイヨウネズ風味の自家製ビール（katajakalja）などがあります．

復活祭に先立つ五旬節の火曜日には，ホイップクリームを中に詰めたロールパン（laskiaispulla）を食べるのが慣わしです．2月5日のルーネベリの日には，この詩人にちなんだカップケーキ（Runebergin torttu）が売り出されます．

応用編

1 食事や調理に関する単語を覚えましょう.

aamiainen 朝食
lounas 昼食
illallinen 夕食
päivällinen ディナー
kevyt ateria 軽食
välipala 軽食
seisova pöytä バイキング
itsepalvelu セルフサービス
ruokala 食堂
ravintola レストラン
kahvila 喫茶店
baari バー
veitsi ナイフ
haarukka フォーク
lusikka スプーン
(syömä)puikot 箸
lautasliina ナプキン
pöytäliina テーブルクロス
astia 食器
lautanen 皿
kulho ボウル
kuppi カップ
muki マグカップ
lasi コップ, グラス
tuoppi ジョッキ
pullo ビン
puolikaspullo ハーフボトル
kannu ポット
vesipannu やかん
paistinpannu フライパン
pata 煮込みなべ
kattila / kasari シチューなべ
kauha おたま
lasta フライ返し
vaaka はかり
korkkiruuvi コルク抜き
pullonavaaja 栓抜き
tölkinavaaja 缶切り

2 レストランで使う表現を覚えましょう.

Haluan varata pöydän ravintolasta. レストランを予約したいのですが.
— Miksi päiväksi? ―何日でしょう?
— Mihin aikaan? ―何時でしょう?
— Kuinka monelle? ―何名様でしょう?
— Millä nimellä? ―お名前は?
Haluaisin varata pöydän neljälle täksi illaksi. 今晩4名で席を予約したいのですが.

Haluaisin pöydän ikkunan läheltä.	窓際の席がいいです.
Olemme varanneet pöydän neljälle.	4名で席を予約してあります.
Onko teillä pöytää kahdelle?	2名ですが席は空いていますか？
Kuinka monta teitä on?	何名様ですか？
— Meitä on viisi.	—5名です.
Kaikki pöydät on varattu.	満席です.
Haluatteko syödä jotakin?	お食事ですか？
Saisimmeko [ruokalistan / juomalistan].	[食事 / 飲み物]のメニューをください.
Onko teillä englanninkielistä ruokalistaa?	英語のメニューはありますか？
Otatteko jotakin juotavaa ensin?	最初にお飲み物はいかがですか？
Millainen ruoka tämä on?	これはどんな料理ですか？
Mikä valmistuu nopeasti?	早くできる料理は何ですか？
Missä meidän tilauksemme viipyy?	注文した料理はまだですか？
En tilannut tätä.	これは注文していません.
Lautanen lapselle, olkaa hyvä.	子供に皿をください.
Ateriaan kuuluu salaattia.	サラダがついています.
Hyvää ruokahalua!	どうぞ，おあがりください.
Maistuuko?	お味はいかがですか？
— Oikein [hyvältä / hyvää], kiitos.	—結構です.
Saisinko vielä yhden?	もうひとつもらえますか？
Otatteko jälkiruokaa?	デザートはいかがですか？
Saisinko laskun.	お勘定をお願いします.

3 祝福をする表現を覚えましょう.

Kippis!	乾杯.
Onneksi olkoon!	おめでとう.
Paljon onnea!	おめでとう.
Onnittelen kouluun pääsysi johdosta!	合格おめでとう.
Hyvää syntymäpäivää!	誕生日おめでとう.
Onnea syntymäpäivällesi!	誕生日おめでとう.

Onnea syntymäpäivänäsi!	誕生日おめでとう．
Onnea uudeksi vuodeksi!	新年おめでとう．
Onnea matkaan!	ご無事で．
[Terveydeksenne / Terveydeksesi]!	健康を祈って．
Hauskaa iltaa!	楽しい晩を．
[Hauskaa / Hyvää] päivän jatkoa!	[楽しい / 良い]一日を．
Hyvää viikonloppua!	良い週末を．
Hyvää [pyhää / lomaa]!	良い[休日 / 休暇]を．
[Hyvää / Rauhallista] joulua!	[良い / 静かな]クリスマスを．
[Hyvää / Onnellista] uutta vuotta!	良いお年を．
Hyvää matkaa!	良い旅を．
Hyvää vointia!	お元気で．
Hyvää jatkoa!	ごきげんよう．
Toivon sinulle kaikkea hyvää!	お幸せに．
Kiitos samoin.	ありがとう，あなたも．
Samat sanat.	お互いに．

Kappale neljätoista
お金をおろしたいのですが.

CD 17

この課では，目的語の表わし方を学びます．

1 *Pankissa*

2 Kyoko: Hyvää päivää.

3 Virkailija: Hyvää päivää. Miten voin auttaa?

4 Kyoko: Haluaisin nostaa tuhat euroa tililtäni.

5   Tässä on tilinumero.

6 Virkailija: Onko teillä henkilötodistus?

7 Kyoko: Minulla on passi. Tässä, olkaa hyvä.

8 Virkailija: Saanko allekirjoituksen tähän.

9   Millaisia seteleitä haluatte?

10 Kyoko: Saisinko kymmenen sadan euron seteliä.

11 Virkailija: Muuten, jos haluatte, tehän voisitte saada pankkikortin.

12   Pankkikortilla voisitte nostaa rahaa milloin tahansa pankkiautomaatista.

13 Kyoko: Hyvä, otan sen.

14 Virkailija: Täyttäkää sitten tämä lomake.

15		Kortti lähetetään postitse osoitteeseenne.
16	Kyoko:	Lisäksi haluaisin vaihtaa valuuttaa.
17	Virkailija:	Viereisellä kassalla, olkaa hyvä.
18	Kyoko:	Voitteko vaihtaa nämä matkašekit euroiksi?
19	Virkailija:	Kyllä se sopii.
20	Kyoko:	Mikä on välityspalkkionne?
21	Virkailija:	Yksi prosentti summasta.

1		銀行で
2	響子：	こんにちは
3	行員：	こんにちは．ご用件はなんでしょうか？
4	響子：	口座から1000ユーロおろしたいんですが．
5		これが口座番号です．
6	行員：	身分証明書は持っていますか？
7	響子：	パスポートを持っています．これです，どうぞ．
8	行員：	ここにサインしてください．
9		お札の種類はどうしましょうか？
10	響子：	100ユーロのお札を10枚お願いします．
11	行員：	ところで，ご希望なら，キャッシュカードを作れますよ．
12		キャッシュカードなら，現金自動支払機でいつでもお金をおろせます．
13	響子：	ええ，お願いします．
14	行員：	それではこの申込書に記入してください．
15		カードは郵便で住所宛に送ります．
16	響子：	両替もしたいのですが．
17	行員：	隣の窓口になります．
18	響子：	トラベラーズチェックをユーロに替えてもらえますか？

19	行員：	ええ，いいですよ．
20	響子：	手数料はいくらですか？
21	行員：	合計金額の1%です．

● 重要単語・表現

teillä (< te) あなた(の所)に(敬称)，　tähän (< tämä) ここへ，この中へ，muuten ところで，　te あなた(敬称)，　milloin tahansa (= milloin vain) いつでも，　sen (< se) それを，　postitse 郵便で，　lisäksi さらに

● 気をつけましょう

- te**hän** の -hän は，「言うまでもありませんが」といった確認の意味合いを表わしています．
- osoitteeseen (単数{中へ}格) < osoite「住所」
- osoitteesee**nne** は，osoitteeseen に2人称複数(敬称)の所有接尾辞 -nne が付いた形です．

● 覚えましょう

vaihtaa + 変格　　　　　(変格)に変える
prosentti + {中から}格　　({中から}格)の(何)パーセント

文法解説

❶ 条件法(2)

条件法は，Tehän vo**isi**tte saada pankkikortin. や Pankkikortilla vo**isi**tte nostaa rahaa. のように，提案を表わすこともあります．一般に，条件法には表現を和らげる効果がありますが，かえって不躾な表現になることもあるので，注意が必要です．提案というより命令のニュアンスになることもあります．

　　Men**isi**t vaikka elokuviin!　映画にでも行ったらどうですか．
　　Ost**aisi**t oman sanakirjan!　(借りてばかりいないで)自分の辞書を買ったらいかがですか．

Oli**si**t jo hiljaa!　静かにしなさい.

❷《どんな…でも》
疑問詞の後に tahansa, hyvänsä あるいは vain を付けると「(どんな)…でも」という意味になります.
　　Kuka tahansa saa osallistua kilpailuun.　誰でも競技に参加できます.
　　Ota mitä hyvänsä sinä haluat.　何でも好きなものを取ってください.

❸ 不定人称受動文(3)
不定人称受動文では，目的語を属格で表示することはできません．文が肯定で，継続中の動作・状態を表わさず，目的語の指示対象が可算名詞の単数である場合，属格の代わりに主格が使われます．Kortti lähetetään postitse osoitteeseenne. で，目的語の kortti が主格になっているのはこのためです．第8課の❻❼で見たように，義務を表わす構文や命令文の場合も，目的語を属格で表示することはできません．命令文 Täyttäkää tämä lomake. の目的語 tämä lomake が主格になっているのはこのためです．

❹《…を》(目的語(5))
第8課の❷で見たように，目的語が可算名詞の複数を指している場合，普通は複数分格形で表わします．しかし，肯定文で，文が継続中の動作や状態を表わしておらず，目的語に指示代名詞(nämä「これら」, nuo「あれら」, ne「それら」)などが付いて強く限定されている場合は，複数主格形で表示されます．Voitteko vaihtaa nämä matkašekit euroiksi? の場合も，目的語に指示代名詞 nämä が付いているため，matkašekit と複数主格形になっています．指示代名詞が付いていても，文が否定文だったり，継続中の動作や状態を表わしていたりすると，複数分格形で表わされ主格形にはなりません．指示代名詞は形容詞的に使われているので，どちらの場合でも名詞と同じ格で表わされます．
　ここで，目的語の格表示についてまとめておきましょう．

目的語名詞		否定文	肯定文	
			継続中の動作状態を表わす	継続中の動作状態を表わさない
不可算名詞		単数分格 ruokaa	単数分格 ruokaa	単数分格 ruokaa
可算名詞・複数	限定なし	複数分格 kirjoja	複数分格 kirjoja	複数分格 kirjoja
	指示詞等で強く限定	複数分格 näitä kirjoja	複数分格 näitä kirjoja	複数主格 nämä kirjat
	2以上の数詞で限定	単数分格 （数詞は分格） kahta kirjaa	単数分格 （数詞は分格） kahta kirjaa	単数分格 （数詞は主格） kaksi kirjaa
可算名詞・単数	部分	単数分格 kirjaa	単数分格 kirjaa	単数分格 kirjaa
	全体	単数分格 (yhtä) kirjaa	単数分格 (yhtä) kirjaa	単数属格 (yhden) kirjan 単数主格 (yksi) kirja
人称代名詞		分格 sinua	分格 sinua	対格 sinut

目的語は，ほとんどの場合分格形で表わされることがわかります．第7課の❽，第8課の❷，第9課の❸を参照してください．単数主格形が使われるのは，義務を表わす構文，命令文，不定人称受動文など一部の構文に限られます．

なお，可算名詞に2以上の数詞が付いている場合，名詞が単数形になるので注意してください．数詞は，否定文，あるいは継続中の動作・状態が表わされている場合は分格，他の場合は主格になります．単数の可算名詞に数詞の1（yksi）が付くことがありますが，数詞の1は，形容詞と同じように，常に後続の名詞と同じ格になります．

En osta kolmea（分格）kiloa（単数分格），ostan kaksi（主格）.
3キロではなく2キロ買います．

第7課の❽でも見たように，動詞の中には，常に分格形の目的語を取るものがあります．継続中の動作・状態を表わす動詞がそれに当たりますが，実際にはどの動詞がそうなのか判断が難しい場合もあります．例えば，tuntea「知っている」や muistaa「覚えている」は継続中の状態を表わしているように思えますが，属格形の目的語を取ることができます．動詞を覚えるときは，その動詞がどういう格を目的語に取るのかも合わせて覚えるとよいでしょう．

練習問題

1. 本文には目的語の働きをしている語（句）が11個あります．全部挙げてみましょう．

2. フィンランド語で言ってみましょう．目的語の形に注意してください．
   1) コーヒーを1杯ください．
   2) ビールを（olut, -ta）2杯（tuoppi）ください．
   3) 私は3人の息子を愛しています（rakasta|a）.
   4) 窓を全部閉めて（sulke|a）ください．
   5) 全部の本は買えません．
   6) テレビ（televisio）を見ています（katsel|la）.
   7) 今宿題（läksy）をやっています（luke|a）.
   8) 何か食べるもの（syöminen, syömistä）をください．
   9) 家まで送り（saatta|a）ましょうか？
   10) 小切手（šekki）は書留で（kirjattuna）送ります．
   11) 水着（uimapuku）はここで売っています（myy|dä）か？
   12) 新しい（uusi）大統領は来年選ばれます（valitaan 不定人称受動文で）.
   13) フィンランドでは木曜日に（torstaisin）豆のスープ（hernekeitto）を飲みます（syödään 不定人称受動文で）.

フィンランドのIT産業

フィンランドは，2001年および2003年から3年連続で，世界経済フォーラムによる国際競争力レポートで1位にランクされたり，2002年および2003年の国際経営開発研究所の主要国・地域の競争力比較で3位にランクされたり，最近の経済成長には目を見張るものがあります．しかし，90年代前半には深刻な不況（lama）にあえいでいました．株や不動産投資に狂奔した80年代末のカジノ経済があっけなく崩壊すると，過剰に貸し付けていた銀行は破綻の危機に瀕し，金融システムの崩壊を回避するため，政府は巨額の公的資金を投入しなければなりませんでした．

フィンランド経済の危機を救ったのは，いわゆるIT産業の発展であり，とりわけ携帯電話市場で世界第1位のシェアを誇るノキア（Nokia）社の躍進です．ノキアの社名はタンペレ近郊の地名に由来しています．1865年の創業当時はノキア村の小さなパルプ工場に過ぎず，その後，タイヤなどのゴム製品，電線などを手がけていましたが，次第に電子部品が業務の中核になり，90年代にはIT産業に特化しました．ノキアを率いるヨルマ・オッリラ（Jorma Ollila）氏は今や企業家として世界的に名を知られています．

応用編

1 様々な施設の名前を覚えましょう.

pankki 銀行
rahanvaihtotoimisto 両替所
puhelinlaitos 電話局
postitoimisto / postikonttori 郵便局
palolaitos 消防署
poliisiasema 警察署
suurlähetystö 大使館
toimisto / konttori 事務所
kirjasto 図書館
tutkimuslaitos 研究所
kirkko 教会
sairaala 病院
lääkäriasema 診療所
terveyskeskus 保健所
apteekki 薬局
puisto 公園
huvipuisto 遊園地
eläintarha 動物園
kasvitieteellinen puutarha 植物園
museo 博物館
taidemuseo 美術館
teatteri 劇場
elokuvateatteri 映画館
matkatoimisto 旅行会社
matkailutoimisto 旅行案内所

tori / aukio 広場
kauppatori マーケット広場
kauppahalli マーケットホール
kauppakeskus ショッピングセンター
tavaratalo デパート
valintamyymälä スーパーマーケット
kauppa 商店
myymälä 売店
kioski キオスク
elintarvikemyymälä 食料品店
kirjakauppa 本屋
paperikauppa 文房具屋
vaatekauppa 洋品店
kenkäkauppa 靴屋
suutari 靴修理屋
parturi 理髪店
kampaamo 美容院
aukioloajat 営業時間
alennusmyynti バーゲン
sisäänkäynti 入口
uloskäynti 出口
hissi エレベーター
liukuportaat エスカレーター
rappukäytävä / raput 階段
pysäköintialue / parkkipaikka 駐車場

2 相手の希望を聞いたり自分の希望を伝えたりする表現を覚えましょう.

No niin, [aloitetaan / lopetetaan].	それじゃ[始め / 終わり]ましょう.
Pidetäänkö pieni tauko?	ちょっと休みましょうか？
Mitäs, jos mentäisiin huomenna elokuviin?	明日映画に行きませんか？
Tuletko sinä mukaan?	一緒に行きますか？
Voinko auttaa teitä jotenkin?	何かお手伝いしましょうか？
Anna kun minä autan.	お手伝いさせてください.
Toisinko sinullekin jotain?	何か持ってきましょうか？
Tahtoisitko kupin kahvia?	コーヒーはいかがですか？
Ottaisitko jotakin juotavaa?	何か飲み物はいかがですか？
— Joisin mielelläni kupin kahvia.	—コーヒーをお願いします.
— Ei kiitos.	—結構です.
Haluaisitko toisen kupin kahvia?	コーヒーのお代わりはいかがですか？
Antakaa minulle jotakin juotavaa.	何か飲み物をください.
Saisinko juotavaa.	飲み物をください.
Saisinko tulta?	火を貸してください.
Saisinko suolaa?	塩を取ってください.
Voisinko ottaa sen kuitin.	受け取りをください.
Ottaisin kaksi kirjemerkkiä.	封書用の切手を2枚ください.
Haluaisin pitää [kaksi päivää lomaa / kahden päivän loman].	2日間休みを取りたいのですが.
Haluaisin syödä jotain kevyttä.	何か軽いものが食べたいのですが.
Haluaisin kysyä tietä asemalle.	駅への道をたずねたいのですが.
Haluaisin saada tarkempia tietoja yliopistosta.	大学の詳しい情報が知りたいのですが.

● 一口メモ ●

時差　日本との時差は，サマータイム実施中は 6 時間，それ以外は 7 時間です．

通貨　ユーロ (Euro，略号は EUR，記号は €)．1 ユーロは 100 セント ((Euro)cent，フィンランド語では sentti，略号は snt)．5, 10, 20, 50, 100, 200, 500 ユーロの紙幣と 5, 10, 20, 50 セントおよび 1, 2 ユーロの硬貨があります．

銀行　営業時間は平日の 9 時から 16 時 15 分で，土日は休みです．フィンランドの銀行のキャッシュカードやクレジットカードがあれば，OTTO と呼ばれる現金自動支払機で 24 時間いつでもお金をおろすことができます．

郵便局　営業時間は概ね平日の 9 時から 18 時で，土日は休みです．局留め郵便物を扱うヘルシンキ中央郵便局裏の窓口 (Elielinaukio 2F) は，平日は 7 時から 21 時まで，土日も 10 時から 18 時まで開いています．郵便料金は，郵便物の重さと容積および宛て先によって変わります．国内郵便には 1 クラス (1. luokka, 通常料金) と 2 クラス (2. luokka, 割引料金) があり，一定量まとめて郵便局の窓口に出すと 2 クラスの料金が適用されます．国際郵便にも 1 クラス (Priority) と 2 クラス (Economy) があり，2 クラスの方が多少時間はかかりますが，割安です．なお，フィンランドのポストは黄色です．

電話　公衆電話は，硬貨，テレホンカード，クレジットカードが使えます．料金は，基本料金 (minimimaksu) に 1 分あたりの料金が加算されます．硬貨の場合，お釣りは出ません．テレホンカードは R-kioski などで買うことができます．日本に掛ける場合は，最初に

00, 990, 994, 999 のいずれかをダイヤルし，日本の国番号 81，0 を除いた市外局番と続けます．フィンランドの緊急通報番号（救急，消防，警察）は 112 です．

買い物　商店の営業時間は，9 時から平日は 17 / 18 時まで，土曜は 14 / 15 時までが普通です．デパート，ショッピングセンターは，平日は 20 / 21 時まで，土曜は 17 / 18 時まで営業しています．日曜は基本的に休業ですが，夏季を中心に 12 時から 18 時くらいまで営業する店が増えてきました．ヘルシンキ中央駅周辺には，連日 22 時まで営業している店がいくつかあります．基本的に値切る習慣はありません．ALE（スウェーデン語では REA）はバーゲンセールの表示です．EU 域内で使用しない物品は，一定の金額以上であれば免税扱いにすることができ，付加価値税（arvonlisävero, ALV）の一部が還付されます．

チップ　基本的にチップの習慣はありません．

祝祭日　祝祭日には商店，銀行，郵便局の窓口などすべて閉まってしまいます．クリスマスイブの夕方から翌朝にかけては公共交通機関も止まってしまいます．

ヘルシンキ最大のデパート，ストックマン

Kappale viisitoista
15 北の方を見てみましょう．

CD 18

この課では，名詞の格変化と関係代名詞，分詞の使い方を学びます．

1. Hotelli Tornin ylimmässä kerroksessa on baari nimeltä Ateljee Bar.
2. Baarista on näköala joka suuntaan.
3. Tuo talo on tavaratalo Stockmann.
4. Se sijaitsee Aleksanterinkadun läntisessä päässä.
5. Kadun toisessa päässä on tummanruskea Uspenskin katedraali.
6. Tuolla näet kaksi isoa laivaa.
7. Siellä on Eteläsatama.
8. Ne molemmat ovat matkustajalauttoja, jotka menevät Tukholmaan.
9. Toinen on juuri lähdössä.
10. Sitten katsotaan pohjoiseen.
11. Mannerheimintien varrella on paljon nähtävyyksiä.
12. Tuo moderni rakennus on Nykytaiteen museo eli Kiasma.
13. Vaaleanruskea talo tuolla on Eduskuntatalo.
14. Eduskuntatalon takana näkyy torni.

15 Se on Kansallismuseon tuntomerkki.

16 Valkoinen rakennus, joka on Kansallismuseota vastapäätä, on Alvar Aallon piirtämä Finlandia-talo.

1 ホテル・トルニの最上階にはアテルイェー・バーというバーがあります.
2 バーからはどの方角も見渡せます.
3 あの建物はデパートのストックマンです.
4 それはアレクサンダー通りの西の端にあります.
5 通りの反対側の端には，濃い茶色のウスペンスキー大聖堂があります.
6 あそこに 2 隻の大きな船が見えるでしょう.
7 そこは南港です.
8 両方ともストックホルムへ行くフェリーです.
9 1 隻はちょうど出航するところです.
10 今度は北側を見てみましょう.
11 マンネルヘイム通りに沿ってたくさんの見所があります.
12 あの斬新な建物は現代美術館のキアスマです.
13 あそこの薄茶色の建物は国会議事堂です.
14 国会議事堂の後ろに塔が見えます.
15 それは国立博物館の目印です.
16 国立博物館の向かいにある白い建物は，アルヴァー・アールトが設計したフィンランディア・タロです.

● 重要単語・表現

tuo あれ，あの， toisessa (< toinen) 一方の，別の， tuolla あそこに, ne それら(の)， jotka (< joka) → 関係代名詞， toinen 一方(の)，別(の)， juuri ちょうど， eli つまり， joka → 関係代名詞

● 覚えましょう

olla (本文 on) lähdössä　　　　　出発するところだ
katsoa (本文 katsotaan) + {中へ}格　　({中へ}格)の方を見る

属格 + varrella　　　　　　　　（属格）沿いに

文法解説

❶ {所から}格(3)

nime**ltä** は nimi「名前」の{所から}格で、「名前は、名前で言うと」という意味を表わしています。

　　Tiedän hänet vain nime**ltä**.　彼(女)は名前しか知らない。

次の文では、ammatti「職業」, luonne「性格」の{所から}格に所有接尾辞が付いています。

　　Olen ammati**lta**ni opettaja.　私の職業は教師です。
　　Hän on luontee**lta**an iloinen.　彼(女)は性格が明るい。

❷ 《どの…も》（不定代名詞(4)）

joka suuntaan(= kaikkiin suuntiin) の joka は不定代名詞で「どの…も」という意味を表わします。❽ で見る関係代名詞の joka とは別の語です。joka は名詞の前に置いて使いますが、格変化はしません。後ろの名詞がどんな格でも、常に形は joka のままです。joka を使った表現には、joka päivä「毎日」, joka viikko「毎週」, joka toinen päivä「1日おきに」, joka kolmas vuosi「3年に1度」, joka paikassa (= kaikkialla)「いたる所に」, joka tapauksessa「いずれにせよ」, joka suhteessa「あらゆる点で」などがあります。

　時間を表わす語の場合、joka の代わりに、-isin あるいは -ittain/-ittäin を付けることで同じ意味を表わすことができます。第8課の ❺ も参照してください。なお、päivisin は「昼間、日中」という意味になります。

joka aamu	aamu**isin**	毎朝
joka ilta	ilta**isin**	毎晩
joka yö	ö**isin**	毎夜
joka kevät	kevä**isin**	毎春
joka kesä	kesä**isin**	毎夏
joka syksy	syksy**isin**	毎秋

joka talvi	talv**isin**	毎冬
joka päivä	päiv**ittäin**	毎日
joka viikko	viiko**ittain**	毎週
joka kuukausi	kuukaus**ittain**	毎月
joka vuosi	vuos**ittain**	毎年

joka と同じように名詞の前に置かれて格変化しない語には，ensi「次の」，viime「前の」，eri「別の」，koko「…中」があります．これらを使った表現には，ensi kerran「初めて」，ensi kerralla「次の機会には」，ensi kädessä「そもそも」，viime kädessä「結局」，viime aikoina「最近」，viime päivinä「ここ数日」，viime vuosina「近年」，eri tavalla「別の方法で」，eri puolilla (maata)「(国の)あちこちで」，olla eri mieltä「意見が違う」，koko päivän「1日中」，koko vuoden「1年中」，koko ajan「ずっと」，koko ikäni「終生(-ni は所有接尾辞)」，koko maassa「国中で」，koko maailmassa「世界中で」，koko sydämestäni「心から(-ni は所有接尾辞)」などがあります．

姓の前に置かれた名，名前の前に置かれた肩書や施設名も変化しません．
Aki Kaurismäen elokuva	アキ・カウリスマキの映画
presidentti Tarja Halosen puhe	タルヤ・ハロネン大統領の演説
ravintola Savoyn erikoisuus	レストラン サヴォイの特別料理

❸ 単数{中へ}格形

suuntaan は名詞 suunta「方角」の単数{中へ}格形です．単数{中へ}格は次のように作ります．
1) 語幹の最後の母音を延ばし -n を付ける．
2) 語幹が1音節で長母音・二重母音で終わっている場合は，語幹に -h- + 語幹末の母音 + -n を付ける．
3) 語幹が2音節以上で長母音で終わっている場合は，語幹に -seen を付ける．

単数主格	語幹	単数{中へ}格
pohjoinen 北(の)	pohjoise-	pohjoiseen
maa 国	maa-（長母音，1音節）	maahan
tie 道	tie-（二重母音，1音節）	tiehen
Espoo エスポー	Espoo-（長母音，2音節）	Espooseen
osoite 住所	osoittee-（長母音，3音節）	osoitteeseen

osoite で語幹の子音が -tt- になっているのは，階程交替があるためです．第17課の ❼ を参照してください．

❹《別の》(不定代名詞(5))

不定代名詞 toinen は，今まで話題になってきたものと同種のもので，話題になってきたものそのものとは違うものを指す場合に使います．

  Tulen jonakin toisena päivänä. いつか別の日に来ます．
  Se on toisella puolella katua. それは通りの反対側にあります．

toinen は「2つのうちの一方」という意味も表わします．また，toinen … toinen や yksi … toinen は，「一方は … 他方は …」という意味になります．

  Valitse toinen kahdesta. 2つの中から一つ選びなさい．
  Toinen puoli sanoo sitä, toinen tätä.
  あっちがああ言えばこっちはこう言う．

toinen は次のように変化します．

	単数形	複数形
主格	toinen	toiset
属格	toisen	toisten
分格	toista	toisia
{中で}格	toisessa	toisissa
{中へ}格	toiseen	toisiin
{中から}格	toisesta	toisista
{所で}格	toisella	toisilla
{所へ}格	toiselle	toisille

{所から}格	toise**lta**	tois**ilta**
様格	toise**na**	tois**ina**
変格	toise**ksi**	tois**iksi**

❺ 人称変化(4)

nähdä「見る」と tehdä「する」は語幹の作り方が不規則です．この2つの動詞は共にタイプⅠの階程交替をするため，1人称・2人称では弱階程，3人称では強階程になります．弱階程では強階程の -k- が脱落することに注意しましょう．

不定詞	語幹	1人称単数現在	3人称単数現在
nähdä	näke-/näe-	näe**n**（弱階程）	näke**e**（強階程）
tehdä	teke-/tee-	tee**n**（弱階程）	teke**e**（強階程）

❻ 《両方とも》《どちらか》(不定代名詞(6))

不定代名詞 molemmat は「両方とも」という意味を表わします．molemmat は常に複数扱いで，変化形も複数形しかありません．似た意味で，「どちらも」という意味を表わす不定代名詞に kumpikin があります．kumpikin は普通単数形で用います．次の2文は同じ意味ですが，動詞が，molemmat の場合は複数，kumpikin の場合は単数になります．

> Molemmat matkustajalautat（複数主格）menevät（3人称複数）Tukholmaan.
> Kumpikin matkustajalautta（単数主格）menee（3人称単数）Tukholmaan.
> フェリーは［両方とも / どちらも］ストックホルムに行きます．

kumpikin は否定文では kumpikaan になります．molemmat と kumpikaan では，次のように意味が異なります．

> Molemmat matkustajalautat eivät mene Tukholmaan.
> (= Vain toinen menee Tukholmaan.)
> 両方のフェリーがストックホルムに行くのではありません．
> (= 片方だけがストックホルムに行きます．)
> Ei kumpikaan matkustajalautta mene Tukholmaan.
> どちらのフェリーもストックホルムには行きません．

「2つのうちのどちらか」という意味を表わしたい場合は，不定代名詞 jompi-kumpi を使います．jompikumpi は普通単数形で用います．「2つのうちの」を具体的に表わしたいときは，{中から}格の名詞で表わします．

 Jompikumpi meistä on väärässä.
 私たち2人のどちらかが間違っている．
 Voit ottaa jommankumman polkupyörän.
 どちらの自転車でも持って行っていいですよ．

molemmat, kumpikin, jompikumpi の変化をまとめると次のようになります．kumpikin の場合，格語尾は -kin の前に付きます．jompikumpi の場合，格語尾が2回現れることに注意してください．語幹の子音が -mp- になったり -mm- になったりするのは階程交替があるためです．

	（複数形）	（単数形）	（単数形）
主格	molemmat	kumpikin	jompikumpi
属格	molempien	kummankin	jommankumman
分格	molempia	kumpaakin	jompaakumpaa
{中で}格	molemmissa	kummassakin	jommassakummassa
{中へ}格	molempiin	kumpaankin	jompaankumpaan
{中から}格	molemmista	kummastakin	jommastakummasta
{所で}格	molemmilla	kummallakin	jommallakummalla
{所へ}格	molemmille	kummallekin	jommallekummalle
{所から}格	molemmilta	kummaltakin	jommaltakummalta
様格	molempina	kumpanakin	jompanakumpana
変格	molemmiksi	kummaksikin	jommaksikummaksi

❼ 修飾語（2）

名詞の修飾語は，関係節などを除き，多くの場合名詞の前に置かれます．修飾語同士の語順は普通次のようになります．

代名詞 +	属格(代)名詞 +	基数詞 +	形容詞 +	被修飾名詞
näissä	Suomen	kolmessa	suuressa	kaupungissa
これら	フィンランドの	3つの	大きい	都市で

❽ 関係代名詞(2)

jotka は関係代名詞 joka の複数主格形です．関係代名詞は，2つの文に同じものを指す名詞があるとき，一方の代わりとして使い，その文を関係節にします．関係代名詞は2つの文をつなぐ働きをしています．関係代名詞も格変化します．単数属格と複数主格の形に気をつけてください．

	単数	複数
主格	jo**ka**	jot**ka**
属格	jo**nka**	jo**iden**
分格	jo**ta**	jo**ita**
{中で}格	jo**ssa**	jo**issa**
{中へ}格	jo**hon**	jo**ihin**
{中から}格	jo**sta**	jo**ista**
{所で}格	jo**lla**	jo**illa**
{所へ}格	jo**lle**	jo**ille**
{所から}格	jo**lta**	jo**ilta**
様格	jo**na**	jo**ina**
変格	jo**ksi**	jo**iksi**

関係代名詞は関係節の先頭に置かれます．関係代名詞の格は，関係節の中でその関係代名詞が果たしている役割で決まります．

　Ne molemmat ovat matkustajalauttoja.
　Matkustajalautat（複数主格）menevät Tukholmaan.
　→ Ne molemmat ovat matkustajalauttoja, jotka（複数主格）menevät Tukholmaan.
　　それらは両方ともストックホルムへ行くフェリーです．
　Tuolla näet matkustajalautan（単数属格）.
　Matkustajalautta menee Tukholmaan.
　→ Matkustajalautta, jonka（単数属格）näet tuolla, menee Tukholmaan.
　　あそこに見えるフェリーはストックホルムへ行きます．
　Tämä on matkustajalautta.
　Matkustajalauttaan（単数{中へ}格）mahtuu tuhat matkustajaa.

→ Tämä on matkustajalautta, johon （単数{中へ}格） mahtuu tuhat matkustajaa.
これは乗客が千人乗れるフェリーです.

❾ 動作主分詞（1）

piirtämä は，動詞 piirtää「設計する」の動作主分詞です．動作主分詞は，動詞の語幹に -ma/-mä を付けて作ります．形の上では，第 3 不定詞から -an/-än を取り去った形と同じです．第 13 課の ❻ を参照してください．階程交替する動詞の場合，第 3 不定詞と同じように常に強階程になります．動作主分詞は，名詞の前に置かれて，「(誰々が)…した…」という意味を表わします．piirtämä なら「(誰々が)設計した」という意味になります．「(誰々が)」の部分は，Alvar Aallon（Aalto の属格形）のように，動作主分詞の前に属格形の名詞を置いて表わします．主語を表わす属格形の名詞と動作主分詞の間に他の修飾語句を置くこともできます．動作主分詞は形容詞の働きをしているので，名詞の格に合わせて格変化します．「アールトが設計した家」を格変化させると次のようになります．

		単数	複数
主格	Aallon	piirtämä talo	piirtämät talot
属格	Aallon	piirtämän talon	piirtämien talojen
分格	Aallon	piirtämää taloa	piirtämiä taloja
{中で}格	Aallon	piirtämässä talossa	piirtämissä taloissa
{中へ}格	Aallon	piirtämään taloon	piirtämiin taloihin
{中から}格	Aallon	piirtämästä talosta	piirtämistä taloista

動作主分詞を使った表現は，語順が日本語と同じになることに注意しましょう．この表現は，分詞が修飾している名詞を先行詞にして，関係代名詞を用いて書き換えることができます．このとき，関係節の時制は，主節の時制よりも前になるのが普通です．次の文では，主節の現在時制に対して関係節は現在完了になっています（→ 第 17 課 ❸）．

Valkoinen rakennus on Alvar Aallon piirtämä Finlandia-talo.
→ Valkoinen rakennus on Finlandia-talo, jonka Alvar Aalto on piirtänyt.

なお，動作主分詞は，後ろに名詞を伴わずに使うこともできます．このような場合，関係代名詞を使って書き換えることはできません．次の文の piirtämiä は，動作主分詞 piirtämä の複数分格形です．

Kaikki nämä rakennukset ovat Carl Ludvig Engelin piirtämiä.
これらすべての建物は，カール・ルートヴィヒ・エンゲルが設計したものです．

練習問題

1. (　)内の語(句)を{中へ}格の形に変えましょう．
 1) Panetko sokeria (kahvi)? （コーヒーに砂糖を入れますか？）
 2) Kone laskeutuu pian (maa). （まもなく着陸します）
 3) Me muutamme (uusi asunto). （私たちは新しいアパートに引っ越します）
 4) Eilen menin (sänky) tavallista aiemmin. （昨日はいつもより早く寝ました）
 5) Menetkö sinä (disko), vai jäätkö sinä (koti)? （君はディスコに行くの，それとも家にいるの？）
 6) Voisitko vastata (puhelin)? （電話に出てもらえますか？）
 7) Piano ei mahdu (huone). （ピアノが部屋に入りません）
 8) Unohdin sateenvarjon (bussi). （傘をバスに忘れた）
 9) Oletko tottunut (Suomi)? （フィンランドには慣れましたか？）
 10) Älä unohda panna ovea (lukko). （ドアに鍵をかけるのを忘れるな）
 * uusi「新しい」, puhelin「電話」, huone「部屋」の語幹は，それぞれ uute-, puhelime-, huonee- です．

2. 次の文を関係代名詞を使って書き換えてみましょう．
 1) Tunnetko tuon tytön?　Tuo tyttö juttelee Pekan kanssa.
 2) Tunnetko tuon tytön?　Pekka saattoi tuon tytön asemalle.
 3) Tunnetko tuon tytön?　Pekka suuteli tuota tyttöä poskelle.
 4) Tunnetko tuon tytön?　Tuolla tytöllä on tumma tukka.

5) Tunnetko tuon tytön?　Pekka pitää tuosta tytöstä hyvin paljon.

3.（　）内の語を動作主分詞の形に変えましょう．
1) Tämä on äidin isälle (antaa) joululahja.（これは母が父にあげたクリスマスプレゼントです）
2) Oletko nähnyt siskoni Japanin-matkalla (ottaa) kuvia?（妹が日本へ旅行して撮った写真を見ましたか？）
3) Sain vanhempieni (lähettää) paketin.（両親が送ってくれた小包を受け取った）
4) Helsinki on Kustaa Vaasan (perustaa) kaupunki.（ヘルシンキはグスタヴ・ヴァーサが建設した街です）
5) Se on opiskelijoiden (suosia) pubi.（そこは学生に人気のパブです）

4. フィンランド語で言ってみましょう．
1) A: すみませんが，アンナホテル（Hotelli Anna）がどこにあるか教えて(sano|a) もらえませんか．
   B: まず (ensin) 中央郵便局の横を通って (pääpostin ohi) マンネルヘイム通りまで歩いて，マンネルヘイム通りに出たら左折します (käänty|ä vasemmalle)．エロッタヤと書いた交差点まで (kunnes tulee risteys, jossa lukee Erottaja)，0.5キロ（puoli kilometriä）ほどまっすぐ (suoraan eteenpäin) 歩いてください．そこで (siinä)，右 (oikealle)，ブレヴァルディ通り（Bulevardi）の方へ曲がります．ブレヴァルディ通りを直進して，2番目の交差点を (risteyksessä) 左，アンナ通り（Annankatu）に曲がってください．数百メートル (parisataa metriä) 歩くと，ホテルは左手にあります．
2) A: ストランドホテル（Hotelli Hilton Helsinki Strand）にはどうやって行けばいいのか教えてください．
   B: まずユニオン通り（Unioninkatu）をまっすぐピトゥカシルタ（Pitkäsilta, Pitkäsillalle）まで歩きます．橋の向こう側に (sillan yli) 渡ったら，右に曲がってください．するとホテルはすぐ左手にあります．

国立博物館 (Kansallismuseo) の尖塔.

ロシア正教のウスペンスキー大聖堂 (Uspenskin katedraali).

現代美術館 Kiasma. 左手の銅像はマンネルヘイム (Mannerheim) 元帥.

フィンランドの建築とデザイン

フィンランドは，建築・デザインの分野で世界的に有名です．建築家でとりわけ有名なのはアルヴァー・アールト（Alvar Aalto）でしょう．アールトは古典主義から機能主義建築に向かいましたが，その後，多様な素材と光を生かして自然との調和を追求する独自の道を歩みました．アールトの場合，エスポー市オタニエミ（Otaniemi）にあるヘルシンキ工科大学の建物に見られるように，曲面を効果的に使っているのも特徴です．アールトは調度品のデザインも手がけました．Savoy vase と呼ばれる花瓶や，アルテク（Artek）社で売られているテーブル，椅子が有名です．

　フィンランドのデザインは，1951年のミラノ・トリエンナーレで俄然注目を集めました．ニューマン（Gunnel Nyman），フランク（Kaj Franck），ヴィルッカラ（Tapio Virkkala），サルパネヴァ（Timo Sarpaneva）らが代表的なデザイナーです．アラビア（Arabia）社の陶器やイーッタラ（Iittala）社のガラス器は，シンプルなデザインが人気を集めています．フィスカルス（Fiskars）社製のはさみなど工業製品にも革新的なデザインが取り入れられています．また，カラフルで明快なマリメッコ（Marimekko）社のデザインは，テキスタイル業界に革命をもたらしました．

応用編

1 方位を表わす単語を覚えましょう.

pohjoinen 北　　itä 東　　etelä 南　　länsi 西
koillinen 北東　　kaakko 南東　　lounas 南西　　luode 北西

* 複合語の場合,「北」「北東」「南東」「南西」「北西」は, それぞれ, pohjois-, koillis-, kaakkois-, lounais-, luoteis- になります.

2 方角を表わす表現を覚えましょう.

Porvoo sijaitsee Helsingistä **itään**.	ポルヴォーはヘルシンキの東にあります.
Tallinna on kahdeksankymmentä kilometriä Helsingistä **etelään**.	タリンはヘルシンキの南80キロにあります.
Linja-autoasema on tästä **pohjoiseen päin**.	長距離バスターミナルはここから北の方角です.
Ikkuna aukeaa **länteen**.	窓は西向きです.
Huone on **etelään** päin.	部屋は南向きです.
Katu kulkee **idästä länteen**.	道は東西に走っています.
Aurinko nousee **idästä**.	太陽は東から昇ります.
Aurinko laskee **länteen**.	太陽は西に沈みます.
[Tuulee / Tuuli on] **pohjoisesta**.	風は北から吹いています.

3 道順を表わす表現を覚えましょう.

Voitteko neuvoa tien keskustaan?	中心街へ行く道を教えてください.
Miten löytäisin tähän osoitteeseen?	この住所へはどうやって行きますか？
[Ajakaa / Jatkakaa] …	行ってください / 進んでください.
suoraan eteenpäin.	まっすぐ
tätä tietä pitkin.	道に沿って
seuraavaan risteykseen.	次の交差点まで
seuraaviin liikennevaloihin.	次の信号まで
sillan yli	橋の向こうまで

Kääntykää … [vasemmalle / oikealle].　［左 / 右］に曲がってください．
   seuraavasta kadunkulmasta　　次の角を
   toisessa risteyksessä　　　　　2番目の交差点を
   liikennevalojen jälkeen　　　　信号の所で
   seuraavissa liikennevaloissa　　次の信号の所で
   juuri ennen postia　　　　　　郵便局の手前で
Kun menet vähän matkaa, tulet risteykseen.　少し行くと交差点があります．
Posti on kolmas rakennus risteyksen jälkeen.　郵便局は交差点から3番目の建物です．
Rautatieasemalle on vain [pieni / lyhyt] matka.　鉄道の駅はすぐそこです．
Olen eksyksissä.　道に迷ってしまいました．
Pääseekö tätä tietä asemalle?　駅へはこの道でいいですか？

Kappale kuusitoista
16 もう少し小さいのはありませんか？

CD 19

この課では，形容詞の比較級の作り方と動詞の変化を学びます．

1 *Kyoko kävi Ateneumissa ystävänsä Jaanan kanssa. Nyt he kävelevät Esplanadilla.*

2 Kyoko: Pidän suomalaisesta maalaustaiteesta.

3 Jaana: Kenen maalauksista pidät eniten?

4 Kyoko: Albert Edelfeltin.

5 Jaana: Muuten, eikö sinulla ole kylmä?

6 Sinulla on liian ohut takki päälläsi.

7 Kyoko: Tarvitaanko paksumpi takki?

8 Jaana: Tietysti.

9 *Vaatekaupassa*

10 Kyoko: Saanko sovittaa tätä takkia?

11 Myyjä: Olkaa hyvä. Onko se sopiva?

12 Kyoko: Tämä on liian iso. Eikö ole vähän pienempää?

13 *Kyoko sovittaa toista takkia.*

14 Kyoko: Otan tämän.

15 Myyjä: Kiitos. Maksetaanko luottokortilla vai ⋯

16　Kyoko:　Käteisellä.

17　Myyjä:　Tässä on kuitti.　Kiitos ja tervetuloa uudelleen.

18　Kyoko:　Kiitos.　Näkemiin!

19　Myyjä:　Näkemiin!

20　Jaana:　Levähdetäänkö jossakin?

21　Kyoko:　Mennään vaikka Fazerille.

22　*Fazerilla*

23　Kyoko:　Voi, melkein täynnä!

24　　　　　Anteeksi.　Ovatko nämä paikat vapaita?

1　響子は友だちのヤーナと一緒にアテネウムに行きました．彼女たちは今，エスプラナーディを歩いています．
2　　響子：　私はフィンランドの絵が好き．
3　　ヤーナ：　誰の絵が一番好き？
4　　響子：　アルバート・エーデルフェルトの絵ね．
5　　ヤーナ：　ところで，あなた寒くないの？
6　　　　　　　ずいぶん薄いコートを着ているけど．
7　　響子：　もっと厚いコートが要るかしら？
8　　ヤーナ：　当然よ．
9　　洋品店で
10　　響子：　このコートを試着してもいいですか？
11　　店員：　どうぞ．どうですか？
12　　響子：　これは大きすぎるわ．もう少し小さいのはありませんか？
13　　響子は別のコートを試します．
14　　響子：　これにします．
15　　店員：　ありがとうございます．お支払いはカードですか，それとも…

16	響子:	現金で．
17	店員:	レシートです．ありがとうございます．どうぞまたお越しください．
18	響子:	ありがとう．さようなら．
19	店員:	さようなら．
20	ヤーナ:	どこかで休む？
21	響子:	じゃあファッツェルに行きましょう．
22	ファッツェルで	
23	響子:	まあ，混んでるわね．
24		すみません．ここは空いていますか？

エスプラナーディ公園．中央の銅像は国歌の作詞者ルーネベリ（Runeberg）．

● 重要単語・表現

kenen (< kuka) 誰の， eniten 最も， liian … …過ぎる， toista (< toinen) 一方の，別の， tämän (< tämä) これを， A vai B　A あるいは B， jossakin (< jokin) どこかある場所で， vaikka 例えば， melkein ほとんど

* ystäv**nsä** は，ystävä の単数属格形に 3 人称単数の所有接尾辞 -nsä が付いた形です．
* päällä**si** の -si は 2 人称単数の所有接尾辞です．päällä に付く所有接尾辞は，服を着ている人の人称・数に合わせて変わります．

● 気をつけましょう

- käydä の過去形は不規則で，kävi- + 人称語尾 (3 人称単数を除く) となります．

● 覚えましょう

{所で}格 + olla (本文 on) + … + [päällä / yllä] + 所有接尾辞
　　　　　　　　　　　　　({所で}格)が…を着ている
→ panna + … + [päälle / ylle] + 所有接尾辞
　　　　　　　　　　　…を着る
→ [ottaa/riisua] + … + [päältä / yltä] + 所有接尾辞
　　　　　　　　　　　…を脱ぐ
sovittaa + 分格　　　　　　(分格)を試着する

▮文法解説

❶ 外来語

本来のフィンランド語ではない単語で，単数主格形が子音で終わっている場合，語幹はその子音の後に -i を付けて作るのが普通です．このような語には，Ateneum や Edelfelt, Fazer のような固有名詞のほか，stadion「スタジアム」のような普通名詞もあります．例えば stadion の語幹は stadioni- になります．

単数主格形の末尾に初めから -i が付け加えられている外来語も多数あり

ます．bussi「バス」，hotelli「ホテル」，passi「パスポート」などがその例です．
　外来語は，フィンランド語に入った時期が古いものほど，-b-, -d-, -g- がそれぞれ -p-, -t-, -k- に置き換えられていたり(pankki「銀行」，paratiisi「パラダイス」，tiikeri「トラ」など)，語頭の子音連続が単純化されていたりして(koulu「学校」，Ranska「フランス」など)，フィンランド語風の語形になっています．

❷ 国名・都市名とその形容詞
国名や都市名に -lainen/-läinen を付けると，対応する形容詞を作ることができます．この形は，名詞として「その国や都市の人」という意味も表わします．国名や都市名が子音で終わっている場合は，-i- を間に挟みます．suom**a**lainen「フィンランドの」「フィンランド人」のように，やや例外的なものもあります．国名・都市名と異なり小文字で始まるので注意してください．

フィンランド	Suomi	suom**a**lainen
スウェーデン	Ruotsi	ruots**a**lainen
ロシア	Venäjä	**venä**läinen
日本	Japani	japanilainen
ヘルシンキ	Helsinki	helsinkiläinen
ニューヨーク	New York	newyorkilainen
東京	Tokio	tokiolainen

suomalais-englantilainen sanakirja「フィンランド語英語辞典」のように，複合語の前部要素になると -lainen/-läinen は -lais/-läis になります．

❸ 《誰》（疑問詞(8)）
kenen は疑問詞 kuka「誰」の単数属格形です．kuka の変化はかなり不規則です．

	単数	複数
主格	kuka	ke**t**kä
属格	kene**n**	ke**iden**
対格	kene**t**	

175

分格	ke**tä**	ke**itä**
{中で}格	kene**ssä**	ke**issä**
{中へ}格	kene**en**	ke**ihin**
{中から}格	kene**stä**	ke**istä**
{所で}格	kene**llä**	ke**illä**
{所へ}格	kene**lle**	ke**ille**
{所から}格	kene**ltä**	ke**iltä**

kuka には単数対格形があるので注意してください．肯定文で，継続中の動作や状態を表わさない動詞の目的語になっている場合，単数対格形の kenet が使われます．単数主格形や単数属格形が目的語を表わすことはありません．

  Kenet（単数対格）tapasit eilen? 昨日誰に会ったんですか？
  — Tapasin eilen Jyrkin（単数属格）. —ユルキに会いました．
  Kenet valittiin presidentiksi? 誰が大統領に選ばれましたか？
  — Tarja Halonen（単数主格）. —タルヤ・ハロネンです．

❹ 《誰々の》
Albert Edelfeltin の後ろには，maalauksista「絵」が省略されています．この場合，属格形の Edelfeltin は，省略された名詞の意味も含んで，「エーデルフェルトのもの(=絵)」という意味を表わしています．同じように，人称代名詞の属格形も，単独で用いると「誰々のもの」という意味になります．

  Kenen laukku tämä on? 誰の鞄ですか？
  — Se on minun. —私のです．

❺ 否定疑問文
疑問文を作る -ko/-kö が否定動詞に付くと否定疑問文になります．否定疑問文に答える場合，「はい」「いいえ」が日本語と逆になるので注意しましょう．

  Eikö sinulla ole kylmä? 寒くないんですか？
  — On. Minulla on kylmä. —いいえ，寒いです．
  — Ei. Minulla ei ole kylmä. —はい，寒くありません．

なお，否定疑問文も否定文の一種なので，目的語や，「AはBを持っている(所有文)」「AにはBがある(存在文)」のBは必ず分格になります．

❻ 比較級

形容詞の比較級は形容詞(原級)の語幹に -mpi を付けて作ります．ただし，語幹が2音節で -a-/-ä- で終わっている場合は，それを -e- に替えてから -mpi を付けます．

原級(単数主格)	語幹	比較級(単数主格)
paksu 厚い	paksu-	paksu**mpi**
lyhyt 短い	lyhye-	lyhye**mpi**
pieni 小さい	piene-	piene**mpi**
vanha 古い	vanh*a*-（2音節で -a）	vanhe**mpi**
kylmä 寒い	kylm*ä*-（2音節で -ä）	kylme**mpi**
vaikea 難しい	vaikea-（3音節）	vaikea**mpi**

階程交替する形容詞の場合，比較級の階程は，原級の単数属格の階程と同じになります．

原級(単数主格)	単数属格	比較級(単数主格)
hei*kk*o（強階程）弱い	hei*k*o*n*（弱階程）	hei*k*o**mpi**（弱階程）
hi*d*as（弱階程）遅い	hi*t*aa*n*（強階程）	hi*t*aa**mpi**（強階程）

hyvä「良い」と pitkä「長い」の比較級はそれぞれ parempi, pitempi と不規則です．

原級と同じように比較級の形容詞も格変化します．-mpi だけが変化し，語幹は変化しません．iso「大きい」の比較級 isompi で見てみましょう．格によって -mm- になったり -mp- になったりするのは，階程交替があるからです．第17課の❼を参照してください．本文中の pienempää は，pieni「小さい」の比較級 pienempi の単数分格形で，名詞的に「より小さいもの」という意味を表わしています．

	単数	複数
主格	iso**mpi**	iso**mmat**
属格	iso**mman**	iso**mpien**
分格	iso**mpaa**	iso**mpia**
{中で}格	iso**mmassa**	iso**mmissa**
{中へ}格	iso**mpaan**	iso**mpiin**
{中から}格	iso**mmasta**	iso**mmista**
{所で}格	iso**mmalla**	iso**mmilla**
{所へ}格	iso**mmalle**	iso**mmille**
{所から}格	iso**mmalta**	iso**mmilta**
様格	iso**mpana**	iso**mpina**
変格	iso**mmaksi**	iso**mmiksi**

比較の対象は，比較級の後ろの kuin …で表わします．比較しているもの同士は同じ格で表わされます．また，2つのものが同等である場合は，yhtä＋原級＋kuin を使います．

　　Sinun（単数属格）autosi on isompi kuin minun（単数属格）.
　　君の車は僕のより大きい．
　　Sinun（単数属格）autosi on yhtä iso kuin minunkin（単数属格）.
　　君の車は僕のと同じくらい大きい．
　　Sinun（単数属格）autosi ei ole yhtä iso kuin minun（単数属格）.
　　君の車は僕のほど大きくない．

比較の対象が主格形のときは，それを分格形にして比較級の直前に置くこともできます．

　　Polkupyörä on turvallisempi kuin mopo（単数主格）.
　　＝Polkupyörä on mopoa（単数分格）turvallisempi.
　　自転車は原付より安全だ．

❼ 不定人称受動現在形

動詞の不定人称受動形は，グループⅠの動詞は語幹から，他の動詞は不定

詞から作ります．グループごとに見てみましょう．

	不定詞	不定人称受動現在形	
I	-a/-ä	語幹に -taan/-tään	（katsoa → katso**taan**）
II	-da/-dä	不定詞に -an/-än	（syödä → syödä**än**）
III	-la/-lä	不定詞に -an/-än	（olla → olla**an**）
	-na/-nä	不定詞に -an/-än	（mennä → mennä**än**）
	-ra	不定詞に -an/-än	（purra → purra**an**）
IV	-sta/-stä	不定詞に -an/-än	（nousta → nousta**an**）
V	-ta/-tä	不定詞に -an/-än	（tavata → tavata**an**）
VI	-ita/-itä	不定詞に -an/-än	（valita → valita**an**）
VII	-eta/-etä	不定詞に -an/-än	（paeta → paeta**an**）

ただし，グループ I の動詞のうち語幹が -a-/-ä- で終わっているものは，-a-/-ä- を -e- に替えてから -taan/-tään を付けます．

不定詞		語幹	不定人称受動現在形
maksaa	払う	maks*a*-	maks*e***taan**
ostaa	買う	ost*a*-	ost*e***taan**

階程交替する動詞の場合，不定人称受動形は必ず弱階程になります．

不定詞（強階程）		不定人称受動形（弱階程）	1人称単数現在（弱階程）
leväh*t*ää	休む	leväh*d*e**tään**	leväh*d*än
al*k*aa	始める	ale**taan**	alan
a*nt*aa	与える	a*nn*e**taan**	a*nn*an
lähe*tt*ää	送る	lähe*t*e**tään**	lähe*t*än
tie*t*ää	知る	tie*d*e**tään**	tie*d*än

なお，仮定とその仮定のもとでの帰結を表わす文や，願望，丁寧な依頼，控えめな意思表示，確信を持っていないことを表わす文など，条件法が使われる文に不定人称受動形が現われる場合，動詞は条件法の形になります．また，この形は，口語で，条件法1人称複数形の代わりに使われることもあります．

Jos lue**ttaisiin** enemmän, tiede**ttäisiin** enemmän.
読めば読むほど多くのことがわかる.
Me oste**ttaisiin** asunto, jos meillä olisi rahaa.
お金があれば家を買うんだけれど.

不定人称受動の条件法現在の形は次のようにして作ります.

I	語幹に	<u>-ttaisiin/-ttäisiin</u>	(katsoa → katso**ttaisiin**)
II	不定詞の -da/-dä を取って	-taisiin/-täisiin	(syödä → syö**täisiin**)
III	不定詞の -la/-lä を取って	-taisiin/-täisiin	(olla → ol**taisiin**)
	不定詞の -na/-nä を取って	-taisiin/-täisiin	(mennä → men**täisiin**)
	不定詞の -ra を取って	-taisiin/-täisiin	(purra → pur**taisiin**)
IV	不定詞の -ta/-tä を取って	-taisiin/-täisiin	(nousta → nous**taisiin**)
V	不定詞の -a/-ä を取って	-taisiin/-täisiin	(tavata → tavat**taisiin**)
VI	不定詞の -a/-ä を取って	-taisiin/-täisiin	(valita → valit**taisiin**)
VII	不定詞の -a/-ä を取って	-taisiin/-täisiin	(paeta → paet**taisiin**)

条件法現在の場合も, グループ I の動詞で, 語幹が -a-/-ä- で終わっているものは, -a-/-ä- が -e- に替わります. また階程交替する動詞の場合, 必ず弱階程になります. したがって, antaa の場合は, an*ne***ttaisiin** という形になります.

練習問題

1. （　）内の語を比較級に変えましょう．
 1) Kumpi teistä on (nuori, nuore-)? （君たちのうち年下はどっち？）
 2) Olen vähän (vanha) kuin sinä. （私の方が君より少し年上だ）
 3) Tokio on paljon (suuri, suure-) kaupunki kuin Helsinki. （東京はヘルシンキよりずっと大きい街だ）
 4) Tämä väri on tuota (vaalea). （この色はあれよりも薄い）
 5) Margariini on (terveellinen, terveellise-) kuin voi. （マーガリンはバターより健康的です）
 6) Suomalaiset ovat (ujo) kuin italialaiset. （フィンランド人はイタリア人より内気だ）
 7) Tämä takki on liian kallis.　Haluan (halpa, halva-). （このコートは高すぎます．安いのをください）
 8) Meillä on aika huono asunto.　Muutamme (hyvä). （私たちの住まいは劣悪です．ましな所へ引越します）
 9) Nämä lapset ovat pitkiä.　Nuo ovat vielä (pitkä). （この子たちは背が高い．あの子たちはもっと高い）
 10) Kummasta pidät, (kova) vai (pehmeä) leivästä? （固いパンと軟らかいパンのどちらが好きですか？）
 11) Häntä (älykäs, älykkää-) ihmistä en ole koskaan tavannut. （彼ほど頭がいい人には会ったことがない）
 12) Sää muuttuu yhä (kylmä). （さらに寒くなるでしょう）

2. （　）内の語を不定人称受動形に変えましょう．
 1) (ostaa) jokin? （何か買いましょうか？）
 2) (juoda) jotakin? （何か飲みましょうか？）
 3) (tavata) jossakin? （どこかで会いましょうか？）
 4) (lähteä) johonkin? （どこかへ出かけましょうか？）
 5) (jutella) jostakin? （何かおしゃべりをしましょうか？）
 6) (soittaa) jollekulle? （誰かに電話をしましょうか？）

7) (kysyä) joltakulta? （誰かに訊きましょうか？）
8) (puhua) jonkun kanssa? （誰かと話しましょうか？）

3. フィンランド語で言ってみましょう．
   1) 私はフィンランド人と結婚しています (ol|la naimisissa)．
   2) 私はラップランドに (Lappi, Lapissa) よく (usein) 行きます．
   3) 君はコーヒーと紅茶 (tee) のどっちがより (enemmän) 好きですか？
   4) 子供たちはもう (enää) これ以上 (pitempään) サンタクロース (joulupukki) を待ちきれない (eivät jaksa odottaa)．
   5) 彼は父親とちょうど (täsmälleen) 同じ背の高さ (pitkä) です．
   6) 私たちは同い年 (vanha) です．
   7) 彼女の方が3歳 (kolme vuotta) 年下です．
   8) これは誰の曲 (sävellys) ですか？
   9) 君は誰のところに (luona) 泊まっている (asu|a) んですか？
   10) 君は誰を待っているんですか？
   11) 君は誰を連れて行くんですか？
   12) 誰にたずねればいいですか？
   13) 彼女は誰が好きなんだろう？
   14) 彼は厚いコートを着ていた．
   15) 私には新しい靴が (uusia kenkiä) どうしても (kipeästi) 必要だ．
   16) この席は空いているんじゃないんですか？
* luona 「…のところに」は後置詞で，属格形の名詞とともに使います．

フィンランドの美術・映画

フィンランドの美術の国際的な知名度はいまひとつです．代表的な画家としてはエーデルフェルト（Albert Edelfelt）がいます．彼はフィンランドに印象派の絵画をもたらし，フィンランドの庶民を堂々とした姿に描きました．パリのオルセー美術館にも作品があり，パスツールの肖像画の作者でもあります．ガッレン=カッレラ（Akseli Gallen-Kallela）は，フィンランドの民族ロマン主義を代表する画家で，国立博物館にあるフレスコ画など民族叙事詩カレワラに取材した絵で有名です．彼らの活躍した19世紀末から20世紀初めの時期は，フィンランド絵画の黄金時代と言われています．フィンランドでは，古くから女性の画家が活躍しました．中でもシャルフベク（Helene Schjerfbeck）は，モダニスト的筆致で近年注目を集めています．

　映画も，知名度が高いのはカウリスマキ兄弟，特に弟のアキ・カウリスマキ（Aki Kaurismäki）くらいでしょう．酷薄な都市に生きる労働者の哀愁を描くアキの手腕には定評があります．「過去のない男（Mies vailla menneisyyttä）」は2002年のカンヌ映画祭でグランプリを受賞し，アキ映画の常連オウティネン（Kati Outinen）が主演女優賞に輝きました．事故死したペッロンパー（Matti Pellonpää）もアキ映画の常連です．ちなみに，あまり知られていませんが，「ダイ・ハード2」の監督ハーリン（Renny Harlin）はフィンランド出身です．

応用編

1 衣服に関する単語を覚えましょう．

vaatteet 衣服
alusvaatteet 下着
rintaliivit ブラジャー
aluspaita
　　下着のシャツ，キャミソール
alushame スリップ
alushousut パンツ，パンティー
yöpaita ネグリジェ
yöpuku / pyjama パジャマ
paita シャツ
kauluspaita ワイシャツ
T-paita Tシャツ
pusero ブラウス
villatakki カーディガン
villapaita / villapusero セーター
leninki / mekko ワンピース
puku スーツ
pikkutakki ジャケット
jakku 女性用ジャケット
liivi チョッキ
takki コート
turkki 毛皮のコート
sadetakki レインコート
uimapuku 水着
uimahousut 海水パンツ
housut ズボン
hame スカート
farkut ジーンズ

sukkahousut パンティーストッキング
sukat 靴下
kengät 靴
tossut スニーカー
talvikengät スノーシューズ
saappaat ブーツ
kumisaappaat 長靴
hattu 帽子
lakki / myssy 縁なし帽子
pipo 編上げ帽子
korvaläput 耳当て
kaulaliina マフラー
kaulahuivi スカーフ
nenäliina ハンカチ
käsineet 手袋
solmio ネクタイ
vyö ベルト
kaulus 襟
hiha そで
tasku ポケット
nappi ボタン
hakanen ホック
vetoketju ジッパー
kosmetiikka 化粧品
hajuvesi 香水
puuterirasia コンパクト
alusvoide ファンデーション
huulipuna 口紅

korvakoru イヤリング	laukku 鞄
sormus 指輪	käsilaukku ハンドバッグ
kaulaketju ネックレス	matkalaukku スーツケース
riipus ペンダント	sateenvarjo 傘
rintasolki / rintaneula ブローチ	silmälasit 眼鏡
lompakko 札入れ	piilolasit / piilolinssi コンタクトレンズ
kukkaro がま口	

2 比較級を用いた表現を覚えましょう．

Onko halvempia huoneita?	もっと安い部屋はありませんか？
Onko teillä [suurempaa / pienempää] kokoa?	もっと[大きい / 小さい]サイズはありませんか？
Eikö ole vähän halvempaa?	もう少し安いのはありませんか？
Eikö teillä ole jotakin parempaa?	何かもう少し良いものはありませんか？
Haluaisin [vaaleamman / tummemman].	色のもっと[薄い / 濃い]のがいいです．
Haluaisin vaihtaa huoneen suurempaan.	大きい部屋に替えてください．
Tunnen oloni paremmaksi.	気分が良くなりました．
Pääseekö sinne paremmin jalan, vai kannattaako mennä bussilla?	そこへ行くには歩いて行ったほうがいいですか，それともバスで行ったほうがいいですか？

17 Kappale seitsemäntoista
コンサートはどうだった？

CD 20

この課では，名詞の格変化，動詞の変化と現在完了の使い方を学びます．

1 Kyoko: Hei, Jaana!
2 　　　　Piditkö eilisestä konsertista Finlandia-talossa?
3 Jaana: En osaa sanoa.
4 Kyoko: Miksi?
5 Jaana: En voinut mennä konserttiin pahan yskän vuoksi.
6 　　　　Nyt minulla on kuumettakin.
7 　　　　Todennäköisesti olen vilustunut.
8 Kyoko: Se on ikävä juttu.
9 　　　　Sinun olisi parasta olla vuoteessa.
10 Jaana: Menetkö kaupungille?
11 Kyoko: En. Olen menossa postiin lähettämään lahjapaketin vanhemmilleni.

12 *Postissa*

13 Kyoko: Haluan lähettää tämän paketin Japaniin.
14 　　　　Paljonko se maksaa?
15 Virkailija: Hetkinen, minä punnitsen.

16		Se painaa puolitoista kiloa.
17		Se maksaa siis tavallisena pakettina 26 euroa ja pikapakettina 38 euroa 50 senttiä.
18	Kyoko:	Lähetän sen tavallisena pakettina.
19		Voisitteko sanoa, milloin se on perillä Japanissa?
20	Virkailija:	En ole ihan varma.
21		Luultavasti kahden viikon päästä.

1	響子：	あら，ヤーナ．
2		昨日のフィンランディア・タロのコンサートはどうだった？
3	ヤーナ：	わからないわ．
4	響子：	どうして？
5	ヤーナ：	ひどい咳でコンサートへ行けなかったのよ．
6		今は熱もあるの．
7		きっと風邪をひいたんだわ．
8	響子：	お気の毒ね．
9		寝ていたほうがいいわよ．
10	ヤーナ：	街に行くの？
11	響子：	いいえ．両親にプレゼントを贈りに郵便局へ行くのよ．
12	郵便局で	
13	響子：	この小包を日本に送りたいんです．
14		いくらかかりますか？
15	局員：	ちょっと待ってください，重さを量ります．
16		1.5キロですね．
17		そうすると，普通小包で26ユーロ，速達なら38ユーロ50セントになります．
18	響子：	普通小包で送ります．
19		日本にいつ頃着くかわかりますか？

20　　局員：　はっきりとはわかりません．
21　　　　　　おそらく2週間後くらいでしょう．

● 重要単語・表現
sinun（< sinä）君，　　olisi → on の条件法，　　tämän（< tämä）これを，この…を，　　siis そうすると

● 気をつけましょう
- parasta は，hyvä「良い」の最上級 paras の単数分格形です．
- vanhemmat（本文 vanhemmille）「両親」は複数形で用いるのが普通です．

● 覚えましょう
osata（本文 osaa）+ 第1不定詞	…できる，…する能力がある
属格 + vuoksi	（属格）のせいで
olla（本文 on）perillä +｛中で｝格	（｛中で｝格）に着いている
属格 + päästä	（属格）が過ぎて

／文法解説

❶ 否定文(2)
否定文の時制が過去の場合，否定動詞の後に動詞の過去分詞形が置かれます．過去分詞には -nut/-nyt (-lut/-lyt, -rut, -sut/-syt) が付きます．次の文の voinut は，動詞 voida の過去分詞形です．

　　肯定文 Voin mennä konserttiin.　　　私はコンサートに行けた．
　　否定文 En voinut mennä konserttiin.　私はコンサートに行けなかった．

主語が複数のときは，過去分詞の -nut/-nyt (-lut/-lyt など)が -neet (-leet など)になるので注意しましょう．ただし，敬称の2人称の場合は，ette … -nut/-nyt (-lut/-lyt など)になります．

　　1人称/2人称/3人称単数　　En / Et / Ei voi**nut** mennä konserttiin.
　　1人称/2人称/3人称複数　　Emme / Ette / Eivät voi**neet** mennä konserttiin.

過去分詞は不定詞から作ります．グループごとに見てみましょう．

	不定詞		過去分詞	
I	-a/-ä	（lukea）	-a/-ä の代わりに	-nut/-nyt（luke**nut**）
II	-da/-dä	（syödä）	-da/-dä の代わりに	-nut/-nyt（syö**nyt**）
III	-la/-lä	（olla）	-la/-lä の代わりに	-lut/-lyt（ol**lut**）
	-na/-nä	（mennä）	-na/-nä の代わりに	-nut/-nyt（men**nyt**）
	-ra	（purra）	-ra の代わりに	-rut（pur**rut**）
IV	-sta/-stä	（nousta）	-ta/-tä の代わりに	-sut/-syt（nous**sut**）
V	-ta/-tä	（tavata）	-t を -n に替え -a/-ä の代わりに	-nut/-nyt（tava*n***nut**）
VI	-ita/-itä	（valita）	-t を -n に替え -a/-ä の代わりに	-nut/-nyt（vali*n***nut**）
VII	-eta/-etä	（paeta）	-t を-n に替え -a/-ä の代わりに	-nut/-nyt（pae*n***nut**）

階程交替する動詞の場合，lukenut や tavannut の例からわかるように，過去分詞の階程は必ず不定詞と同じ階程になります．なお，グループⅠの動詞 tietää「知っている」の過去分詞には，原則どおりの tietänyt と，やや短い tiennyt の2つがあり，後者のほうがよく使われます．

❷ 単数分格形（2）

単数分格形の作り方は既に第7課の❺で見ましたが，単数主格形が -e で終わる名詞の多くは，単数主格形に -tta/-ttä を付けて単数分格形を作ります．一方，語幹は -e が伸びて -ee- となります．ただし，kolme のように，-e で終わっていても，語幹が -ee- にならず，また単数分格形も -tta/-ttä にならない語もあるので注意してください．vuode で -d- が -t- と交替するのは，❼で見るように階程交替があるためです．

単数主格		単数属格	語幹	単数分格
kuume	熱	kuum*ee*n	kuum*ee*-	kuume*tta*
vuode	ベッド	vuot*ee*n	vuot*ee*-	vuode*tta*
kolme	3	kolme*n*	kolme-	kolme*a*

❸ 現在完了(1)

過去のできごとの結果が何らかの形で現在と結びついている場合，そのできごとは現在完了形を使って表わします．例えば，現在完了形 olen vilustunut は，「過去にひいた風邪が，今もまだ治っていない」という意味を表わします．また，過去の経験などを，はっきりとした時を明示せずに表わしたい場合も現在完了形が使われます．現在完了形は，olla 動詞の現在人称変化形と過去分詞が組み合わさった形です．主語が複数の場合は，過去分詞の -nut/-nyt (-lut/-lyt など) が -neet (-leet など) になるので注意しましょう．ただし，敬称の 2 人称の場合は，olette … -nut/-nyt (-lut/-lyt など) になります．

　1 人称 / 2 人称 / 3 人称単数　　olen / olet / on vilustu**nut**
　1 人称 / 2 人称 / 3 人称複数　　olemme / olette / ovat vilustu**neet**

現在完了は，原則として，そのできごとが起きた時点をはっきり示す表現と共に使うことはできません．ただし，生きている人について生まれた年を述べる場合など，例外もあります．現在完了形は，しばしば，aikaisemmin「以前」，ikinä「かつて」，juuri「たった今」，jo「もう」，vielä「まだ」，aina「いつも」，usein「しばしば」，joskus「時々」，kerran「一度」，monta kertaa「何度も」，（否定動詞 +）koskaan「一度も(…ない)」などの副詞と共に使われます．

　Petri on muuttanut（現在完了）Tampereelle.
　ペトリはタンペレに引っ越した（今もタンペレに住んでいる）．
　Olen asunut（現在完了）Helsingissä melkein kolme vuotta.
　私はヘルシンキに 3 年くらい住んでいます（今も住んでいる）．
　Olen asunut（現在完了）Helsingissä lapsesta asti.
　私は子供のときからヘルシンキに住んでいます（今も住んでいる）．
　Olen asunut（現在完了）täällä Helsingissä aikaisemminkin.
　私は以前にもヘルシンキに住んでいたことがあります（今も住んでいる）．
　Asuin（過去）Helsingissä puoli vuotta vuonna 1996.
　1996 年に半年間ヘルシンキに住んでいました．
　Lapsena asuin（過去）Helsingissä.
　子供のときはヘルシンキに住んでいました．

Olen ollut（現在完了）Suomessa monta kertaa.
私は何度もフィンランドへ行ったことがあります．
Ensimmäisen kerran olin（過去）Suomessa silloin, kun olin 22-vuotias.
最初にフィンランドへ行ったのは私が22歳のときです．
Olen syntynyt（現在完了）vuonna 1963.
私は1963年に生まれた．
Jean Sibelius syntyi（過去）vuonna 1865.
ジャン・シベリウスは1865年に生まれた．

フィンランド語には未来形がないため，現在完了が未来完了の代わりとして使われる場合があります．この場合，未来のある時点までに完了するできごとが現在完了形で述べられ，合わせて，そのできごとが完了した後にすることが現在形で述べられます．

Ostan（現在形）kännykän heti, kun olen saanut（現在完了）palkan.
給料をもらったら，すぐに携帯電話を買う．
Vie（現在形）kirje postiin sitten, kun olen kirjoittanut（現在完了）sen.
手紙が書きあがったら，郵便局に出してきて．

一方，過去のできごとの結果が，過去形で表された過去のある時点と何らかの形で結びついている場合は，そのできごとを過去完了形で表わします．過去完了形は，olla動詞の過去人称変化形と過去分詞を組み合わせて表わします．過去人称変化形については，第18課の❸を参照してください．

Olin opiskellut（過去完了）suomea puoli vuotta, ennen kuin tulin（過去形）Suomeen.
フィンランドへ来る前に，半年間フィンランド語を勉強した．

❹ 不定詞(2)

(第1)不定詞は，olla 動詞＋一部の形容詞と共に使われると，「…するのが…」という意味になります．よく使われる形容詞は，hyvä「良い」, parempi「より良い」, paras「一番良い」, paha「悪い」, ihana「すばらしい」, kiva「楽しい」, mukava「楽しい」, hauska「楽しい」, ikävä「悲しい」, helppo

「易しい」, vaikea「難しい」, mahdollinen「可能だ」, mahdoton「不可能だ」などです。形容詞は普通単数分格形になりますが, hyvä, parempi, pahaなど, よく使われる形容詞は単数主格形で表わされます。不定詞の意味上の主語は, 必要があれば属格で表わします。olla 動詞は常に3人称単数形になります。

語順は次のようになるのが普通です。
[意味上の主語(属格)] + olla 動詞 + 形容詞(分格あるいは主格) + 不定詞
Sinun (属格) olisi parasta (分格) olla (不定詞) vuoteessa.
君はベッドで寝ているのが一番だ。
On ikävä / ikävää (主格 / 分格) kuulla (不定詞) tuollaista.
そんなことを聞くのは残念だ。
Olipa hauska / hauskaa (主格 / 分格) nähdä (不定詞) sinut.
君に会えて本当に楽しかった。

不定詞が目的語を取る場合, その目的語を属格で表わすことはできません。属格の代わりに主格を使います。また, 否定的な意味を表わす mahdoton や vaikea のような形容詞の場合, 不定詞の目的語は必ず分格になります。

Olisiko parempi (主格) tehdä (不定詞) tämä (主格) tänään?
これは今日やったほうがいいですか？
Tätä (分格) on vaikea / vaikeaa (主格 / 分格) käsittää (不定詞).
これは理解し難い。

上の文の tätä は不定詞 käsittää の目的語です。この文のように, 不定詞の意味上の主語が現われない場合, 不定詞の目的語など他の要素が文頭に来ることがあります。

Hänen kanssaan on helppo / helppoa (主格 / 分格) tulla (不定詞) toimeen.
彼(女)はつきあいやすい。
Sinne ei ole hyvä (主格) mennä (不定詞).
そこへは行かないほうが良い。

なお, これらの形容詞は, että, kun, jos で始まる節を取ることもできます。

Olisi parasta, että olet vuoteessa.		君はベッドで寝ているのが一番だ.
Olipa hauskaa, että näin sinut.		君に会えて本当に楽しかった.
On ihanaa, kun aurinko paistaa.		日が照っていて気持ちがいい.
Olisi ikävää, jollet(= jos et) voisi tulla mukaan.		君が来られないとしたら残念だ.

❺ 場所格(4)

kaupunki「町」の{中へ}格を使った menen kaupunkiin は，単に「町へ行く」という意味ですが，{所へ}格を使って menen kaupungille と言うと，「町へ買い物に行く」という意味になります．このように，同じ名詞でも，{中で/へ/から}格を使うか{所で/へ/から}格を使うかで，意味が違ってくることがあります．

	{中で}格		{所で}格	
kioski	kioski**ssa**	キオスクの中に	kioski**lla**	キオスクのそばに
katto	kato**ssa**	天井に	kato**lla**	屋根に
maa	maa**ssa**	国に	maa**lla**	田舎に

背もたれにもたれて深々と座っている場合は，tuoli「椅子」の{中で}格を使って istua tuoli**ssa** と言い，座面の硬い椅子に座る場合は，{所で}格を使って istua tuoli**lla** と言います．また，海で泳ぐ場合は，meri「海」の{中で}格を使って uida mere**ssä** と言い，海で帆走する場合は{所で}格を使って purjehtia mere**llä** と言います．

　{中で/へ/から}格と{所で/へ/から}格の違いは，前者が「中」を表わし，後者は「所あるいは上」を表わす点にありますが，それでは説明できない場合もあります．たとえば，「リュックを背中に背負う」と言う場合，「背中に」は{所で}格でなく{中で}格で表わします．このような表現は，それぞれ覚えるしかありません．

　Pojalla on reppu selä**ssä**.　男の子は背中にリュックをしょっている.

また，どちらを使うかが決まっている名詞もあります．例えば，tori「広場」，piha「中庭」，loma「休暇」といった名詞の場合，{中で/へ/から}格の形は

普通使われません．地名は{中で / へ / から}格を使って表わすのが普通ですが，例外もあります．

国	Venäjä	→ Venäjä**llä**	ロシアに
都市	Vantaa	→ Vantaa**lla**	ヴァンターに
	Tampere	→ Tampree**lla**	タンペレに
	Rovaniemi	→ Rovanieme**llä**	ロヴァニエミに

人の名前や複数の人称代名詞の{所で / へ / から}格は，「誰々の家に / へ / から」という意味を表わします．なお，姓の複数形は「…一家」という意味を表わします．

 Olin eilen Jaana**lla**. 昨日はヤーナの家にいました．
 Käyn usein Halos**illa**. ハロネン一家の家をよく訪ねます．

❻ 数量表現(2)

第6課の❶で見たように，単数主格形の名詞あるいは目的語の働きをしている単数属格形の名詞の前に2以上の基数詞が置かれると，その名詞は単数分格形になりますが，puolitoista「1.5」や puoli「半分の」，pari「2, 3 の」，monta「たくさんの」といった数量詞が置かれた場合も，同じようにその名詞は単数分格形になります．

 一方，vähän「少しの」，vähemmän「より少しの」，runsaasti「多くの」，paljon「多くの」，enemmän「より多くの」，lisää「より多くの」，tarpeeksi「十分な」，riittävästi「十分な」，liikaa (= liian paljon, liian monta)「多過ぎる」などの後に来る名詞は，不可算名詞なら単数分格形，可算名詞なら複数分格形になります．

 paljon koliko**ita**（複数分格） たくさんの硬貨
 paljon raha**a**（単数分格） たくさんのお金

これらの数量表現が文の主語になると，基数詞を伴う数量表現と同じく，動詞は3人称単数形になります．

 なお，同じ数量表現でも，moni / monet「たくさんの」，harva / harvat「わずかの」の後には主格形の名詞が来るので注意しましょう．monet,

194 第17課

harvat の場合，後に来る名詞も述語動詞も複数形が使われます．
 monta ihmistä（単数分格）　　たくさんの人（動詞は3人称単数）
 paljon / vähän ihmisiä（複数分格）たくさん/少しの人（動詞は3人称単数）
 moni / harva ihminen（単数主格）たくさん/わずかの人（動詞は3人称単数）
 monet / harvat ihmiset（複数主格）たくさん/わずかの人（動詞は3人称複数）

❼ 子音階程交替(2)

「コンサート」を表わす名詞 konsertti が，{中から}格では konser*t*ista になり，{中へ}格では konser*tt*iin になるのは，名詞・形容詞にも階程交替があるからです．強階程と弱階程の組み合わせは，動詞の場合と同じです．

 強階程　　pp　tt　kk　p　t　k　　ht　mp　nt　nk　lt　rt　lke　rke　hke
 弱階程　　p　t　k　v　d　脱落　hd　mm　nn　ng　ll　rr　lje　rje　hje

それぞれの変化形がどちらの階程になるかは，変化形ごとに決まっていて，単数主格形の階程によって2つのタイプがあります．単数主格形と単数属格形の階程は常に異なること，また，単数主格形と単数分格形の階程は常に同じであることに注意しましょう．

	タイプⅠ	タイプⅡ
単数主格	<u>強階程</u>	<u>弱階程</u>
単数属格	<u>弱階程</u>	<u>強階程</u>
単数分格	<u>強階程</u>	<u>弱階程</u>
単数{中へ}格	<u>強階程</u>	<u>強階程</u>
単数様格	<u>強階程</u>	<u>強階程</u>
単数のその他の格	<u>弱階程</u>	<u>強階程</u>
複数主格	<u>弱階程</u>	<u>強階程</u>
複数属格	<u>強階程</u>	<u>強階程</u>
複数分格	<u>強階程</u>	<u>強階程</u>
複数{中へ}格	<u>強階程</u>	<u>強階程</u>
複数様格	<u>強階程</u>	<u>強階程</u>
複数のその他の格	<u>弱階程</u>	<u>強階程</u>

タイプ I の場合，分格・{中へ}格・様格は，単数複数とも強階程になり，単数主格と複数属格も強階程になります。一方，タイプ II の場合，単数主格と単数分格以外はすべて強階程になります。auto「車」など，一部の外来語は階程交替を起こしません。人の(姓ではなく)名も，-pp-, -tt-, -kk- を含まないものは，階程交替を起こさないのが普通です。

	タイプ I コンサート	タイプ II ベッド
単数主格	強 (konser*tt*i)	弱 (vuo*d*e)
単数属格	弱 (konser*t*in)	強 (vuo*t*een)
単数分格	強 (konser*tt*ia)	弱 (vuo*d*etta)
単数{中へ}格	強 (konser*tt*iin)	強 (vuo*t*eeseen)
単数様格	強 (konser*tt*ina)	強 (vuo*t*eena)
単数{中で}格	弱 (konser*t*issa)	強 (vuo*t*eessa)
複数主格	弱 (konser*t*it)	強 (vuo*t*eet)
複数属格	強 (konser*tt*ien)	強 (vuo*t*eiden)
複数分格	強 (konser*tt*eja)	強 (vuo*t*eita)
複数{中へ}格	強 (konser*tt*eihin)	強 (vuo*t*eisiin)
複数様格	強 (konser*tt*eina)	強 (vuo*t*eina)
複数{中で}格	弱 (konser*t*eissa)	強 (vuo*t*eissa)

練習問題

1. 次の文を否定文にしてみましょう。( )内は，文中の動詞の不定詞の形です。

1) Eilen kävin saunassa. (käydä)
2) Eilen menimme konserttiin. (mennä)
3) Eilen tulit minua vastaan. (tulla)
4) Eilen he nousivat taksiin asemalta. (nousta)
5) Eilen hän kuunteli musiikkia radiosta. (kuunnella)
6) Eilen lähetin kirjeen vanhemmille. (lähettää)
7) Eilen tapasin neuvojan. (tavata)

8) Eilen ostin takin vaatekaupasta.（ostaa）

2．フィンランド語で言ってみましょう．
 1) 君は前に（aikaisemmin）フィンランドへ来た（ol|la）ことがありますか？
 2) 君はフィンランドへ来てどれくらいになりますか？
 3) 君は今までに（koskaan）日本へ行った（käy|dä）ことがありますか？
 4) 私は一度も日本へ行ったことがありません．
 5) 私の妻は何度も日本へ行っています（ol|la）．
 6) 私はいつも（aina）日本へ旅行する（matkusta|a）ことを夢見てきました（halut|a）．
 7) もうこの本は読み終わりましたか？
 8) まだ読み終わっていません．
 9) 彼とは長いこと（pitkään aikaan）会っていません．
 10) 妻は一日中（koko päivän あるいは kaiken päivää）本を読んでいた．
 11) 休暇を取る（lähte|ä lomalle）のが楽しみ（hauska）だ．
 12) クレジットカードで支払うことは可能（mahdollinen / mahdollista）ですか？
 13) ヘルシンキで安い住まいを見つける（löytä|ä）のは不可能（mahdoton / mahdotonta）だ．
 14) 私にはフィンランド語の勉強は難しい．
 15) 時間に遅れない（tul|la ajoissa）のはいいことだ．
 16) 予約（varaus）は出発の7日前までなら（seitsemän vuorokautta ennen lähtöä）無料で（kuluitta）変更（muutta|a）できます．
＊ 1)–10)は現在完了を使います．現在完了は，否定文では「否定動詞 + ole + 過去分詞」になります．

フィンランドのメディア事情

フィンランドは IT 先進国として知られています．インターネットへの接続はヨーロッパで一番早く，また，トゥルヴァルズ (Linus Torvalds) が開発したオペレーティング・システム Linux は，フィンランドがソフトウェア開発でも最先端を行っていることを世界に知らしめました．インターネットは職場や学校，図書館はもちろん一般家庭にも広く普及しています．街中で無線 LAN が使える場所も増えてきました．携帯電話も普及が著しく，最近では，モバイル・ペイメントの実験が進められていて，自動販売機のコーラやチョコレート，証明写真や駐車料金を携帯電話で支払うことができます．また，市電やバスの切符も携帯電話で買えるようになりました．

　フィンランドには日刊紙が 53 (2006 年) あります．最大の新聞は 1890 年創刊の Helsingin Sanomat 紙 (HS, 通称 Hesari) で，圧倒的な影響力を誇っています．テレビは 2007 年 9 月からデジタル放送が始まりました．国営放送局 Yleisradio (YLE) が計 5 チャンネル (うち 1 チャンネルはスウェーデン語放送)，民放が MTV 3, Nelonen, Subtv など計 5 チャンネルあります．ケーブルテレビも普及しています．ちなみに，MTV の M は mainos「広告」で，音楽とは関係ありません．ラジオは，YLE の Radio 1, Radio Suomi, Radio YleX, Radio Peili の他，多くのローカルラジオ局があります．Radio Peili では，簡単なフィンランド語によるニュース Selkouutiset を聞くことができます．YLE のラテン語ニュース放送 Nuntii Latini は世界に類がありません．

応用編

1 郵便局や銀行に関する単語を覚えましょう.

postimerkki 切手	tilinumero 口座番号
kirjekuori 封筒	tiliote 取引明細
postikortti 葉書	pankkikirja 通帳
kirje 封書	saldo 残高
pikakirje 速達	korko 利子
kirjattuna 書留	pankkikortti キャッシュカード
(posti)paketti 小包	tunnusluku 暗証番号
pakettikortti 小包の送り状	lasku 請求書
kotimaanposti 国内郵便	postiosoitus 郵便為替
ulkomaanposti 国際郵便	postisiirto 郵便振替
lentoposti 航空便	pankkisiirto 銀行振替
helposti särkyvä 壊れ物	maksaja 払込人
postinumero 郵便番号	saaja 受取人
postikulut / postimaksu 郵送料	valuutta 通貨
lähettäjä 差出人	valuutanvaihto 両替
vastaanottaja 受取人	vaihtokurssi 交換レート
postilaatikko ポスト	matkašekki 旅行小切手
postilokero 私書箱	seteli 紙幣
talletus 預金	kolikko 硬貨
lainaus 借金, ローン	käteinen 現金
tili 口座	luottokortti クレジットカード

2 郵便局や銀行でよく使う表現を覚えましょう.

Haluan lähettää tämän paketin lentopostissa Japaniin.	この小包を航空便で日本へ送りたいのですが.
Paljonko maksaa paketti Japaniin?	日本まで小包はいくらですか？
Tarvitsen kaksi tavallista kirjemerkkiä.	普通の切手を2枚ください.
Haluan viisi yhden euron merkkiä.	1ユーロの切手を5枚ください.

Saanko yhden kirjemerkin Japaniin?	日本宛の手紙に貼る切手を１枚ください．
Riittävätkö nämä postimerkit Japaniin?	この切手で日本まで行きますか？
Onko tässä kirjeessä riittävästi postimerkkejä?	この手紙は切手が足りていますか？
[Minulla / Tililläni] on tuhannen euron talletus.	口座に1000ユーロ預けてあります．
Kuinka paljon minulla on rahaa tilillä?	口座の残高はいくらですか？
Tallettaisin tililleni tuhat euroa.	口座に1000ユーロ入金します．
Nostaisin tililtäni tuhat euroa.	口座から1000ユーロおろします．
Haluaisin maksaa nämä laskut tililtäni.	口座から引き落としてください．
Tähän tulee kuittaus.	ここに受け取りの署名をしてください．
Paljonko kymmenentuhatta jeniä on euroissa?	１万円は何ユーロになりますか？
Haluaisin vaihtaa [kymmenentuhatta jeniä / Japanin jenejä] euroiksi.	［１万円 / 日本円］をユーロに換えたいのですが．

3 気持ちや気分を表わす表現を覚えましょう．

Olen [iloinen / surullinen].	［うれしい / 悲しい］．
Tulin lahjasta iloiseksi.	贈物をもらってうれしかった．
Tulin surulliseksi hänen kirjeestään.	彼（女）の手紙に悲しくなった．
Älä ole vihainen minulle!	怒らないで．
Mistä sinä noin vihainen olet?	何でそんなに怒っているの？
Kiva kun soitit.	電話をもらってうれしい．
Olen [tyytyväinen/tyytymätön] tentin tulokseen.	試験の結果に［満足 / 不満］です．
Olen pettynyt sinuun.	君にはがっかりだ．
Minulla on hauskaa.	楽しんでいます．
Minulla on ikävä kotiin.	家が恋しい．
On ikävä kuulla tuollaista.	それはお気の毒に．

Kappale kahdeksantoista
18 フィンランドは1917年に独立しました．

この課では，動詞の変化，特に過去形の作り方と「何々が何々になる」という言い方を学びます．

1. Joulukuun kuudes päivä on Suomen itsenäisyyspäivä.
2. Suomi liitettiin Venäjään vuonna 1809.
3. Suomelle annettiin autonomia.
4. Kansan poliittisia oikeuksia kuitenkin sorrettiin.
5. Siihen aikaan Elias Lönnrot julkaisi kansalliseepoksen Kalevalan.
6. Se kertoo Suomen kansan alkuperästä.
7. Siitä tuli Suomen kansan symboli.
8. Se innosti taiteilijoita.
9. Akseli Gallen-Kallela maalasi Kalevala-aiheisia kuvia.
10. Myös Jean Sibelius sävelsi Kalevala-aiheista musiikkia.
11. Lemminkäinen-sarja on yksi sellaisista.
12. Gallen-Kallelan maalaukset ja Sibeliuksen sävellykset antoivat voimaa kansalle.
13. Kansa nousi kapinaan Venäjän sortoa vastaan 1900-luvun alussa.

14　Vuonna 1917 Suomi vihdoinkin itsenäistyi.

15　Itsenäisyyspäivänä opiskelijat marssivat soihtu kädessä Senaatintorille.

16　Siellä lauletaan Maamme-laulu.

17　Presidentinlinnaan kutsutaan vieraita juhlan viettoon.

18　Juhlavastaanotto lähetetään suorana television ykköskanavalla.

1　12月6日はフィンランドの独立記念日です。
2　フィンランドは1809年にロシアに併合されました。
3　フィンランドには自治権が与えられました。
4　けれども民族の政治的権利は侵害されました。
5　そんな時，エリアス・レンルートが民族叙事詩カレワラを出版しました。
6　それはフィンランド人の起源について語っています。
7　それはフィンランド人のシンボルになりました。
8　それは芸術家たちを奮い立たせました。
9　アクセリ・ガッレン゠カッレラはカレワラを題材に絵を描きました。
10　ジャン・シベリウスもまた，カレワラを題材に作曲しました。
11　レンミンカイネン組曲はそのうちの一つです。
12　ガッレン゠カッレラの絵とシベリウスの曲が人々に力を与えました。
13　人々は，20世紀の初め，ロシアの圧制に抗して立ち上がりました。
14　1917年にフィンランドはついに独立を果たしました。
15　独立記念日には，学生たちが松明を手に上院広場まで行進します。
16　そこでは「我が祖国」が歌われます。
17　大統領官邸では招待客が祝日を祝います。
18　祝賀パーティーの模様はテレビの1チャンネルで生中継されます。

● 重要単語・表現

kuitenkin にもかかわらず，　　siihen aikaan (= silloin) そんな時に，　　siitä

（< se）その中から，　　sellaisista（< sellainen）そのようなもの，　　vihdoin ついに

* siihen aikaan は，それぞれ se「それ」と aika「時」の{中へ}格です．時を表わす表現の{中へ}格は，samaan aikaan「同じ時間に」，määrättyyn aikaan「定められた時間に」のように，「ある特定の時点に」という意味を表わします．

● 気をつけましょう

- vuonna（単数様格）< vuosi「年」
- luvun は luku「数」の単数属格形です．単数主格が -uku, -yky で終わる語は，タイプⅠの階程交替をし，弱階程では -uvu, -yvy になります．
- alussa（単数{中で}格）< alku「始め」
- フィンランド語では，「20世紀」のことを 1900-luvulla「1900年代」と表現するのが普通です．
- vihdoin**kin** の -kin は意味を強める働きをしています．
- kädessä（単数{中で}格）< käsi「手」

● 覚えましょう

liittää（本文 liitettiin）+ {中へ}格	（{中へ}格）にくっつける
antaa（本文 annettiin, antoivat）+ {所へ}格	（{所へ}格）に与える
⇔ saada + {所から}格	（{所から}格）からもらう
kertoa（本文 kertoi）+ {中から}格	（{中から}格）について語る
tulla（本文 tuli）+ {中から}格	（{中から}格）が（…に）なる
innostaa（本文 innosti）+ 分格	（分格）を奮い立たせる
分格 + vastaan	（分格）に対抗して

文法解説

❶ 不定人称受動過去形

liitettiin は liittää「併合する」の不定人称受動過去形です．不定人称受動過去形も，不定人称受動現在形と同じように，グループⅠの動詞は語幹から，

他の動詞は不定詞から作ります．現在形と過去形は次のように対応しています．グループ V-VII の場合，-tiin を付けることで，tarjottiin, valittiin, paettiin のように，-t が重なることに注意してください．

グループ		不定人称受動現在形		不定人称受動過去形	
I	(katsoa)	語幹に	-taan/-tään (katso**taan**)	語幹に -ttiin (katso**ttiin**)	
II	(käydä)	不定詞に	-an/-än (käydä**än**)	-da-/-dä- を取って	-tiin (käy**tiin**)
III	(tulla)	不定詞に	-an/-än (tulla**an**)	-la-/-lä- を取って	-tiin (tul**tiin**)
	(mennä)	不定詞に	-an/-än (mennä**än**)	-na-/-nä- を取って	-tiin (men**tiin**)
	(purra)	不定詞に	-an/-än (purra**an**)	-ra- を取って	-tiin (pur**tiin**)
IV	(päästä)	不定詞に	-an/-än (päästä**än**)	-ta-/-tä- を取って	-tiin (pääs**tiin**)
V	(tarjota)	不定詞に	-an/-än (tarjota**an**)	-a-/-ä- を取って	-tiin (tarjot**tiin**)
VI	(valita)	不定詞に	-an/-än (valita**an**)	-a-/-ä- を取って	-tiin (valit**tiin**)
VII	(paeta)	不定詞に	-an/-än (paeta**an**)	-a-/-ä- を取って	-tiin (paet**tiin**)

グループ I の動詞で，語幹が -a-/-ä- で終わる場合は，-a-/-ä- を -e- に替えてから -ttiin を付けます．antaa「与える」の不定人称受動過去形は a*nne*ttiin で弱階程です．階程交替する動詞の不定人称受動過去形は，現在形と同じように常に弱階程になります．

❷ 指示代名詞(1)

siihen aikaan の siihen は se「それ」の{中へ}格です．また，siitä は se「それ」の{中から}格です．指示代名詞の変化は不規則です．

	これ	あれ	それ	これら	あれら	それら
主格	tämä	tuo	se	nämä	nuo	ne
属格	tämän	tuon	sen	näiden	noiden	niiden
分格	tätä	tuota	sitä	näitä	noita	niitä
{中で}格	tässä	tuossa	siinä	näissä	noissa	niissä
{中へ}格	tähän	tuohon	siihen	näihin	noihin	niihin
{中から}格	tästä	tuosta	siitä	näistä	noista	niistä
{所で}格	tällä	tuolla	sillä	näillä	noilla	niillä
{所へ}格	tälle	tuolle	sille	näille	noille	niille

{所から}格	tältä	tuolta	siltä	näiltä	noilta	niiltä
様格	tänä	tuona	sinä	näinä	noina	niinä
変格	täksi	tuoksi	siksi	näiksi	noiksi	niiksi

指示代名詞は形容詞として名詞の前に置いて使うこともできます．そのとき，指示代名詞は，名詞と同じ数，同じ格になります．また，se と ne は，関係代名詞の先行詞になる場合，人間を指すことがあります．

Se voittaa, joka tulee [ensimmäisenä / ensimmäiseksi] maaliin.
ゴールに最初に着いた人が勝者です．

❸ 過去形

動詞の過去形は語幹に -i- を付けて作ります．人称語尾はこの -i- の後に付きます．人称語尾は現在形と同じですが，3人称単数形には人称語尾が付きません．階程交替する場合の階程も現在形と同じです．語幹に -i- を付けると，しばしば語幹の最後の形が変わります．動詞のグループごとに見てみましょう．

グループ I		語幹の最後の母音によって違います．	
不定詞		語幹	語幹の最後の母音	過去1人称単数
katsoa 見る	katso-	-u, -o, -y, -ö	kats**oin** そのまま -i
etsiä 捜す	etsi-	-i, -e, -ä	ets**in** -i, -e, -ä を取る
rakastaa 愛する	rakasta-	-a（語幹が3音節以上）	rakast**in** -a を取る
ostaa 買う	osta-	-a（第1音節が a 以外）	ost**in** -a を取る
maksaa 払う	maksa-	-a（第1音節が a）	maks**oin** -a を -o に替える

グループ II		語幹が長母音で終わるか二重母音で終わるかで違います．	
不定詞		語幹	語幹の最後の母音	過去1人称単数
saada 得る	saa-	長母音	sa**in** 短母音にする
voida できる	voi-	-i で終わる二重母音	vo**in** -i を落とす
juoda 飲む	juo-	-i 以外で終わる二重母音	jo**in** 前の母音を落とす

グループ III　　語幹は常に -e で終わります．この -e を取って -i を付けます．

不定詞		語幹	語幹の最後の母音	過去1人称単数
tulla	来る	tule-	-e	tul**in** -e を取る

グループ IV 語幹は常に -e で終わります．この -e を取って -i を付けます．

不定詞		語幹	語幹の最後の母音	過去1人称単数
päästä	達する	pääse-	-e	pääs**in** -e を取る

グループ V 語幹は常に -a/-ä で終わります．この -a/-ä を -s に替えて -i を付けます．

不定詞		語幹	語幹の最後の母音	過去1人称単数
tarjota	提供する	tarjoa-	-a/-ä	tarjos**in** -a/-ä を -s に替える

グループ VI 語幹は常に -e で終わります．この -e を取って -i を付けます．

不定詞		語幹	語幹の最後の母音	過去1人称単数
valita	選ぶ	valitse-	-e	valits**in** -e を取る

グループ VII 語幹は常に -e で終わります．この -e を取って -i を付けます．

不定詞		語幹	語幹の最後の母音	過去1人称単数
vanheta	年をとる	vanhene-	-e	vanhen**in** -e を取る

なお，不定詞が -taa/-tää で終わるグループ I の動詞の中には，語幹末の -a/-ä を取るだけでなく，-a/-ä の前の -t- を -s- に替えてから -i を付けるものがあります．このような動詞は，現在形では階程交替しますが，過去形では階程交替しません．-taa/-tää で終わる動詞のうち，どの動詞がこのタイプに属するかは，動詞ごとに覚えるしかありません．

不定詞	tietää	ymmärtää	pitää
語幹	tietä-	ymmärtä-	pitä-
	-t- → -s-	-t- → -s-	-t- そのまま
過去1人称単数	ties**in**	ymmärs**in**	pi**d**in（弱）
過去3人称単数	tiesi	ymmärsi	pi**t**i（強）
現在1人称単数	tie**d**än（弱）	ymmä**rr**än（弱）	pi**d**än（弱）

現在 3 人称単数　tie*t*ää（強）　ymmä*rt*ää（強）　pi*t*ää（強）

❹《A が B になる》（結果構文）
「A が B になる」という意味を表わしたいときは，A（{中から}格）＋ tulla（3 人称単数形）＋ B という構文を用います．Siitä tuli Suomen kansan symboli. の場合，se の{中から}格 siitä が A，Suomen kansan symboli が B に当たります．動詞は，A の人称や数に関わらず常に 3 人称単数形になります．tulla の代わりに kasvaa「育つ」が使われることもあります．B を表示する格は，名詞の種類によって異なります．B には形容詞が来ることもあります．

	肯定文	否定文
A が可算名詞の単数	単数主格	単数分格
A が可算名詞の複数	複数分格	複数分格
A が不可算名詞	単数分格	単数分格

Kenestä tulee seuraava presidentti（単数主格）?
誰が次の大統領になるのだろう？
Mikä（単数主格）sinusta tulee isona?
君は大きくなったら何になるの？
Leilasta ei tullut lääkäriä（単数分格）.
レイラは医者にならなかった．
Leilan kaikista lapsista tuli lääkäreitä（複数分格）.
レイラの子供はみな医者になった．
Suomesta tuli itsenäinen.(= Suomi tuli itsenäiseksi.)
フィンランドは独立した．

変化とその結果は，第 9 課の ❷ で見たように，変格を使って表わすこともできます．変化が一時的であったり，変化の結果が形容詞で表わされる場合は，変格を使うのが普通です．

結果構文における{中から}格は，変化の前の初期状態を表わしています．これは，原材料を表わす用法に似ています．次の文では，材料である puu「木」と kangas「布」が，それぞれ{中から}格で表わされています．

Tein pöydän puusta.　　　　私は木で机を作った．
　　Mitä aiot tehdä tästä kankaasta?　この布で何を作るつもりですか？

❺ {中から}格(3)

{中から}格は，yksi sellaisista「それらのうちの一つ」のように，「…のうちの」という意味も表わします．集合からの選択を表わすので，{中から}格が表わす名詞は複数になるのが普通です．toinen kahdesta「2つのうちの一方」のように，基数詞の{中から}格も使えます．

　　osa suomalaisista（複数{中から}格）　　　フィンランド人の一部
　　puolet äänistä（複数{中から}格）　　　　票の半分
　　moni meistä（1人称複数代名詞{中から}格）　我々の多く

なお，これらの表現が主語になった場合，動詞は単数形になるので注意してください．puolet äänistä の puolet は puoli の複数主格形ですが，それでも複数にはなりません．また，これらの表現が「A は B だ」の A になったとき，動詞は単数形になりますが，補語 B は複数分格形になります．
　　Yli 50% (viisikymmentä prosenttia) opiskelijoista on（3人称単数）
　　naisia（複数分格）．　50%以上の学生が女性です．

❻ 集合名詞

kansa「人々」は集合名詞です．集合名詞は人や物の集合をひとくくりにして表わすので，その集合が一つであれば，構成員が何人であっても単数形になります．また，その名詞が主語の場合，動詞も3人称単数形になります．集合名詞には，väki「人々」，seura「仲間」，ryhmä「グループ」，joukko「群れ」，parvi「群れ」，lauma「(動物の)群れ」，perhe「家族」，suku「親族」などがあります．
　　Sukuni on（3人称単数）asunut täällä vanhastaan.
　　私の一族はずっと昔からここに住んでいます．

❼ 付帯状況

主格形の名詞を場所や位置・状態などを表わす表現と共に用いることで，状

況の補足説明をすることができます．soihtu kädessä の場合，主格形の soihtu「トーチ」と kädessä「手の中に」全体で，「トーチを手に持って」という意味を表わし，学生がどのように行進をするのかを補足的に説明しています．次の文では，複数主格形の silmät「目」が，状態を表わす kiiluen「ぎらぎらして」と共に使われて，「目をぎらぎらさせて」という意味を表わしています．

Susi katseli Punahilkkaa silmät kiiluen.
オオカミは目をぎらぎらさせて赤頭巾を見ました．

練習問題

1. 本文中の過去形の動詞を現在形にしてみましょう．また，不定詞の形を言ってみましょう．

2. 次の動詞の１人称単数過去形と３人称単数過去形を言ってみましょう．掲げてある形は不定詞の形で，（　）内は動詞のタイプを示しています．＊の付いた動詞は階程交替するので注意が必要です．

aikoa (I)*, alkaa (I)*, asua (I), auttaa (I)*, hakea (I)*, haluta (V), istua (I), juoda (II), katsoa (I), kiusata (V), kuunnella (III)*, kävellä (III), käydä (II), lainata (V), levähtää (I)*, lukea (I)*, lähettää (I)*, lähteä (I)*, maksaa (I), mennä (III), myöhästyä (I), nostaa (I), nousta (IV), nähdä (II)*, näyttää (I)*, odottaa (I)*, olla (III), opiskella (III), osallistua (I), osata (V), ostaa (I), ottaa (I)*, painaa (I), pelätä (V)*, pitää (I)*, poistua (I), puhua (I), punnita (VI), päästä (IV), saada (II), sovittaa (I)*, suositella (III)*, syödä (II), säilyttää (I)*, tanssia (I), tarjota (V), tarkoittaa (I)*, tarvita (VI), tavata (V)*, tietää (I)*, tulla (III), tuoda (II), täyttää (I)*, vaihtaa (I)*, viettää (I)*, vilustua (I), voida (II), ymmärtää (I)*

3. フィンランド語で言ってみましょう．
1) 1952年の夏にヘルシンキでオリンピック (olympiakisat) が開かれました (pitä|ä あるいは järjestä|ä)．

2) フィンランドで (Suomeen) 初めて (ensimmäistä kertaa) 女性の大統領 (naispresidentti) が選ばれました．
3) 提案 (ehdotus) は7対3で (äänin seitsemän kolme) 承認 (hyväksy|ä) されました．
4) 彼女は美貌で (kauneus, kauneudesta) 評判 (kuuluisa) になった．
5) これは何でできている (on tehty) のですか？——この指輪 (sormus) は金 (kulta) でできています．
6) フィンランド人の4人に3人は街に住んでいます．
7) ポケット (tasku) に手を (käsi, kädet) 突っ込んで立っている (seiso|a) あの男の人を (mies, miehen) 知っていますか？

ポルヴォー (Porvoo) の旧市街に残る倉庫群．

フィンランドの国歌と国旗

フィンランド国歌 Maamme「わが祖国」は，1848年に始めて歌われました．祖国の美しさを称えたこの歌は，フィンランド人の心に愛国心を植え付ける役目を果たしました．ルーネベリ（J.L. Runeberg）のスウェーデン語の詞にパーシウス（Fredrik Pacius）が曲をつけたものがオリジナルですが，現在は，カヤンデル（Paavo Cajander）が訳したフィンランド語の歌詞で歌われています．シベリウス（Jean Sibelius）作曲の Finlandia-hymni「フィンランディア賛歌」は，国歌ではありませんが，国民の間では国歌と並んで親しまれています．

　北欧諸国の国旗はいずれも十字が描かれていますが，フィンランドの場合は，白地に青い十字が描かれています．この色の組み合わせは，湖の青さと雪の白さを象徴していると言われますが，直接的にはロシアの海軍旗に由来しています．フィンランドでは，16世紀以来，赤地に描かれた金の獅子が紋章として用いられてきたため，赤と金，あるいは赤と黄の組み合わせも提案されましたが，赤は赤軍を連想させるという理由で採用にはなりませんでした．なお，国の機関や公共施設が掲げる公式国旗には，十字の真ん中に赤地に金の獅子の紋章が描かれています．この紋章は，1ユーロ未満の硬貨の裏面にも描かれています．ちなみに，1ユーロ硬貨の裏面には白鳥が，2ユーロ硬貨の裏面にはホロムイイチゴが描かれています．

応用編

1 時間に関する単語を覚えましょう.

sekunti 秒	eilen 昨日
minuutti 分	toissapäivänä 一昨日
tunti 時	seuraavana päivänä 翌日
vuorokausi 日	edellisena päivänä 前日
viikko 週	tällä viikolla 今週
kuukausi 月	ensi viikolla 来週
vuosi 年	viime viikolla 先週
vuosisata 世紀	tässä kuussa 今月
päivittäin 毎日	ensi kuussa 来月
viikoittain 毎週	viime kuussa 先月
kuukausittain 毎月	tänä vuonna 今年
vuosittain 毎年	ensi vuonna 来年
aamu, -lla 朝	viime vuonna 去年
päivä, -llä 昼	属格 + alussa …の初めに
ilta, illalla 夕方	属格 + puolivälissä …の半ばに
yö, -llä 夜	属格 + lopussa …の終わりに
aamupäivä, -llä 午前中	属格 + ensimmäisellä puoliskolla
iltapäivä, -llä 午後	…の前半に
tänä aamuna 今朝	属格 + jälkimmäisellä puoliskolla
tänä iltana 今晩	…の後半に
tänä yönä 今夜	jo もう
huomenaamuna 明朝	enää（否定文で）もう
eilisiltana 昨晩	vielä まだ
viime yönä 昨夜	heti すぐに
päiväys 日付	hetken kuluttua 間もなく
tänään 今日	kohta 間もなく
huomenna 明日	pian 間もなく
ylihuomenna 明後日	lähiaikoina 近々

ennen pitkää 遠からず
toistaiseksi 当面
nyt 今
parhaillaan ちょうど今
juuri nyt たった今
vasta やっと，たった今
juuri 今しがた
äsken 今しがた
äskettäin 最近
viime aikoina 最近
nykyään / nykyisin この頃
viime vuosina 近年
silloin / siihen aikaan そのとき
aikoinaan かつて
属格 + aikana …の時に
[主格 / 分格] + sitten …前に
属格 + [kuluttua / päästä] …後に
ennen + 分格 …の前に
ennen kuin …より前に
属格 + jälkeen …の後に
sen jälkeen kun …した後に
aikaisemmin / aiemmin 前に
myöhemmin 後で
aikaisin / varhain 早く
myöhään 遅く
aikaisintaan 早くても
viimeistään 遅くても
joskus いつか，時々
silloin tällöin 時々

harvoin たまに
usein しばしば
yleensä たいてい
tavallisesti たいてい
aina いつも
joka kerta いつでも
koko päivän 1日中
koko ajan / kaiken aikaa ずっと
jonkin aikaa 少しの間
kauan しばらく
kerran 一度，かつて，いつか
tällä kertaa 今回
ensi(mmäisen) kerran 初めて
viimeisen kerran 最後に
toisen kerran あらためて
uudestaan / uudelleen もう一度
{中から}格 + lähtien …以来
{中から}格 + alkaen …から
{中から}格 + [asti / saakka] …から
{中へ}格 + [asti / saakka] …まで
{中へ}格 + mennessä …までに
huomiseksi 明日までに
属格 + sisällä …の間に
属格 + välein …間隔で
aluksi まず
seuraavaksi 次に
ensin / ensiksi / ensimmäiseksi まず
lopuksi / viimeksi / viimeiseksi
　　最後に

2 時をたずねる表現を覚えましょう.

Minä viikonpäivänä sinä tulet?	何曜日に来ますか？
Minä päivänä aiot mennä hiihtämään?	何日にスキーに行くつもりですか？
Minä vuonna Suomi itsenäistyi?	フィンランドの独立は何年ですか？
Milloin tavaratalo [avataan / suljetaan]?	デパートは何時[開店 / 閉店]ですか？
Milloin kaupat ovat [auki / avoinna]?	店はいつ開いていますか？
— Arkisin kello kymmenestä kahdeksaantoista.	—平日の10時から6時（18時）までです。
Mitkä ovat pankin aukioloajat?	銀行の営業時間は何時ですか？
Mitkä ovat lääkärin vastaanottoajat?	医師の診療時間は何時ですか？
Mihin aikaan [postit / pankit] aukeavat?	[郵便局 / 銀行]は何時に開きますか？
Mihin aikaan [postit / pankit] menevät kiinni?	[郵便局 / 銀行]は何時に閉まりますか？
Mihin aikaan näytäntö [alkaa / päättyy]?	公演は何時に[始まり / 終わり]ますか？
— Se alkaa puoli kolmelta.	—2時半に始まります。
— Se päättyy kolmen tunnin [päästä / kuluttua].	—3時間後に終わります。
— Se loppuu viiden ja kuuden välillä.	—5時と6時の間に終わります。
[Montako / Kuinka monta] kertaa viikossa käyt saunassa?	週に何度サウナに入りますか？

● 日付の言い表わし方 ●

X 月 Y 日　　Y（序数の主格）+（päivä）+ X（分格）
　　　　　　9 月 7 日　　seitsemäs (päivä) syyskuuta
　　　　　　X（属格）+ Y（序数の主格）+ päivä
　　　　　　9 月 7 日　　syyskuun setsemäs päivä
X 月 Y 日に　Y（序数の主格）+ X（分格）
　　　　　　9 月 7 日に　seitsemäs syyskuuta
　　　　　　Y（序数の様格）+（päivänä）+ X（分格）
　　　　　　9 月 7 日に　seitsemäntenä (päivänä) syyskuuta
　　　　　　X（属格）+ Y（序数の様格）+ päivänä
　　　　　　9 月 7 日に　syyskuun seitsemäntenä päivänä
Y 日から　　Y（序数の{中から}格）+（päivästä）
　　　　　　11 日から　　yhdennestätoista (päivästä)
Z 日まで　　Z（序数の{中へ}格）+（päivään）
　　　　　　20 日まで　　kahdenteenkymmenenteen (päivään)

[Monesko/Kuinka mones] päivä tänään on?	今日は何日ですか？
— Tänään on +「X 月 Y 日」.	—今日は X 月 Y 日です．
cf. Mikä (viikon) päivä tänään on?	今日は何曜日ですか？
Milloin on sinun syntymäpäiväsi?	誕生日はいつですか？
— (Se on) +「X 月 Y 日」.	—X 月 Y 日です．
Minä päivänä se tapahtui?	それは何日のことですか？
— Se tapahtui +「X 月 Y 日に」.	—X 月 Y 日のことです．
Milloin olet lomalla?	いつ休暇を取りますか？
— Olen lomalla +「Y 日から」+「Z 日まで」	—Y 日から Z 日までです．

日付は，7.9.「9 月 7 日」のように，ピリオドを使い「日」+「月」の順で表わします．月も序数を使って言うことがあります．例えば，9 月なら yhdeksättä

215

（分格）になります。11.–20.8.「8月11日–20日」は，yhdennestätoista kahdenteenkymmenenteen elokuuta あるいは yhdestoista kahdeskymmenes elokuuta と読みます。

月の名前は以下の通りです。「…月に」と言いたいときは，月の名前に -ssa をつけます。

1月	tammikuu	5月	toukokuu	9月	syyskuu
2月	helmikuu	6月	kesäkuu	10月	lokakuu
3月	maaliskuu	7月	heinäkuu	11月	marraskuu
4月	huhtikuu	8月	elokuu	12月	joulukuu

● 年号の言い表わし方 ●

X 年に　　vuonna + X（主格）
　　　　　vuonna tuhat ⁚ yhdeksän ⁚ sataa ⁚ kuusi ⁚ kymmentä ⁚ kolme 1963 年に
X 年の　　vuoden + X（属格）
　　　　　vuoden tuhat ⁚ yhdeksän ⁚ sataa ⁚ yhdeksän ⁚ kymmentä ⁚ viiden eduskuntavaalit 1995 年の国会議員選挙
X 年から　vuodesta + X（主格）
X 年まで　vuoteen + X（主格）

vuonna は，しばしば v. と略し，v. 1963 のように表記します。日付に年号を付ける場合は，7.9.1963 のように，「日」+「月」+「年」の順で表わします。「紀元前」は ennen Kristusta，「紀元後」は jälkeen Kristuksen で，それぞれ eKr., jKr と略し，年号の後に置きます。

X 世紀に　X（序数の{所で}格）+ vuosisadalla
　　　　　kahdennellakymmenennellä vuosisadalla（20. vuosisadalla）20世紀に
X 年代に　X（主格）-luvulla

tuhatyhdeksänsataa-luvulla (1900-luvulla) 1900年代に
(この言い方の方が「…世紀に」という言い方より普通です)
yhdeksänkymmentä-luvulla (90-luvulla) 90年代に

練習問題

1. 次の日付をフィンランド語で言ってみましょう．
1) 1月6日　　 2) 2月28日　　 3) 4月9日　　 4) 5月17日
5) 6月4日　　 6) 10月10日

2. フィンランド語で言ってみましょう．
1) フィンランドは1917年12月6日に独立を（itsenäiseksi）宣言した（julista|a）．
2) 会議（kokous）は12月20日です．
3) フィンランドでは70年代にロック音楽（rokki）が流行した（ol|la muotia）．
4) フィンランドは90年代半ばに（puolivälissä）EUに加盟した（tul|la EU:n jäsen）．
5) この冬はここ100年で（vuosisata, vuosisadan）もっとも寒い（kylmin）．
6) タルヤ・ハロネンは2000年から大統領をしています．
7) 前世紀の初めフィンランドとロシアの間（välinen）の関係（suhde, suhteet）は最悪だった（pahimmillaan）．

● フィンランド語の辞書 ●

フィンランド語を辞書で調べる場合，名詞・形容詞は単数主格形に，動詞は第1不定詞の形に直してから引かなければなりません．はじめのうちは，階程交替している語など，どこを調べればよいかわからないこともあるかもしれません．英語のように簡単には行きませんが，慣れの問題ですので，めげずにがんばってください．単語の配列はアルファベット順で，ä と ö は最後に来ます．

　フィンランド語・日本語辞典のうち最大のものは，荻島崇『フィンランド語辞典』（大学書林）です．ただ，この辞書はとても高価です．この辞書の簡易版として荻島崇『フィンランド語日本語小辞典』（大学書林）もあります．また，荻島崇『フィンランド語基礎1500語』（大学書林）は，単語集で例文はありませんが，語形変化が詳しく載っているので，まず最初に購入することをお奨めします．

　値段が手頃で，かつ例文や語法が詳しい日本語との対訳辞書は，残念ながら今のところありません．本格的に勉強するならフィンランド語・英語辞典を買ってください．入門用にお奨めなのは，Hurme, Raija et al. *Suomi-englanti-suomi sanakirja*. WSOY. (978951031903) です．

● もっとフィンランドについて知りたい人へ ●

Portraying Finland. Otava. (9789511224204) は，フィンランドに関する基本的な情報をコンパクトにまとめています．*Finland: a cultural encyclopedia*. Finnish Literature Society. (951–717–885–9) は，事典形式でフィンランドの社会や文化を解説しています．百瀬宏・村井誠人監修『北欧』（新潮社）は，北欧全体の歴史と文化をまとめています．フィンランドの歴史については，百瀬宏他編『北欧史』（山川出版社）を見てください．観光情報は，各種ガイドブックの他，フィンランド政府観光局が年2回発行している日本語の冊子『TORi』が参考になります．

● 役に立つホームページ ●

フィンランド情報	http://virtual.finland.fi（英語）
	http://www.finland.or.jp/doc/ja/finlando/nutshell.html（日本語）
フィンランド政府観光局	http://www.moimoifinland.com（日本語）
	http://www.visitfinland.com（英語）
在日フィンランド大使館	http://www.finland.or.jp（日本語）
在フィンランド日本大使館	http://www.fi.emb-japan.go.jp/jp/index-j.htm（日本語）
ヘルシンキ市	http://www.hel.fi/wps/portal/Helsinki_en（英語）
	http://www.visithelsinki.jp/index.html（日本語）
フィンランド航空	http://www.finnair.co.jp（日本語）
ニュース	http://www.hs.fi/english（英語）
留学情報	http://finland.cimo.fi（英語）
フィンランド学習サイト	http://www.projectfinland.jp（日本語）

練習問題解答

第 1 課 1) Mikä tämä on? 2) Se on Paavo Nurmen patsas. 3) Hän on Japanissakin hyvin tunnettu. 4) Kuka tämä on? 5) Se on Tarja Halonen. 6) Hän on Suomen presidentti. 7) Mikä Japanin pääkaupunki on? 8) Se on Tokio. 9) Millainen kaupunki Tokio on? 10) Se on suuri ja meluisa kaupunki. 11) Taivas on sininen. 12) Järvi on jäässä. ＊jäässä は jää「氷」の単数{中で}格の形です．

第 2 課 1) (Minä) olen japanilainen opiskelija. 2) (Minä) opiskelen Suomen kirjallisuutta. 3) (Minä) osaan englantia ja vähän suomea. 4) (Minä) olen ensimmäistä kertaa Helsingissä. 5) Suomessa asuu tuttavani, Leila. ＊1人称単数代名詞の主語 minä は省略することができます．/ japanilainen は形容詞の主格です．日本語が「名詞＋の」でもフィンランド語では形容詞になることがあります．

第 3 課 1. 1) hotellissa 2) kahvilassa 3) kampaamossa 4) kirjastossa 5) matkatoimistossa 6) museossa 7) parturissa 8) postissa 9) ravintolassa 10) sairaalassa 11) tavaratalossa 12) valintamyymälässä ＊母音調和に気をつけましょう．

2. 1) espanjaa, espanjan 2) kiinaa, kiinan 3) norjaa, norjan 4) ranskaa, ranskan 5) ruotsia, ruotsin 6) saksaa, saksan 7) tanskaa, tanskan 8) unkaria, unkarin 9) venäjää, venäjän 10) viroa, viron ＊英語（englanti）なら englantia, engla**nn**in になります．

第 4 課 1) Oletko (sinä) opiskelija? 2) Osaatko (sinä) suomea? 3) Missä (sinä) opit suomea? 4) Missä (sinä) olet työssä? 5) Missä (sinä) asut? 6) (Minä) asun vanhempieni luona. 7) Missä täällä on [valintamyymälä / supermarket]? 8) Asutteko (te) keskustassa? 9) (Me) asumme esikaupunkialueella. 10) Meillä on maalla kesämökki. 11) Tämä on (meidän) asuntomme. 12) Millaisessa asunnossa sinä asut? 13) Minulla on yksi lapsi. 14) Onko hän suomalainen? 15) Onko tämä olympiastadion? ＊1人称，2人称代名詞の主語は省略することができます．/ meidän は，1人称複数代名詞 me の属格形で，省略可能です．/ millaisessa asunnossa は millainen asunto「どんな住まい」

の単数{中で}格形です．

第5課 1. 1) Helsinki on suurin kaupunki Suomessa.　2) Helsingissä asuu kolme kertaa enemmän ihmisiä kuin Turussa.　3) Oletko (sinä) kotoisin Helsingistä?　4)（Minä）olen kotoisin Turusta.　5) Kuinka kauan aiotte viipyä Suomessa?　6) Aiomme viipyä (yhden) kuukauden.　7) Kuinka kaukana bussiterminaali on täältä? あるいは Kuinka pitkä matka on täältä bussiterminaaliin?　8) Miten pääsee täältä bussiterminaaliin? * suurin は suuri「大きい」の最上級の形です．/ Turussa, Turusta のように，-k- が入らないことに注意しましょう．

2. 1) コルケアサーリ（Korkeasaari）へはどう行けばよいですか？ Laivalla.　2) リンナンマキ（Linnanmäki）へは… Raitiovaunulla.　3) イタケスクス（Itäkeskus）へは… Metrolla.　4) ガッレン・カッレラ美術館（Gallen-Kallelan museo）へは… Taksilla.　5) タンペレ（Tampere）へは… Junalla.　6) キャンプ場（leirintäalue）へは… Autolla.　7) 自然公園（luonnonpuisto）へは… Polkupyörällä. * 飛行機（lentokone）なら lentokone*e*lla，フェリー（lautta）なら lau*t*alla になります．「徒歩で」という場合は jalan, jalkaisin あるいは kävellen になります．

第6課 1. 1) kahdeksantoista　2) kaksikymmentäyksi　3) yhdeksänkymmentäseitsemän　4) kolmesataakuusikymmentäviisi　5) tuhatyhdeksänsataakuusikymmentäkolme　6) neljästoista　7) kahdeskymmenesyhdes　8) kahdeskymmeneskahdeksas * 数詞は 3 桁ごとに空白で区切って表わします．年号の場合は区切りません．

2. 1) Missä on lähin posti?　2) Mitä pääsylippu maksaa?　3) Se maksaa aikuiselta kolme euroa.　4) Meneekö tämä bussi suoraan lentokentälle? あるいは Pääseekö tällä bussilla suoraan lentokentälle?　5) Mihin tämä juna menee?　6) Missä (me) [nousemme / jäämme] pois junasta?　7) Keskustassa on monta hampurilaisravintolaa.　8) Alennusmyyntiin tulee tuhansia ihmisiä.

第7課 1. 1) Meillä ei ole yhtään lasta.　2) Minulla ei ole aikaa nyt.　3) Tänään on kylmä.　4) Tänään on ruma ilma.　5) Minne (te) menette?　6)（Me）menemme ostoksille kauppatorille.　7) Kello on tasan kahdeksan.　8) Kello on kymmentä vaille yhdeksän.　9) Minun täytyy mennä kotiin.　10) Missä minun täytyy vaihtaa bussia?　* tänään は副詞で，主語ではありません．/ 1) 2) は所有文（→ 第9課 ❶），9) 10) は

義務を表わす構文(→ 第 8 課 ❻) です．

2. 1) En ole väsynyt.　2) Hän ei ole kuuluisa.　3) En osaa suomea.　4) Hän ei osaa japania.　5) En mene kävelylle.　6) Hän ei mene uimaan.　7) En käy kalassa.　8) Hän ei käy kaljalla.　* kävely「歩行，散歩」/ uimaan は uida「泳ぐ」の第 3 不定詞の形です．

3. 1) metsää　2) kaupunkia　3) opiskelijaa　4) oppilasta　5) työtä　6) yliopistoa　7) kieltä　8) asukasta　9) lippua　10) suota　11) lyhyttä　12) vapaata

第 8 課　1. luentoja（複数分格），suomea（単数分格），kurssimaksu（単数主格），kuitti（単数主格），se（単数主格）

2. 1) Olen huolissani vaimostani.　2) Olen ylpeä lapsestani.　3) Tämä pusero on sinulle sopiva.　4) Montako (= Kuinka monta) kertaa päivässä tämä lääke pitää ottaa?　5) Pelaamme tennistä kerran viikossa.　6) Montako (= Kuinka monta) kieltä sinä puhut?　7) Montako (= Kuinka monta) huonetta [teillä / asunnossanne] on?　8) Suomen kielen kurssi on joka maanantai.　9) Osallistutko kilpailuun?　10) Sinun pitää maksaa sakko.　11) Työn täytyy olla valmis huomiseksi (あるいは huomiseen mennessä).　12) Ensiksi pitää ilmoittautua poliisille.　13) Patteri on tyhjä. Vaihda se uuteen.　14) Tuo mukanasi todistus.　15) Tuo kirja takaisin kirjastoon.　* ylpeä は{中から}格の名詞を取ります．/ 2) は，主語が複数なら，Olemme ylpeitä lapsestamme. になります．/「…語をしゃべる」は puhua＋分格で表わします．/「A は…しなければならない」の A は，työ「仕事」のように人でない場合も属格になります．/ uuteen は uusi の単数{中へ}格形です．

時刻の言い表わし方　1. 1) yhdeksän neljäkymmentäkolme (aamulla)　2) puoli yksitoista (aamulla) あるいは kymmenen kolmekymmentä (aamulla)　3) [viittä / viisi (minuuttia)] [vaille / vailla] yksi (päivällä) あるいは kaksitoista viisikymmentäviisi　4) [viisi (minuuttia) / viittä] yli yksi (päivällä) あるいは kolmetoista nolla viisi　5) kolme kolmekymmentäkahdeksan iltapäivällä あるいは viisitoista kolmekymmentäkahdeksan　6) [viisitoista (minuuttia) / neljännestä / varttia] [vaille / vailla] yhdeksän (illalla) あるいは kaksikymmentä neljäkymmentäviisi　7) kaksikymmentäneljä nolla nolla あるいは kaksitoista yöllä

2. 1) Herätyskello soi kello [viisitoista (minuuttia) / neljännestä / varttia]

yli seitsemän. 2) Mihin aikaan sinä heräät aamulla? 3) Minä herään (kello) puoli [kahdeksan / kahdeksalta]. 4) Arkisin syön aamiaista [kello kahdeksan / (kello) kahdeksalta]. 5) Olen työssä yhdeksästä neljään. 6) Onko kello jo yhdeksän? 7) Joo, kello on jo [viisitoista (minuuttia) / neljännestä / varttia] yli yhdeksän. 8) Ei. Kello on vasta viittä vaille yhdeksän. 9) Kello on melkein kymmenen. 10) Palvelemme tänään yhdeksästä kuuteen. *「もうそんな時間！」と言いたいときは Joko se on niin paljon! という表現を使います。

第9課 1. 1) Miten vietät kesälomasi? あるいは Mitä sinä teet kesälomallasi? 2) Menen maalle viikoksi. 3) Menetkö sinä kotiin kesäksi? 4) Hän tuli yhtäkkiä vihaiseksi. 5) Millaisia ideoita sinulla on? 6) Minulla ei ole tarpeeksi rahaa mukanani. 7) Viikonloppuna luen kirjoja. 8) Otan sinut mukaan. 9) Hae minut hotellista! 10) Millaisia lintuja Suomessa on? 11) Minkä värinen Suomen lippu on? 12) Se on sinivalkoinen. 13) Osaan sekä suomea että ruotsia. * mitä は mikä 「何」の分格の形、teet は tehdä 「する」の2人称単数現在形です。/ raha 「お金」は不可算名詞です。

2. 1) Minulla ei ole autoa. 私は車を持っていません。 2) Minulla ei ole pääsylippua. 私は入場券を持っていません。 3) Meillä ei ole kesämökkiä. 私たちは夏のコテージを持っていません。 4) Meillä ei ole omaa saunaa. 私たちは自分のサウナを持っていません。 5) Eikö ole sinulla viisumia? 君はビザを持っていないのですか？ 6) Eikö ole sinulla yhtään rahaa? 君は全然お金を持っていないのですか？

第10課 1. 1) Olen Rautatientorilla. 2) Torin keskellä on Aleksis Kiven patsas. 3) Vasemmalla puolella on Rautatieasema. 4) Patsaan takana on Kansallisteatteri. 5) Torin toisella puolella on Valtion taidemuseo. 6) Valtion taidemuseon edessä pysähtyy bussi. 7) Monta bussia lähtee Rautatientorilta. 8) Rautatientorilta alkaa Kaisaniemenkatu. 9) Bussit ajavat Kaisaniemenkatua pitkin Hakaniemeen. 10) Kaisaniemenkadulla kulkee metrokin. * toisella puolella は，toinen puoli 「別の側」の単数 {所}格の形です。/ 主語が monta + 単数分格のとき，動詞は3人称単数形になります。/ pitkin は前置詞としても後置詞としても使え、共に分格の名詞を取ります。

2. 1) Minä olen suomalainen. 2) Hän on opiskelija. 3) Oletko sinä

väsynyt? 4) Se on väriltään punainen. 5) Tämä rakennus on kaunis. ＊väriltään は väri「色」の単数{所から}格で、「色で言うと」という意味です。

第11課　1. kielioppia（単数分格），minua（単数分格），mitä（単数分格），luentolehtiötäsi（単数分格），kopioita（複数分格），lehtiöni（単数属格），päivällisen（単数属格）

2. aion, aikoo; alan, alkaa; asun, asuu; autan, auttaa; haen, hakee; katson, katsoo; kuuntelen, kuuntelee; kävelen, kävelee; käyn, käy; lainaan, lainaa; luen, lukee; lähden, lähtee; maksan, maksaa; menen, menee; myöhästyn, myöhästyy; nousen, nousee; odotan, odottaa; olen, on; opiskelen, opiskelee; osallistun, osallistuu; osaan, osaa; ostan, ostaa; otan, ottaa; pelkään, pelkää; poistun, poistuu; puhun, puhuu; pääsen, pääsee; saan, saa; säilytän, säilyttää; tarjoan, tarjoaa; tarkoitan, tarkoittaa; tapaan, tapaa; tiedän, tietää; tulen, tulee; tuon, tuo; vaihdan, vaihtaa; vietän, viettää; voin, voi; ymmärrän, ymmärtää

3. 1) Anteeksi, että häiritsen. 2) Toivottavasti en ole myöhässä. 3) Koneessa on jokin vika. 4) Tuleeko televisiosta jota(k)in mielenkiintoista? 5) Minusta hän on oikeassa. 6) Autan sinua mielelläni. 7) Tiedätkö, että he menivät naimisiin? 8) Sain [kirjan / kirjoja] joululahjaksi. 9) Vatsani on huonossa kunnossa. 10) Milloin [teille / sinulle] sopii? 11) Perjantai [sopii / käy] minulle hyvin. 12) Tämä väri ei [käy / sovi] sinulle. ＊動詞 tietää「知っている」は että で始まる従属節を取ることができます。/ 12) käy は käydä の否定形で、「…に合う」という意味で使われています。

第12課　1. 1) Opiskele ahkerasti! Opiskelkaa ahkerasti! 2) Nouse kello seitsemän junaan! Nouskaa kello seitsemän junaan! 3) Kuuntele asiantuntijan neuvoja! Kuunnelkaa asiantuntijan neuvoja! 4) Lue tämä kirja! Lukekaa tämä kirja! 5) Auta vanhempiasi! Auttakaa vanhempianne! 6) Ota ystäväsi mukaan! Ottakaa ystävänne mukaan! 7) Avaa oppikirjasi sivulta kaksikymmentä! Avatkaa oppikirjanne sivulta kaksikymmentä! ＊階程交替に注意しましょう。/ vanhempia は vanhemmat「両親」の複数分格です。

2. 1) maitoa　2) mustikoita　3) puhelin　4) saunaa　5) iloisia ihmisiä　6) poika　7) poikaa　8) pikkurahaa　＊maito「牛乳」, malja

「ボウル」, poika「息子」, pikkuraha「小銭」

第13課 1. 1)［Älä polta / Älkää polttako］täällä! 2)［Älä häiritse / Älkää häiritkö］meitä! 3)［Älä jätä / Älkää jättäkö］ovea auki! 4)［Älä tule / Älkää tulko］sisälle kengät jalassa! 5)［Älä puhu / Älkää puhuko］englantia suomen tunnilla! 6) Tämä ei maistu miltään. 7) Täällä haisee tupakalta. 8) Kaikki on kunnossa. 9) Hän on samanlainen kuin isänsä. 10) Hän on aivan toisenlainen kuin isänsä. 11) Eri ihmiset pitävät erilaisista asioista. 12) Puhuisin suomea, jos osaisin. 13) Saisinko käyttää puhelintasi? 14) Avaisitko ikkunan. 15) Minun pitäisi lähteä nyt kotiin. ＊erilainen は種類の違いを問題にしているのに対し，eri は個体同士の違いを問題にしています．eri は格変化をしません．

2. 1) ostamaan 2) kuuntelemaan 3) tapaamaan 4) hakemaan 5) lepäämään 6) opiskelemaan 7) lukemaan 8) poimimaan ＊musiikki「音楽」, sanomalehti「新聞」, poimia「摘む」/「…に会いに行く」という場合，目的語は分格になります．

第14課 1. tuhat euroa（基数詞＋単数分格），allekirjoituksen（単数属格），millaisia seteleitä（複数分格），kymmenen sadan euron seteliä（基数詞＋単数分格），pankkikortin（単数属格），rahaa（単数分格），sen（単数属格），tämä lomake（単数主格），kortti（単数主格），valuuttaa（単数分格），nämä matkašekit（複数主格）

2. 1) Saanko kupin kahvia.（単数属格） 2) Saanko kaksi tuoppia olutta.（基数詞＋単数分格） 3) Rakastan kolmea poikaani.（基数詞（分格）＋単数分格） 4) Sulkekaa kaikki ikkunat.（複数主格） 5) En voi ostaa kaikkia kirjoja.（複数分格） 6) Katselen televisiota.（単数分格） 7) Luen nyt läksyjä.（複数分格） 8) Saanko jota(k)in syömistä.（単数分格） 9) Saatanko sinut kotiin?（単数対格） 10) Šekki lähetetään kirjattuna.（単数主格）あるいは Lähetän šekin kirjattuna.（単数属格） 11)［Myydäänkö / Myyttekö］täällä uimapukuja?（複数分格） 12) Uusi presidentti valitaan ensi vuonna.（単数主格） 13) Suomessa syödään torstaisin hernekeittoa.（単数分格） ＊kupin, šekin は共に階程交替しています．

第15課 1. 1) kahviin 2) maahan 3) uuteen asuntoon 4) sänkyyn 5) diskoon, kotiin 6) puhelimeen 7) huoneeseen 8) bussiin 9)

Suomeen 10) lukkoon ＊panna「（{中へ}格）に入れる」, kone「飛行機」, laskeutua「（{中へ}格）に着陸する」, muuttaa「（{中へ}格）に引っ越す」, eilen「昨日」, sänky「ベッド」, tavallista aiemmin「いつもより早く」, disko「ディスコ」, jäädä「（{中へ}格）に残る」, vastata「（{中 / 所へ}格）に答える」, piano「ピアノ」, unohtaa「（{中へ}格）に忘れる」, sateenvarjo「傘」, tottua「（{中へ}格）に慣れる」, lukko「錠」/ 2) の maa は「地面」という意味です．

2. 1) Tunnetko tuon tytön, joka juttelee Pekan kanssa?（ペッカと話しているあの女の子を知っていますか）　2) Tunnetko tuon tytön, jonka Pekka saattoi asemalle?（ペッカが駅に送っていったあの女の子を知っていますか）　3) Tunnetko tuon tytön, jota Pekka suuteli poskelle?（ペッカが頬にキスをしたあの女の子を知っていますか）　4) Tunnetko tuon tytön, jolla on tumma tukka?（髪が黒いあの女の子を知っていますか）　5) Tunnetko tuon tytön, josta Pekka pitää hyvin paljon?（ペッカがとても好きなあの女の子を知っていますか）　＊tuntea「知っている」, tyttö「女の子」, jutella「話をする」, asema「駅」, suudella「キスをする」, tumma「色が濃い」, tukka「髪」

3. 1) antama　2) ottamia　3) lähettämän　4) perustama　5) suosima ＊äiti「母」, antaa「（{所へ}格）に与える」, Japanin-matka「日本への旅行」, kuva「写真」, paketti「小包」, perustaa「建設する」, suosia「ひいきにする」, pubi「パブ」/ siskoni, vanhempieni は，それぞれ，sisko「妹」の単数属格形，vanhemmat「両親」の複数属格形に所有接尾辞が付いた形です．/ opiskelijoiden は opiskelija「学生」の複数属格形です．/ oletko nähnyt は nähdä「見る」の現在完了形です．/ 5) の場合，動作主分詞が表わす時制は，文全体の動詞が表わす時制と同じです．

4. 1) A: Anteeksi, voisitteko sanoa missä Hotelli Anna on?　B: Kävelkää ensin pääpostin ohi Mannerheimintielle ja kääntykää Mannerheimintieltä vasemmalle. Kävelkää noin puoli kilometriä suoraan eteenpäin, kunnes tulee risteys（あるいは kunnes tulette risteykseen）, jossa lukee Erottaja. Siinä kääntykää oikealle, Bulevardille. Kävelkää Bulevardia eteenpäin ja toisessa risteyksessä kääntykää vasemmalle, Annankadulle. Kävelkää parisataa metriä eteenpäin ja hotelli on siinä vasemmalla.　2) A: Anteeksi, voisitteko sanoa miten pääsee Hotelli Hilton Helsinki Strandiin?　B: Kävelkää ensin Unioninkatua suoraan Pitkäsillalle. Kun tulette sillan yli

227

（あるいは Kun tulette sillan toiselle puolelle), kääntykää oikealle. Hotelli on sitten heti vasemmalla. * ohi「…の横を通って」, yli「…を越えて」は共に後置詞で, 属格の名詞を取ります。/ 子音で終わる外来語の語幹には, Strandi- のように -i が付きます。

第16課　1. 1) nuorempi　2) vanhempi　3) suurempi　4) vaaleampi　5) terveellisempää　6) ujompia　7) halvemman　8) parempaan　9) pitempiä　10) kovemmasta, pehmeämmästä　11) älykkäämpää　12) kylmemmäksi　* kumpi「({中から}格のうち)のどちら」, vaalea「色が薄い」, margariini「マーガリン」, terveellinen「健康的な」, ujo「内気な」, italialainen「イタリア人」, kallis「値段が高い」, halpa「安い」, huono「悪い」, pitkä「背が高い」, vielä「いっそう」, kova「固い」, pehmeä「軟らかい」, älykäs「頭がいい」, koskaan「(否定文で)一度も…ない」, muuttua「(変格)に変わる」/ kummasta は疑問詞 kumpi「どちら」の単数{中から}格形です。/ en ole koskaan tavannut は tavata「会う」の現在完了否定形です。

2. 1) Ostetaanko　2) Juodaanko　3) Tavataanko　4) Lähdetäänkö　5) Jutellaanko　6) Soitetaanko　7) Kysytäänkö　8) Puhutaanko
* soittaa「電話をかける」, kysyä「({中 / 所から}格)にたずねる」/ jollekulle, joltakulta, jonkun は, それぞれ, joku「誰か」の単数{所へ}格形, 単数{所から}格形, 単数属格形です。

3. 1) Olen naimisissa suomalaisen kanssa.　2) Käyn Lapissa usein.　3) Kummasta pidät enemmän, kahvista vai teestä?　4) Lapset eivät jaksa enää odottaa joulupukkia pitempään.　5) Hän on täsmälleen yhtä pitkä kuin isänsä.　6) Me olemme yhtä vanhoja.　7) Hän on kolme vuotta nuorempi.　8) Kenen sävellys tämä on?　9) Kenen luona sinä asut?　10) Ketä sinä odotat?　11) Kenet otat mukaan?　12) Keneltä voi kysyä?　13) Kenestä hän pitää?　14) Hänellä on paksu takki päällään.　15) Tarvitsen kipeästi uusia kenkiä.　16) Eikö tämä paikka ole vapaa?
* enemmän は副詞 paljon「たくさん」の比較級です。/ jaksaa + 不定詞は「…できる」という意味です。/ vanhoja は vanha「年をとった」の, uusia は uusi「新しい」の複数分格形です。/ kenkiä は kenkä「靴」の複数分格形です。kenkä は普通複数形で使います。

第17課　1. 1) Eilen en käynyt saunassa.（昨日私はサウナに入らなかった）　2) Eilen emme menneet konserttiin.（昨日私たちはコンサートに行かな

かった） 3）Eilen et tullut minua vastaan.（昨日君は私を迎えに来なかった） 4）Eilen he eivät nousseet taksiin asemalta.（昨日彼らは駅からタクシーに乗らなかった） 5）Eilen hän ei kuunnellut musiikkia radiosta.（昨日彼（女）はラジオで音楽を聞かなかった） 6）Eilen en lähettänyt kirjettä vanhemmilleni.（昨日私は両親に手紙を出さなかった） 7）Eilen en tavannut neuvojaa.（昨日私はカウンセラーに会わなかった） 8）Eilen en ostanut takkia vaatekaupasta.（昨日私は洋品店でコートを買わなかった） * radio「ラジオ」/ 否定文では目的語が分格になることに注意しましょう．

2. 1）Oletko ollut Suomessa aikaisemmin? 2）Kuinka kauan sinä olet ollut Suomessa? 3）Oletko koskaan käynyt Japanissa? 4）En ole koskaan käynyt Japanissa. 5）Vaimoni on ollut Japanissa monta kertaa. 6）Olen aina halunnut matkustaa Japaniin. 7）Oletko jo lukenut tämän kirjan? 8）En ole vielä lukenut tätä kirjaa. 9）En ole tavannut häntä pitkään aikaan. 10）Vaimoni on lukenut kirjaa [koko päivän / kaiken päivää]. 11）On hauskaa lähteä lomalle. 12）Onko mahdollista maksaa luottokortilla? 13）On mahdotonta löytää halpaa asuntoa Helsingissä. 14）Minun on vaikea(a) oppia suomea. 15）On hyvä tulla ajoissa. 16）Varaus on mahdollista muuttaa kuluitta seitsemän vuorokautta ennen lähtöä. * koskaan は肯定文で使うと「これまでに」という意味になります．/ pitkään aikaan のような時間表現の{中へ}格形は，否定文で期間を表わします．moneen vuoteen なら「何年も（…していない）」という意味になります．/「一日中」に対して「四六時中」は koko ajan あるいは kaiken aikaa と言います．/ ajoissa は aika「時間」の複数{中で}格形です．/ varaus は文頭に来ていますが，muuttaa の目的語です．

第18課　1. liitetään, liittää; annetaan, antaa; sorretaan, sortaa; julkaisee, julkaista; tulee, tulla; innoastaa, innostaa; maalaa, maalata; säveltää, säveltää; antavat, antaa; nousee, nousta; itsenäistyy, itsenäistyä

2. aioin, aikoi; aloin, alkoi; asuin, asui; autoin, auttoi; hain, haki; halusin, halusi; istuin, istui; join, joi; katsoin, katsoi; kiusasin, kiusasi; kuuntelin, kuunteli; kävelin, käveli; kävin, kävi; lainasin, lainasi; levähdin, levähti; luin, luki; lähetin, lähetti; lähdin, lähti; maksoin, maksoi; menin, meni; myöhästyin, myöhästyi; nostin, nosti; nousin, nousi; näin, näki; näytin, näytti; odotin, odotti; olin, oli; opiskelin, opiskeli; osallistuin, osallistui;

osasin, osasi; ostin, osti; otin, otti; painoin, painoi; pelkäsin, pelkäsi; pidin, piti; poistuin, poistui; puhuin, puhui; punnitsin, punnitsi; pääsin, pääsi; sain, sai; sovitin, sovitti; suosittelin, suositteli; söin, söi; säilytin, säilytti; tanssin, tanssi; tarjosin, tarjosi; tarkoitin, tarkoitti; tarvitsin, tarvitsi; tapasin, tapasi; tiesin, tiesi; tulin, tuli; toin, toi; täytin, täytti; vaihtoin, vaihtoi; vietin, vietti; vilustuin, vilustui; voin, voi; ymmärsin, ymmärsi

3. 1) Helsingissä [pidettiin / järjestettiin] olympiakisat kesällä 1952 (tuhatyhdeksänsataaviisikymmentäkaksi). 2) Suomeen valittiin ensimmäistä kertaa naispresidentti. 3) Ehdotus hyväksyttiin äänin seitsemän kolme. 4) Hänestä tuli kuuluisa kauneudestaan. 5) Mistä tämä on tehty? – Tämä sormus on tehty kullasta. 6) Kolme neljästä suomalaisesta asuu kaupungissa. 7) Tunnetko tuon miehen, joka seisoo kädet taskussa? ＊olympiakisat は複数主格形です。この語は常に複数形で使います。/「却下する」なら hylätä になります。/ on tehty は不定人称受動の現在完了の形です。/ taskussa と単数になっていても、一つのポケットに両手を入れているわけではありません。kengät jalassa「土足で」のような場合も同様です。

日付・年号の言い表わし方

1. 1) kuudes tammikuuta あるいは tammikuun kuudes päivä 2) kahdeskymmeneskahdeksas helmikuuta あるいは helmikuun kahdeskymmeneskahdeksas päivä 3) yhdeksäs huhtikuuta あるいは huhtikuun yhdeksäs päivä 4) seitsemästoista toukokuuta あるいは toukokuun seitsemästoista päivä 5) neljäs kesäkuuta あるいは kesäkuun neljäs päivä 6) kymmenes lokakuuta あるいは lokakuun kymmenes päivä

2. 1) Suomi julistettiin itsenäiseksi kuudes joulukuuta 1917 (tuhatyhdeksänsataaseitsemäntoista). 2) Kokous on kahdeskymmenes joulukuuta. 3) Suomessa rokki oli muotia 70 (seitsemänkymmentä)-luvulla. 4) Suomesta tuli EU:n jäsen 90-luvun puolivälissä. 5) Tämä talvi on vuosisadan kylmin. 6) Tarja Halonen on ollut presidenttinä vuodesta 2000 (kaksituhatta). 7) Viime vuosisadan alussa Suomen ja Venäjän väliset suhteet olivat pahimmillaan.

名詞・形容詞の変化型
（p. 89 参照）

	単数主格	単数属格	単数分格	複数分格
1a	talo	talo**n**	talo**a**	talo**ja**
1b	numero	numero**n**	numero**a**	numero**ita/ja**
2	museo	museo**n**	museo**ta**	museo**ita**
3	kuva	kuva**n**	kuva**a**	kuv**ia**
3′	pare_m_pi	pare_mm_a**n**	parem_p_a**a**	parem_p_**ia**
4	oikea	oikea**n**	oikea**a/ta**	oike**ita**
5a	kala	kala**n**	kala**a**	kal**oja**
5b	peruna	peruna**n**	peruna**a**	perun**oita**
5c	sairaala	sairaala**n**	sairaala**a**	sairaal**oita/ja**
5c′	mansi_k_ka	mansi_k_ka**n**	mansi_k_ka**a**	mansi_k_**oita** / mansi_kk_**oja**
6a	tori	tori**n**	tori**a**	tor**eja**
6b	lääkäri	lääkäri**n**	lääkäri**ä**	lääkär**eitä/jä**
7	järvi	järve**n**	järve**ä**	järv**iä**
8	kieli	kiele**n**	kiel**tä**	kiel**iä**
8′	lohi	lohe**n**	loh**ta**	loh**ia**
9	käsi	käde**n**	kät**tä**	käs**iä**
9′	lapsi	lapse**n**	las**ta**	laps**ia**
10	vuo_d_e	vuotee**n**	vuo_d_et**ta**	vuote**ita**
11	vapaa	vapaa**n**	vapaa**ta**	vapa**ita**
12	maa	maa**n**	maa**ta**	ma**ita**
13	suo	suo**n**	suo**ta**	so**ita**
14	tytär	tyttäre**n**	tytär**tä**	tyttär**iä**
14′	puhelin	puhelime**n**	puhelin**ta**	puhelim**ia**
15	lä_m_min	lä_mp_imä**n**	lä_m_min**tä**	lä_mp_im**iä**
16	lähin	lähimmä**n**	lähin**tä**	lähimp**iä**
17	ihminen	ihmise**n**	ihmis**tä**	ihmis**iä**
18	mies	miehe**n**	mies**tä**	mieh**iä**
19	sormus	sormukse**n**	sormus**ta**	sormuks**ia**

20	oikeus	oikeude*n*	oikeu*tt*a	oikeuks*ia*
21	kolmas	kolmanne*n*	kolma*tt*a	kolmans*ia*
22	olut	olue*n*	olu*tt*a	olu*ita*
23	hammas	hampaa*n*	hammas*ta*	hampa*ita*
24	kevät	kevää*n*	kevä*ttä*	kevä*itä*
24′	väsynyt	väsynee*n*	väsyny*ttä*	väsyne*itä*

動詞の変化型
（p. 112 参照）

	第1不定詞	直説法 1人称単数現在	直説法 3人称単数過去	能動過去分詞
Ia	sano**a**	sano**n**	sano*i*	sano**nut**
Ib	salli**a**	salli**n**	salli	salli**nut**
Ic	laske**a**	laske**n**	lask*i*	laske**nut**
Ic′	tunte**a**	tunne**n**	tun*s*i	tunte**nut**
Id	muista**a**	muista**n**	muist*i*	muista**nut**
Id′	pyytä**ä**	pyydä**n**	pyy*si*	pyytä**nyt**
Ie	laula**a**	laula**n**	laulo*i*	laula**nut**
Ie′	saarta**a**	saarra**n**	saarto*i* saars*i*	saarta**nut**
IIa	saa**da**	saa**n**	sa*i*	saa**nut**
IIb	soi**da**	soi**n**	so*i*	soi**nut**
IIc	juo**da**	juo**n**	jo*i*	juo**nut**
IId	käy**dä**	käy**n**	käv*i*	käy**nyt**
IIe	näh**dä**	näe**n**	näk*i*	näh**nyt**
III	tul**la**	tule**n**	tul*i*	tul**lut**
IVa	nous**ta**	nouse**n**	nous*i*	nous**sut**
IVb	juos**ta**	juokse**n**	juoks*i*	juos**sut**
Va	tila**ta**	tilaa**n**	tilas*i*	tilan**nut**
Vb	halu**ta**	halua**n**	halus*i*	halun**nut**
VI	vali**ta**	valitse**n**	valits*i*	valin**nut**
VII	hälve**tä**	hälvene**n**	hälven*i*	hälven**nyt**

事項索引

1, 2 などの数字は課を，❶，❷ などの白抜き数字は当該の課の「文法解説」の番号を表わしています．

あ
《A が B になる》 18 ❹
《A に B がある》 6 ❺, 12 ❺
《A に B がない》 7 ❷
《A は B だ》 1 ❸, 10 ❸, 11 ❸, 12 ❶, 18 ❺
《A は B を持っていない》 9 ❶
《A は B を持っている》 4 ❼, 7 ❸
《同じ》 8 ❽

か
《…が》 1 ❶, 4 ❽
外来語 16 ❶
格変化(名詞・形容詞の) 9 ❺
過去完了 17 ❸
過去形 17 ❶, 18 ❸
過去分詞 17 ❶, 17 ❸
可算名詞 8 ❷, 12 ❺, 14 ❹
数の名前 10 ❶
関係代名詞 10 ❻, 15 ❽
期間の言い方 5 ❹
基数詞 5 ❸, 6 ❶
義務を表わす構文 8 ❻
疑問詞 1 ❹, 4 ❷, 5 ❶, 6 ❸, 9 ❹, 11 ❹, 13 ❹, 16 ❸
疑問文 4 ❸, 5 ❷, 16 ❺
敬称 12 ❶
形容詞の格変化 9 ❺
形容詞の語幹 9 ❺
形容詞の分類 9 ❺
結果構文 18 ❹
現在完了 17 ❸
現在時制 2 ❷
後置詞 10 ❷
語幹 4 ❶, 9 ❺, 11 ❻

国名・都市名とその形容詞 16 ❷

さ
子音階程交替 11 ❼, 17 ❼
指示代名詞 18 ❷
《…していい》 3 ❷
《…してください》 12 ❷
《…しなければならない》 8 ❻
《…しなさい》 3 ❹, 8 ❼
集合名詞 18 ❻
修飾語 1 ❷, 15 ❼
主格 1 ❶, 1 ❸, 4 ❼, 4 ❽, 12 ❺, 14 ❹, 18 ❹, 18 ❼
主語 1 ❶, 4 ❽, 6 ❻, 7 ❶, 17 ❼
手段の言い方 5 ❺
条件法 13 ❺, 14 ❶, 16 ❼
序数詞 6 ❹
所有接尾辞 3 ❸, 4 ❺, 10 ❹
所有文 4 ❼, 7 ❸, 9 ❶, 12 ❺
数詞 5 ❸, 6 ❶, 6 ❹
数量表現 12 ❹, 17 ❻
《すべて(の)》 13 ❸
《…するな》 13 ❶
《…する必要がない》 8 ❻
総称文 6 ❻
属格 1 ❷, 5 ❹, 8 ❷, 8 ❻, 10 ❹, 15 ❾, 16 ❹, 17 ❹
存在文 6 ❺, 7 ❷, 12 ❺

た
対格 9 ❸, 16 ❸
第3不定詞 13 ❻
《誰》 1 ❹, 16 ❸
《誰々の》 3 ❸, 4 ❺, 10 ❹, 16 ❹
単数{中へ}格形 15 ❸

233

単数分格形　7❺, 17❷
動作主分詞　15❾
動詞の語幹　11❻
動詞の分類　11❻
《どこから》　5❶
《どこに / で》　4❷
《どこへ》　6❸
《所から》　5❻
{所から}格　5❻, 8❹, 13❷, 15❶
{所で}格　2❹, 4❻, 4❼, 5❺, 6❺
《所に / で》　2❹
《所へ》　2❹
{所へ}格　2❹, 8❸
《どちらか》　15❻
《どの…も》　15❷
《どんな》　1❹
《どんな…でも》　14❷

な
《中から》　4❹
{中から}格　4❹, 8❶, 11❷, 18❹, 18❺
{中で}格　2❹, 6❺
《中に / で》　2❹
《中へ》　2❹
{中へ}格　2❹, 15❸
《なぜ》　9❹
《何》　1❹, 13❹
《何か》　11❶
《何を》　11❹
《…に違いない》　8❻
人称代名詞　9❸, 10❺
人称変化　2❶, 3❶, 4❶, 15❺

は
場所格　2❹, 4❹, 5❻, 17❺
比較級　16❻
否定疑問文　16❺
否定動詞　4❸, 5❷, 7❼, 16❺
否定文　7❷, 7❼, 8❷, 9❶, 13❶, 16❺, 17❶

不可算名詞　7❸, 8❷, 12❺, 14❹
副詞　3❺
複数分格形　9❻
付帯状況　18❼
物質名詞　12❻
不定詞　3❷, 8❻, 17❹
不定代名詞　8❽, 11❶, 13❸, 15❷, 15❹, 15❻
不定人称受動過去形　18❶
不定人称受動現在形　16❼
不定人称受動文　6❷, 7❹, 14❸
分格　2❸, 6❶, 7❸, 8❷, 10❸, 11❸, 12❹, 12❺, 14❹, 16❻, 18❹
《…へ行く》　7❻
《別の》　15❹
変格　9❷, 11❺
母音調和　2❺
補語　1❸, 10❸, 11❸, 12❶, 18❺

ま
未来　2❷, 17❸
名詞・形容詞の格変化　9❺
名詞・形容詞の語幹　9❺
名詞・形容詞の分類　9❺
命令文　3❹, 8❼, 12❷, 13❶
mennä と tulla　7❻
目的語　2❸, 7❽, 8❷, 8❻, 8❼, 9❸, 14❸, 14❹, 17❹
《…もまた》　9❼

や
様格　12❸
曜日　8❺

ら
《両方とも》　15❻

わ
《…を》　2❸, 7❽, 8❷, 9❸, 14❹

語句索引

語句索引には，各課の本文と文法解説中の例文に出てきた単語を収録しています．名詞・形容詞は単数主格形，動詞は第 1 不定詞の形が載っています．他の変化形も必要に応じて載せてありますが，その場合，> の右側にある形が，単数主格形あるいは第 1 不定詞の形になります．ページ数の関係で，すべての変化形が載っているわけではありません．asunnossa という形を調べたいときは asunno- の項，autossa を調べたいときは auto の項というように，調べたい形の途中までの形を使って調べてください．索引中の記号・略号は次の通りです．¦は複合語の構成要素の境を表わします．（属）は属格，（分）は分格，（中へ）は{中へ}格，（中で）は{中で}格，（中から）は{中から}格，（所へ）は{所へ}格，（所で）は{所で}格，（所から）は{所から}格，（様）は様格，（変）は変格，（欠）は欠格（「中級編」第 27 課❺参照），（不）は第 1 不定詞，（3 不）は第 3 不定詞，Px は所有接尾辞です．また，（属 +）はその語の前に属格が来ることを，（+ 分）はその語の後ろに分格が来ることを表わしています．各項目の最後の数字は，p. 231–2 の「名詞・形容詞の変化型 / 動詞の変化型」の分類番号を表わし，* は階程交替する語であることを示しています．

A

-a ［分格語尾］
aamu 朝 1a
-aiheinen …がテーマの 17
-aiheis- > -aiheinen
aika 時，…する(不)時間 5a*
aika かなり［無変化］
aikaisemmin 以前
aiko|a …する(不)つもりだ Ia*
ainoa 唯一の 4
aio- > aikoa
aivan 全く，とても
aja- > aika
ajatukse- > ajatus
ajatus …しよう(不)という考え 19
Aleksanterin¦kadu- > Aleksanterinkatu
Aleksanterin¦katu アレクサンダー通り 1a*
alka|a 始まる，…し(不)始める Ie*
alku 始まり 1a*
alku¦perä 源 3
alle¦kirjoitukse- > allekirjoitus
alle¦kirjoitus 署名 19
alu- > alku

ammati- > ammatti
ammatti 職業 6a*
-an ［不定人称受動現在形を作る語尾］
anna- > antaa
anne- > antaa
anta|a 人(所へ)に与える；（属）に…さ(不)せる Ie*
anteeksi ごめんなさい，すみません
antoi- > antaa
asiakas 顧客 23*
asiakkaa- > asiakas
asti （中 / 所へ +)まで；（中 / 所から +)から
asu- > asua
asu|a 住む，滞在する Ia
asukas 住人 23*
asukkaa- > asukas
asunno- > asunto
asunto 住居 1a*
asuntola 寮 5b
ateljee アトリエ 11
aurinko 太陽 1a*
auta! > auttaa
auto 自動車 1a

autonomia　自治権　5b
autta|a　(中で)で人(分)を / 人(分)が…する(3不)のを助ける　Ie*

B
baari　バー　6a
bussi　バス　6a
bussi¦lippu　バスの切符　1a*
bussi¦pysäkki　バスの停留所　6a*

C
CD-levy　CD　1a

D
-den　[複数属格語尾]

E
edessä　(属+)の前に
Eduskunta¦talo　国会議事堂　1a
eduskunta¦vaalit　国会議員選挙 [常に複数]　6a
ehdotus　(中から)についての提案　19
ehti- > ehtiä
ehti|ä　(中 / 所へ)に達する; …する(不)時間がある　Ib*
ei　[否定動詞]
eilen　昨日
eilinen　昨日の　17
eilis- > eilinen
eivät　[否定動詞]
eli　すなわち
elo¦kuva　映画　3
elo¦kuvi- > elokuva
emme　[否定動詞]
en　[否定動詞]
-en　[複数属格語尾]
enemmän　より多い
englanni- > englanti
englanti　英語　6a*
eniten　最も多い
ennen　(+分)より前に, …する前に (kuin)
ensi　次の [無変化]
ensiksi　最初に

ensimmäinen　最初の　17
ensimmäis- > ensimmäinen
ensimmäisen kerran　初めて
ensimmäistä kertaa　初めて
entä　それでは…は?
epä¦kunnossa　故障した
erikoisuus　特徴; 特産, 特製品　20
esitel|lä　人(所へ)に紹介する　III*
Esplanadi　エスプラナーディ通り　6a
Espoo　エスポー市　11
Etelä¦satama　南港　3
että　…と [接続詞]
etu¦käteen　前もって
euro　ユーロ　1a

G
grilli¦pihvi　ステーキ　6a

H
hae- > hakea
haise- > haista
hais|ta　(所から / 所へ)のにおいがする　IVa
hake|a　取ってくる, 迎えに行く; (分)を捜す; (分)を申し込む　Ic*
halki　(属+ / +属)を通って
halua- > haluta
halut|a　…する(不 / että 節)ことを望む　Vb
hammas¦lääkäri　歯医者　6b
-han　[語気を表わす小辞]
harva　少しの　5a
hauska　愉快な　5a
he　彼ら
hei　やあ
hei hei　それじゃあ
helppo　(…する(不)のは)易しい　1a*
Helsingi- > Helsinki
Helsinki　ヘルシンキ市　6a*
henkilö¦todistus　身分証明書　19
herkullinen　おいしい　17
herkullis- > herkullinen
heti　すぐに

hetkinen　少しの時間　17
hiljaa　静かに；じっと；ゆっくり
-hin　［複数{中へ}格語尾］
historia　歴史　5b
hotelli　ホテル　6b
huolissa+Px　（中から）が心配だ
huominen　明日の　17
huomis- > huominen
huone　部屋　10
huoneisto　アパート　1b
huonosti　不十分に
hyvin　良く，うまく；とても
hyvä　良い；（中で）が／…する(3不)のが得意だ　3
hyvänsä　［疑問詞と共に］どんな…でも
hän　彼，彼女
-hän　［語気を表わす小辞］

I
-i-　［過去を表わす］
-i-　［複数を表わす］
ihan　全く，とても
ihana　すてきな　3
ihminen　人　17
ihmis- > ihminen
ikkuna　窓　5b
ikäinen　（属+)歳の　17
ikävä　退屈な，いやな；（分）が恋しい　3
illa- > ilta
ilma　空気；天気　5a
ilmoittautu|a　登録する　Ia*
iloinen　陽気な，明るい；（中から）に喜んで　17
ilois- > iloinen
ilta　夕方　5a*
iltaisin　毎晩
innosta|a　人(分)を奮い立たせる，…する(3不)よう励ます　Id
innosti- > innostaa
insinööri　エンジニア　6a
-isi-　［条件法を表わす］
-isin　毎…
iso　大きい　1a

istu- > istua
istu|a　座る　Ia
itse　自身；自分で
itsenäinen　独立した，自立した　17
itsenäis- > itsenäinen
itsenäisty- > itsenäistyä
itsenäisty|ä　独立する　Ia
itsenäisyys¦päivä　独立記念日　3
-ittain　毎…
-ittäin　毎…

J
-j-　［複数を表わす］
ja　そして
Japani　日本　6a
japanilainen　日本人；日本の　17
japanilais- > japanilainen
jo　もう
johon > joka［関係代名詞］
joka　毎…，…ごとに［無変化］
joka　［関係代名詞］
jokin　何か
joku　誰か
jollet = jos et
jommankumman > jompikumpi
jompikumpi　どちらか
jonakin > jokin
jonka > joka［関係代名詞］
joo　［口語で］はい
jos　もし
jossakin > jokin
jotakin > jokin
jotka > joka［関係代名詞］
joulukuu　12月　12
juhla　祝い，祭り　3
juhla¦vastaanotto　祝賀パーティー　1a*
julkaisi- > julkaista
julkais|ta　出版する，発行する；載せる　IVa
juo- > juoda
juo|da　飲む　IIc
juttu　話　1a*

237

juuri 今しがた; ちょうど
jälkeen （属+)の後に
jälki¦ruoka デザート 3*
järvi 湖 7
jää- > jäädä
jää|dä （中/所へ)に留まる, (中/所から)から離れる (pois); (変)に終わる, …した(3不)ままでいる, …しない(3不/欠))ままになる IIa
jäätelö アイスクリーム 1b

K
-kaa ［2人称複数の命令形を作る語尾］
kaade- > kaataa
-kaan ［否定文で］…もまた
kaata|a ひっくり返す, 倒す; (中/所から)から(中/所へ)に注ぐ, こぼす Ie′*
kaatoi- > kaataa
kadu- > katu
kahde- > kaksi
kahta > kaksi
kahteen¦toista > kaksitoista
kahvi コーヒー 6a
kaike- > kaikki
kaiki- > kaikki
kaikki すべて(の) 7*
kakku ケーキ 1a*
kaksi 2 ［基数詞］
kaksi¦toista 12 ［基数詞］
kaku- > kakku
kala 魚 5a
kala¦ruoka 魚料理 3*
kangas 布 23*
kankaa- > kangas
kansa 国民, 民族; 人々 5a
kansallis¦eepokse- > kansalliseepos
kansallis¦eepos 民族叙事詩 19
Kansallis¦museo 国立博物館 2
kanssa （属+)と共に
kapina 暴動 5b
kassa 支払い窓口, レジ 5a
kasva|a （中から)から(変)に育つ; 増大する Ie

katedraali 大聖堂 6a
katseli- > katsella
katsel|la （分)を見る, 眺める III
katso! > katsoa
katso- > katsoa
katso|a （分)を/(中へ)の方を見る, (中/所から)で調べる Ia
katu 通り 1a*
kauan 長い間
kaukana 遠くに
kaunii- > kaunis
kaunis 美しい 23
kaupungi- > kaupunki
kaupungin¦osa 街区 3
kaupunki 街 6a*
kello 時計; …時 1a
kene- > kuka
kerran 一度; かつて
kerrokse- > kerros
kerros 階, 層 19
kerros¦talo 集合住宅 1a
kerta 機会 5a*
kerta¦lippu 一回券 1a*
kerto- > kertoa
kerto|a （中から)について人(所へ)に語る Ia*
kerät|ä 集める Va
kerää- > kerätä
keskellä （属+/+分)の真ん中に
keskusta 街の中心部 5c
kestä- > kestää
kestä|ä (時間が)かかる; 持ちこたえる Id
kesä 夏 3
keväisin 春ごとに
kevät 春 24
kevää- > kevät
kiele- > kieli
kieli 言語; 舌 8
kieli¦keskukse- > kielikeskus
kieli¦keskus 語学センター 19
kieli¦oppi 文法 6a*
kiilu|a 光る Ia

kiilue- > kiilua
kiinni 閉まっている；固定された
kiire （中／所へ）に急ぐ；…する(不)のに忙しい　10
kiitoksi- > kiitos
kiitos （中から）をありがとう　19
kilo キログラム　1a
kilo¦metri キロメートル　6a
kilpailu 競技　1b
-kin …もまた
kippis 乾杯！
kirja 本　5a
kirjasto 図書館　1b
kirje 手紙　10
kirjo- > kirja
kirjoita- > kirjoittaa
kirjoitta- > kirjoittaa
kirjoitta|a （中から）について（中／所へ）に書く　Id*
kirjoitti- > kirjoittaa
kiusaa- > kiusata
kiusat|a 人(分)をからかう，悩ます　Va
kiva （…して(不)）楽しい　5a
kivennäis¦vesi ミネラルウォーター　9
kivennäis¦vettä > kivennäisvesi
-ko ［疑問を表わす小辞］
-ko ［2人称複数の否定命令形を作る語尾］
kohta すぐに
koliko- > kolikko
kolikko 硬貨　1b*
kolmanne- > kolmas
kolmas 第3［序数詞］　21
kolme 3［基数詞］
kolme¦kymmentä¦kaksi 32［基数詞］
kolmen¦kymmenen¦kahden > kolmekymmentäkaksi
konserti- > konsertti
konsertti コンサート　6a*
kopio コピー　2
kopio¦kone コピー機　10
kortti カード　6a*
koska …なので
kotiin 家へ

kotoisin （中から)出身の
kotona 家で，家に
koulu 学校　1a
kova 硬い；厳しい；…する(3不)のに熱心な　3
-ksi ［変格語尾］
kuin …よりも
kuinka どう，どのように
kuinka kauan? どれくらい長く
kuinka kaukana? どれくらい遠くに
kuitenkin けれども
kuitti 領収書　6a*
kuka 誰
kuka tahansa 誰でも，どんな人でも
kukka 花　3*
kukki- > kukka
kuljettaja 運転手　3
kulta 金　3*
kumpikaan ［否定文で］どちらも…ない
kumpikin どちらも
kun …する／した時；なので
kunnes …するまで
kuppi コップ　6a*
kurssi コース；交換レート　6a
kurssi¦maksu 受講料　1a
kutsu- > kutsua
kutsu|a （分）を(変)と呼ぶ；（中／所へ）に(変)として／…する(3不)よう招く　Ia
kuude- > kuusi
kuuden¦toista > kuusitoista
kuudes 第6［序数詞］　21
kuukaude- > kuukausi
kuukausi 1か月　9
kuukautta > kuukausi
kuule- > kuulla
kuul|la (että節)を／（中から）について聞く，（中から）で／人(所から)から聞く　III
kuulosta|a （所から）に聞こえる　Id
kuulu- > kuulua
kuulu|a 聞こえる；（中／所へ）に属する　Ia
kuuluisa 有名な　3

kuume 熱 10
kuunnel|la （分）を聴く III*
kuuntele- > kuunnella
kuusi 6 [基数詞] 9
kuusi｜toista 16 [基数詞] 9
kuva 絵，写真 3
kuvi- > kuva
kuvitel|la （että 節）だと / （変）と想像する III*
kuvitteli- > kuvitella
kyllä はい；確かに
kylmä 寒い，冷たい 3
kymmenen 10 [基数詞] 14
-kä [否定文で；語気を表わす小辞]
käde- > käsi
kännykkä 携帯電話 5c′*
kännykä- > kännykkä
käsi 手 9
käsittä|ä 理解する；含む Id*
käteinen 現金 17
käteis- > käteinen
kävele- > kävellä
kävel|lä 歩く III
kävi- > käydä
käy- > käydä
käy｜dä （中 / 所で）に行く，…し（3 不（中で））に行く；動く；起こる；合う，都合がいい；通用する IId
-kää [2 人称複数の命令形を作る語尾]
-kään [否定文で] …もまた
-kö [疑問を表わす小辞]
-kö [2 人称複数の否定命令形を作る語尾]

L

lahja プレゼント 5a
lahja｜paketi- > lahjapaketti
lahja｜paketti 贈り物の小包 6a*
laina 借り物；（中へ）のための借金 5a
lainat|a 人（所へ）に貸す；（中へ）のために（中 / 所から）から借りる Va
laiva 船 5a
lapse- > lapsi
lapsi 子供 9′

lasi ガラス；コップ 6a
lasku 勘定，請求 1a
lasta > lapsi
laukku かばん 1a*
lauku- > laukku
laula|a 歌う Ie
laule- > laulaa
laulu 歌 1a
Lauttasaare- > Lauttasaari
Lauttasaari ラウッタサーリ [地名] 8
lehtiö 帳面 2
leipä パン 3*
lento｜asema 空港 3
levähde- > levähtää
levähtä|ä 休む Id*
levät|ä 休む Va*
liian あまりにも
liikku- > liikkua
liikku|a 動く Ia*
liite- > liittää
liittä|ä （中へ）にくっつける Id*
lintu 鳥 1a*
lippu 旗；（中 / 所へ）の切符 1a*
lipu- > lippu
lisäksi （属+）に加えて；さらに
lisää もっと多くの（+ 分）
-lla [{所で}格語尾]
-lle [{所へ}格語尾]
-llä [{所で}格語尾]
lohi 鮭 8′
lohta > lohi
loma 休暇 3
lomake 申込み用紙 10*
lotto｜voito- > lottovoitto
lotto｜voitto ロットの当たり 1a*
lounas 昼食 23
-lta [{所から}格語尾]
-ltä [{所から}格語尾]
lue- > lukea
luento 講義 1a*
luento｜lehtiö 講義ノート 2
luke|a （中から）で読む，（中 / 所で）に…と書いてある Ic*

-luku …年代 1a*
luokka¦toveri クラスメート 6b
luonne 性質 10*
luontee- > luonne
luonto 自然 1a*
luonto¦polku 自然歩道 1a*
luotto¦kortti- > luottokortti
luotto¦kortti クレジットカード 6a*
luuli- > luulla
luul|la (että 節)だと思う；(分)を(変)と思う III
luultavasti たぶん
-luvu- > -luku
lyhyt 短い 22
lyijy¦kyni- > lyijykynä
lyijy¦kynä 鉛筆 3
lähde- > lähteä
lähdö- > lähtö
läheinen 近くの 17
läheis- > läheinen
lähellä (属+/+分)の近くに
lähete- > lähettää
lähettä- > lähettää
lähettä|ä (中/所から)から(中/所へ)へ送る；…し(3不)に…を行かせる；放送する Id*
lähetä- > lähettää
lähin 最も近い 16
lähi¦päivi- > lähipäivät
lähi¦päivät 次の数日間 [通例複数] 3
lähte- > lähteä
lähte|ä …し(3不)に出かける；…が取れる Ic*
lähti- > lähteä
lähtö 出発 1a*
länsi 西 9
länte- > länsi
läntinen 西の 17
läntis- > läntinen
lääkäre- > lääkäri
lääkäri 医者 6b

M
-ma [動作主分詞を作る語尾]
maa 地面，陸；国；田舎 12
maalasi- > maalata
maalat|a (変)に塗る Va
maalaukse- > maalaus
maalauksi- > maalaus
maalaus 絵 19
maalaus¦taide 絵画芸術 10*
maalaus¦taitee- > maalaustaide
maali 的；ゴール 6a
-maan [第3不定詞を作る語尾]
maanantai 月曜日 12
mahtu- > mahtua
mahtu|a …する(3不)のに(中/所へ)に収容できる Ia*
maissa およそ
maistu- > maistua
maistu|a (所から/所へ)の味がする Ia
makea 甘い 4
maksa- > maksaa
maksa|a (中から)について(中/所へ)に(所で)で支払う Ie
makse- > maksaa
Mannerheimin¦tie マンネルヘイム通り 13
marja ベリー 5a
marjo- > marja
marssi- > marssia
marssi|a 行進する Ib
matka 旅；距離 5a
matka¦šeki- > matkašekki
matka¦šekki 旅行小切手，トラベラーズチェック 6a*
matkustaja 旅行者 3
matkustaja¦lauta- > matkustajalautta
matkustaja¦lautta フェリー 5a*
matkustaja¦lautto- > matkustajalautta
me 私たち
melkein ほとんど
mene- > mennä
meni- > mennä
men|nä …しに(3不)行く III

meno　行くこと；支出　1a
mere- > meri
meri　海　8
metsi- > metsä
metsä　森　3
mielen¦kiintoinen　興味深い　17
mielen¦kiintois- > mielenkiintoinen
mieluummin　むしろ
mihin > mikä　どこへ
mihin aikaan?　何時に
miksi　なぜ
mikä　何
mikä hyvänsä　何でも，どんなものでも
mikään　［否定文で］何も
miljoona　100万［基数詞］　3
millainen　どんな　17
millais- > millainen
milloin　いつ
milloin tahansa　いつでも，どんな時でも
miltä > mikä
minkä > mikä
minkä värinen?　どんな色
minne　どこへ
minu- > minä
minuutti　分　6a*
minä　私
minä > mikä
missä > mikä　どこで，どこに
mistä > mikä　どこから
miten　どうやって
mitä > mikä
mitä hyvänsä > mikä hyvänsä
mitään > mikään
-mme　［1人称複数人称語尾］；［1人称複数所有接尾辞］
moderni　現代的な　6a
molemmat　両方［常に複数］　3′*
mone- > moni
moneltako?　何時に
monesko? (= kuinka mones?)　何番目
moni　多くの　8′
monta > moni
montako? (= kuinka monta?)　どれくらい

montako (= kuinka monta) kertaa?　何回
mopo　原動機付自転車　1a
-mpi　［比較級を作る語尾］
mukaan　（属+）によれば；（属+）と一緒に
mukana　（属+）と共に
museo　博物館　2
musiikki　音楽　6a*
mustikka　ブルーベリー　5c*
mustiko- > mustikka
mutta　しかし
muu　他の　12
muuten　他の点では；違ったふうに；さもなければ；ところで
muutta- > muuttaa
muutta|a　（変）に変える；（中/所から）から(中/所へ)に引越す　Id*
myrkyllinen　毒がある　17
myrkyllis- > myrkyllinen
myrsky　嵐　1a
myy- > myydä
myy|dä　（中/所へ）に売る　IIa
myöhemmin　後で
myöhä　遅い　3
myöhästy- > myöhästyä
myöhästy|ä　（中/所から）に遅れる　Ia
myös　…もまた
-mä　［動作主分詞を作る語尾］
-mään　［第3不定詞を作る語尾］
möki- > mökki
mökki　コテージ　6a*

N
-n　［1人称単数人称語尾］
-n　［単数属格語尾］
-n　［母音+nで；3人称所有接尾辞］
-n　［母音+nで；{中へ}格語尾］
-na　［様格語尾］
naapuri　隣人　6b
naimisiin　結婚する（mennä）
nainen　女　17
nais- > nainen
ne　それら
neljä　4［基数詞］　3

neljänne- > neljäs
neljännes　4分の1　19
neljäs　第4［序数詞］　21
nelonen　4番　17
nelos- > nelonen
neuvo　助言　1a
neuvoja　アドバイザー　3
neuvonta¦toimisto　相談室　1b
-ni　［1人称単数所有接尾辞］
niin　そのように；そんなに，とても
nime- > nimi
nimi　名前　7
-nne　［2人称複数所有接尾辞］
no　［間投詞］
noin　およそ
nolla　0［基数詞］　3
nopeasti　速く
nosta- > nostaa
nosta|a　（持ち）上げる；（預金を）おろす　Id
noste- > nostaa
nosti- > nostaa
nouse- > nousta
nousi- > nousta
nous|ta　（中／所へ）に上がる；（中／所へ）に乗る；（中／所から）から降りる（pois）；起きる　IVa
-nsa　［3人称所有接尾辞］
-nsä　［3人称所有接尾辞］
numero　番号；サイズ；雑誌の号；数字　1b
nuore- > nuori
nuori　若い　8
-nut　［能動過去分詞を作る語尾］
nyky¦taide　現代美術　10*
nyky¦taitee- > nykytaide
nyt　今
-nyt　［能動過去分詞を作る語尾］
-nä　［様格語尾］
näe- > nähdä
näh|dä　見る；（中から）から（että 節）がわかる　IIe*
nähtävyyksi- > nähtävyys

nähtävyys　見所　20
näi- > nähdä
näkemiin　さようなら
näky- > näkyä
näky|ä　見える　Ia*
näkö¦ala　眺め　5a
nämä　これら（の）
näyttä- > näyttää
näyttä|ä　人（所へ）に（että 節）を見せる，示す；（所から）のように見える　Id*

O

odota- > odottaa
odotta|a　（分）を待つ　Id*
ohut　薄い，細い　22
oikea　右の；正しい，本物の，公正な　4
oikein　正しく，公正に，正確に；とても
oikeuksi- > oikeus
oikeus　（中へ）の／…する（不）権利；正義；法廷　20
ol- > olla
ole- > olla
ole hyvä　どうぞ
oli- > olla
olkaa hyvä　どうぞ
ol|la　いる，ある；…である；…して（3不（中で））いる，…しないで（3不（欠））いる　III
oma　自分の　3
omakoti¦talo　一戸建て　1a
omena　リンゴ　3／5b
omeno- > omena
on > olla
ongelma　問題　3
onne- > onni
onni　（幸）運，…して（不）幸運　7
opettaja　教師　3
opinno- > opinnot
opinnot　勉学［常に複数］　1a*
opiskel- > opiskella
opiskele- > opiskella
opiskelija　学生　5b
opiskelijo- > opiskelija

243

opiskel|la （分）を / (変)めざして勉強する　III
osa　部分，(中から）の / (分）の一部；部品；役；[ottaa osaaで]（中へ）に参加する　3
osaa- > osata
osallistu- > osallistua
osallistu|a （中へ）に参加する　Ia
osat|a …する(不)能力がある，やり方を知っている　Va
osoite　住所　10*
osoittee- > osoite
osta- > ostaa
osta|a （中 / 所から）で買う　Id
oste- > ostaa
osti- > ostaa
ota! > ottaa
ota- > ottaa
ote- > ottaa
otta|a　取る，入れる　Id*
ovat > olla

P

-pa　[語気を表わす小辞]
paet|a （中 / 所から）から（中 / 所へ）へ逃げる，（分）を逃れる　VII*
paha　悪い，ひどい　5a
paika- > paikka
paikka　場所　5a*
paina|a　押し付ける；印刷する；重さがある；（分）にのしかかる　Ie
paista|a　照る，輝く　Ie
paketi- > paketti
paketti　小包　6a*
paksu　厚い，太い　1a
palanee- > palanut
palanut　燃えた，焦げた　24'
paljon　たくさん；[比較級で] もっと
paljonko? (= kuinka paljon?)　どれくらい
palka- > palkka
palkka （中から）への給料　5a*
panki- > pankki
pankki　銀行　6a*

pankki|automaati- > pankkiautomaatti
pankki|automaatti　現金自動支払機　6a*
pankki|korti- > pankkikortti
pankki|kortti　キャッシュカード　6a*
parane- > parata
paras　最も良い　23
parat|a　良くなる　VII
parempi　より良い　3'*
passi　パスポート，旅券　6a
patsaa- > patsas
patsas　像；柱　23
pelaa- > pelata
pelat|a　競技やゲーム（分）をする　Va
pelkää- > pelätä
pelät|ä　(分）を / …する(不)のを怖がる，怖れる　Va*
pensaikko　茂み　1b*
pensaiko- > pensaikko
perillä　行き先に
perjantai　金曜日　12
peräkkäin　連続して
pian　間もなく
pidi- > pitää
pidä- > pitää
piene- > pieni
pieni　小さい　8
piha　中庭　5a
pihvi　ステーキ　6a
piirtä- > piirtää
piirtä|ä　描く；設計する　Id'*
pika|paketti　速達小包　6a*
pilve- > pilvi
pilvi　雲　7
piti- > pitää
pitkin （+分 / 分+）に沿って
pitkä　長い　3
pitä|ä　手に持つ，保つ；催す；（分）を（様）とみなす；（中から）を好む；（属）は…し(不)なければならない　Id*
pohjoinen　北の　17
pohjois- > pohjoinen
pohjois|puole- > pohjoispuoli
pohjois|puoli　北側　8

poika 少年; 息子 3*
pois 離れて
poistu- > poistua
poistu|a （中/所から）から離れる，失せる Ia
poja- > poika
poliittinen 政治的な 17
poliittis- > poliittinen
polku¦pyörä 自転車 3
poske- > poski
poski 頬 7
posti 郵便; 郵便局 6a
postitse 郵便で
presidenti- > presidentti
Presidentin¦linna 大統領官邸 5a
presidentti 大統領 6a*
prosentti （中から）の/（分）が…パーセント 6a*
puhe 話，会話; 演説 10
puhelin 電話 14′
puhelin¦lasku 電話料金 1a
puhelu¦kortte- > puhelukortti
puhelu¦kortti テレホンカード 6a*
puhu- > puhua
puhu|a （分）を/（中から）について人（所へ）に話す Ia
puikko 箸 1a*
puiko- > puikko
pullo ビン 1a
Puna¦hilkka 赤ずきん 5a*
punainen 赤い 17
punais- > punainen
punnit|a 重さを測る VI
punnitse- > punnita
puole- > puoli
puoli 半分; 側 8
puoli¦raaka ミディアム 5a*
puoli¦toista 1.5 8
puolukka コケモモ 5c*
puoluko- > puolukka
pur|ra （分）を噛む，（中へ）に噛みつく III
puu 木 12

pysäki- > pysäkki
pysäkki 停留所 6a*
pyysi- > pyytää
pyytä- > pyytää
pyytä|ä （中/所から）に（分）を求める，（分）に…する（3不）ことを求める; （中/所へ）に招く Id*
-pä ［語気を表わす小辞］
päin （+分/分+）に向って，（中/所へ+）に向って; （中/所から+）の方から; （中/所で+）あたりに
päivä 日中; 一日 3
päivällinen ディナー 17
päivällis- > päivällinen
pää 頭; 先端 12
pää¦kaupunki 首都 6a*
päällä （属+）の上に; …を着て
pää¦rakennukse- > päärakennus
pää¦rakennus 本館 19
pääse- > päästä
pääs|tä （中/所へ）に達する，（中/所から）から逃れる，（中/所へ）に受け入れられる; …する（3不）ことができる IVa
pöydä- > pöytä
pöytä 机，テーブル 3*
pöytä¦varaus レストランの席の予約 19

R

raha お金 5a
raitio¦vaunu 市電 1a
rakennukse- > rakennus
rakennus 建物 19
ranta 岸 5a*
Rautatien¦tori 駅前広場 6a
ravintola レストラン 5b
reppu ナップサック 1a*
ruoa- > ruoka
ruoka 食べ物，料理; 食事 3*
ruoka¦lista メニュー 5a
ruuan > ruoka

S

-s ［語気を表わす小辞］
saa- > saada
saa｜da 得る，受け取る；…が…する（3不）ようにする；…して(不)よい　IIa
saakka （中/所へ+)まで；（中/所から+)から
sada- > sata
sai- > saada
sairaa- > sairas
sairas 病気の　23
sama 同じ　5a
samanlainen 似た　17
samanlais- > samanlainen
samoin 同じように
sana 単語；メッセージ　5a
sana｜kirja 辞書　5a
sano- > sanoa
sano｜a （中から)について人(所へ)に言う，話す，述べる；（分)を(変)と呼ぶ　Ia
sarja シリーズ，セット　5a
sata 100［基数詞］　5a*
sata｜a 雨が降る　Ie*
sauna サウナ　5a
sauna｜vuoro サウナの順番　1a
se それ
-seen ［単数{中へ}格語尾］
seitsemä- > seitsemän
seitsemän 7［基数詞］　3
sekä ［sekä A että B で］A も B も
selkä 背中　3*
sellainen そのような　17
sellais- > sellainen
selä- > selkä
Senaatin｜tori 上院広場　6a
sentti セント［通貨単位］　6a*
setele- > seteli
seteli 紙幣　6b
seuraava 次の　3
seurat｜a （分)に従う；（分)について行く；（分)を継ぐ；（分)の/(中から)の結果…が起こる　Va
seurate- > seurata

-si ［2人称単数所有接尾辞］
siellä そこで
sieni きのこ　8
siihen > se
siihen aikaan その時
-siin ［複数{中へ}格語尾］
siis それで，だから
siisti こぎれいな，きちんとした　6a
siitä > se
siivoa- > siivota
siivot｜a 掃除をする　Vb
sijait｜a 位置する　VI
sijaitse- > sijaita
sille > se
silloin その時(kun)
silmä 目　3
siltä > se
sinne そこへ
sinu- > sinä
sinä 君
sisko 姉，妹　1a
sitten 次に；それなら；…前に
sitä > se
soi- > soida
soi｜da 鳴る　IIb
soihtu たいまつ　1a*
soita- > soittaa
soitta｜a （分)を演奏する；（分)を鳴らす；（中/所へ)に電話をかける　Id*
sopi- > sopia
sopi｜a （中/所へ)に合う；（変)にふさわしい；…する(不)のが適切な；人(所へ)に(että 節)が都合がいい；（中から)について/(että 節)と取り決める　Ib*
sopiva （中/所へ)に合った　3
sormukse- > sormus
sormus 指輪　19
sorre- > sortaa
sorta｜a 抑圧する　Id*
sorto 抑圧　1a*
sovitta｜a 合わせる，調整する；（分)を試着する　Id*
-ssa ［{中で}格語尾］

246　語句索引

-ssä　［{中で}格語尾］
-sta　［{中から}格語尾］
-sti　［副詞を作る語尾］
-stä　［{中から}格語尾］
suju- > sujua
suju|a　うまく行く　Ia
suku　一族，家系　1a*
summa　合計　3
suo　沼　13
suomalainen　フィンランド人；フィンランドの　17
suomalais- > suomalainen
suome- > suomi
Suome- > Suomi
suomi　フィンランド語　7
Suomi　フィンランド　7
suora　まっすぐな；直接的な　3
suoraan　まっすぐ；率直に
suositel|la　（分）を／(että 節)を(中／所へ)に薦める，（分）を(変)として推薦する　III*
suosittele- > suositella
susi　オオカミ　9
suunnitelma　計画　3
suunnitelmi- > suunnitelma
suunta　方向，傾向　3*
suuri　大きい　8
syksy　秋　1a
syksyisin　秋ごとに
symboli　シンボル　6b
synty- > syntyä
syntymä¦päivä　誕生日　3
synty|ä　(中／所へ)に／(中／所から)から生まれる　Ia*
syys¦lukukausi　秋学期　9
syö- > syödä
syö|dä　食べる　IIc
syötävi- > syötävä
syötävä　食べられる　3
säilyttä|ä　保つ，保存する，維持する　Id*
säilytä! > säilyttää
sävellykse- > sävellys

sävellys　作曲　19
sävelsi- > säveltää
säveltäjä　作曲家　3
säveltä|ä　作曲する　Id'*
sää　天気　12

T
-t　［2 人称単数人称語尾］
-t　［複数主格語尾］
-ta　［分格語尾］
-taan　［不定人称受動現在形を作る語尾］
tahansa　［疑問詞と共に］どんな…でも
tai　あるいは
taiteilija　芸術家　5b
taiteilijo- > taiteilija
taivaa- > taivas
taivas　空，天　23
takana　（属＋）の後ろに，向こうに
takki　コート，ジャケット　6a*
talo　家　1a
talve- > talvi
talvi　冬　7
Tampere　タンペレ市　10
Tamperee- > Tampere
tanssi- > tanssia
tanssi|a　踊る　Ib
tapaa- > tavata
tapahtu- > tapahtua
tapahtu|a　人(所へ)に…が起こる　Ia*
tapasi- > tavata
tarjoa- > tarjota
tarjoilija　ウエイター，ウエイトレス　5b
tarjot|a　(所へ)に提供する，給仕する，おごる；(中から)に…を払う　Vb
tarkoite- > tarkoittaa
tarkoitta|a　（分）を／(että 節)を意味する，…する(不)ことを意図する　Id*
tarpeeksi　十分に
tarvit|a　(中へ)に(分)を必要とする；［否定文で］(属)は…する(不)必要がない　VI
tarvitse- > tarvita
tasan　ちょうど

247

tavallinen 普通の 17
tavallis- > tavallinen
tavara¦talo デパート 1a
tavat|a 会う Va*
te 君たち; あなた [敬称]
teh|dä する，行う; (中から)から作る; (変)にする IIe*
tei- > tehdä
televisio テレビ 2
tennis テニス 19
terve 健康な; やあ，じゃあ 10
tervetuloa ようこそ
tie 道 13
tiede- > tietää
tiedä- > tietää
tiennyt > tietää
tietysti もちろん
tietä|ä (中から)で知る, (中から)について / (että 節)を知っている Id'*
-tiin [不定人称受動過去形を作る語尾]
tila 場所; 状態 5a
tili 口座 6a
tili¦numero 口座番号 1b
todellisuude- > todellisuus
todellisuus 現実 20
todennäköisesti おそらく
toime- > toimi
toimi 職; 仕事, 行動; [tulla toimeen で] うまくやる 8
toimisto 事務所 1b
toinen 第2 [序数詞]; 別の; 一方の 17
tois- > toinen
tori 広場 6a
torni 塔 6a
torstai 木曜日 12
totta 本当 [無変化]
-tta [単数分格語尾]
-ttaisiin [不定人称受動条件法現在形を作る語尾]
-tte [2人称複数人称語尾]
-ttiin [不定人称受動過去形を作る語尾]
-ttä [単数分格語尾]
-ttäisiin [不定人称受動条件法現在形を作る語尾]

tuhanne- > tuhat
tuhansi- > tuhat
tuhat 1000 [基数詞] 21
Tukholma ストックホルム 3
tul- > tulla
tule! > tulla
tule- > tulla
tuli- > tulla
tul|la …し(3不)に来る，…して(3不(中から))戻る, (中から)が…になる, (変)になる; (属)は…し(不)なければならない III
tumman¦ruskea 濃い茶色の 4
tunni- > tunti
tunti 一時間; 授業 6a*
tunto¦merkki 目印 6a*
tuntu- > tuntua
tuntu|a 感じる; (所から)のように感じられる，見える Ia*
tuo あれ
tuo! > tuoda
tuo- > tuoda
tuo|da (中/所から)から(中/所へ)に持って来る，もたらす，輸入する IIc
tuoksu- > tuoksua
tuoksu|a (所から/所へ)の香りがする Ia
tuolla あそこに，そこに
tuollainen あんな，そんな 17
tuollais- > tuollainen
Tuomio¦kirkko 大聖堂 1a*
Turku トゥルク市 1a*
Turu- > Turku
turvallinen 安全な 17
turvallis- > turvallinen
tusina ダース 5b
tutkimus¦laitoksi- > tutkimuslaitos
tutkimus¦laitos 研究機関 19
tuttava 知り合い 3
tutustu|a (中へ)をよく知る Ia
tyhmä 馬鹿な 3
tytär 娘 14*

työ 仕事; 職; 作品 13
-tä ［分格語尾］
tähän > tämä
tämä これ
tänään 今日
tässä > tämä
tästä > tämä
tätä > tämä
täynnä （分）でいっぱいの［無変化］
täysi いっぱいの，完全な 9
täyttä > täysi
täyttä- > täyttää
täyttä|ä 満たす，いっぱいにする；記入する；実現する Id*
täyty- > täytyä
täyty|ä （属）は…し(不)なければならない，…(不)にちがいない Ia*
täytä- > täyttää
täällä ここに
-tään ［不定人称受動現在形を作る語尾］

U

ulkomaalainen 外国人 17
ulkomaalais- > ulkomaalainen
usein しばしば
uudelleen もう一度

V

vaalean¦ruskea 薄い茶色の 4
vaan …ではなくて
vaate¦kaupa- > vaatekauppa
vaate¦kauppa 洋品店 5a*
vai ［疑問文で］それとも；驚き，反論，憤慨，軽蔑といったニュアンスを表わす
vaihda- > vaihtaa
vaihta|a （中へ）に変える，交換する，（中へ）に替えの…をつける；（変）に両替する；（中へ）に乗換える Ie*
vaihto-oppilaa- > vaihto-oppilas
vaihto-oppilas 交換留学生 23
vaikea （…する(不)のは）難しい 4
vaikka けれども，たとえ…でも；例えば
vaikutta|a （所から）のように思われる；（中へ）に影響を及ぼす Id*
vailla （分＋/＋分）なしで，不足で
vaille （分＋/＋分）なしで，不足で
vaimo 妻 1a
vain ただ…だけ；［疑問詞と共に］どんな…でも
valehtelija 嘘つき 5b
valit- > valita
valit|a （変）に/…する(3不)よう…を選ぶ VI
valitettavasti 残念ながら
valitse! > valita
valitse- > valita
valitsi- > valita
valkoinen 白い 17
valko¦viini 白ワイン 6a
valtio¦neuvosto 政府 1b
valuutta 通貨 5a*
vanha 古い，年をとった 5a
vanhastaan 古くから
vanhemmat 両親［通例複数］ 3'*
vanhemmi- > vanhemmat
Vantaa ヴァンター市 11
vapaa （中から）から自由な，妨げのない，自由に…(3不)できる；空いた，予定がない，休みの；無料の 11
vapai- > vapaa
varasi- > varata
varat|a （中/所へ）のために/（中/所から）に予約する；貯める Va
varma （中から）について確信した；確かな，確実な；確固たる；自信のある 5a
varmasti きっと
varrella （属＋）の途中で；（属＋）沿いに
vartti 4分の1 6a*
vasemma- > vasen
vasen 左の 16
vasta …になって初めて；まだ；ちょうど，（…した）ばかり
vastaan （分＋）に反対して，対抗して；（分＋）に向って；（分＋）と引き換えに
vastapäätä （分＋/＋分）の向い側に
-vat ［3人称複数人称語尾］

249

Venäjä　ロシア　3
vie! > viedä
vie|dä　(中 / 所から)から(中 / 所へ)に持って行く，輸出する; …し(3 不)に連れて行く; 奪う; 要する; 導く　IIc
vielä　まだ; さらに; [比較級で]もっと
vierai- > vieras
vieras　なじみのない，異質の; 客; 見知らぬ人　23
viereinen　隣の　17
viereis- > viereinen
vieressä　(属 +)の隣に
vietto　(時間を)過ごすこと; お祝い　1a*
viettä|ä　(分)を過ごす; (分)を祝う　Id*
vietä- > viettää
vihdoin　ついに
viidenne- > viides
viides　第 5 [序数詞]　21
Viiki- > Viikki
Viikki　ヴィーッキ [地名]　6a*
viikko　週　1a*
viiko- > viikko
viikon¦loppu　週末　1a*
viikon¦lopu- > viikonloppu
viipy|ä　滞在する，とどまる; ぐずぐずする　Ia*
viisi　5 [基数詞]　9
viisumi　ビザ，査証　6b
viite- > viisi
viittä > viisi
viivy- > viipyä
vilustu- > vilustua
vilustu|a　風邪をひく　Ia
virkailija　事務員，公務員　5b
voi　[間投詞]
voi- > voida
voi|da　…(不)できる; …の状態にある　IIb
voima　…する(不)力　3
voimi- > voima
voitta|a　(中で)勝つ，勝ち取る　Id*
vuode　ベッド　10*
vuode- > vuosi

vuokrasi- > vuokrata
vuokrat|a　人(所へ)に貸す; (中 / 所から)から借りる　Va
vuoksi　(属 +)のために; (属 +)のせいで
vuonna > vuosi
vuorotel|la　順番でする，交互に起こる　III*
vuorotelle- > vuorotella
vuosi　1 年　9
vuosi¦sada- > vuosisata
vuosi¦sata　世紀　5a*
vuote- > vuosi
vuotee- > vuode
-vuotias　…歳の　23
vuotta > vuosi
vähän　少し，少しの(分)
välillä　((複数)属 +)の間に
väli¦tunni- > välitunti
väli¦tunti　休み時間　6a*
välitys¦palkkio　仲介手数料　2
värinen　…色の　17
väsynyt　(中から)で / …する(3 不)のに疲れた; (中へ)に / …する(3 不)のに飽きた　24′
-vät　[3 人称複数人称語尾]
väärin　間違って
väärin¦käsitys　誤解　19
väärä　曲った; 異常な; 誤った; 不適切な　3

Y
yhde- > yksi
yhdeksäs　第 9 [序数詞]　21
yhtä　…と同じく (kuin)
yhtään　[否定文で]少しも…ない; [肯定文で]少しは
ykkös¦kanava　1 チャンネル　3
yksi　1 [基数詞]
yli　(属 + / + 属)を越えて
ylimmä- > ylin
ylin　最も高い　16
yli¦opisto　大学　1b
ymmärrä- > ymmärtää

ymmärtä- > ymmärtää
ymmärtä|ä （分)が / (että 節)がわかる
 Id′*
yskä 咳 3
ystävä 友だち 3
yö 夜 13
yö¦kerho ナイトクラブ 1a

Ä
-ä ［分格語尾］
älä ［語幹と共に］…するな
-än ［不定人称受動現在形を作る語尾］
ääni 音; 声; 票 8

著者紹介

佐久間淳一（さくまじゅんいち）

名古屋大学大学院文学研究科教授．専門は言語学，統語論．1963年東京生まれ．東京大学文学部，同大学院人文科学研究科で言語学を学ぶ．フィンランド語との出会いは1985年．以来，フィンランドへの渡航多数．94年，96年にはヘルシンキで生活．91年から94年にかけて東海大学文学部でフィンランド語を教えた．

フィンランド語のすすめ　初級編

2004年6月20日　初版第1刷発行
2017年1月20日　　　第6刷発行

著者
佐久間淳一

© 2004　Jun'ichi Sakuma

KENKYUSHA
〈検印省略〉

発行者
関戸雅男

発行所
株式会社　研　究　社

〒102-8152　東京都千代田区富士見 2-11-3
電話　営業 03-3288-7777　編集 03-3288-7711
振替　00150-9-26710
http://www.kenkyusha.co.jp

印刷所
研究社印刷株式会社

装丁
吉崎克美

ISBN 978-4-327-39410-3　C0087　Printed in Japan

SUOMI

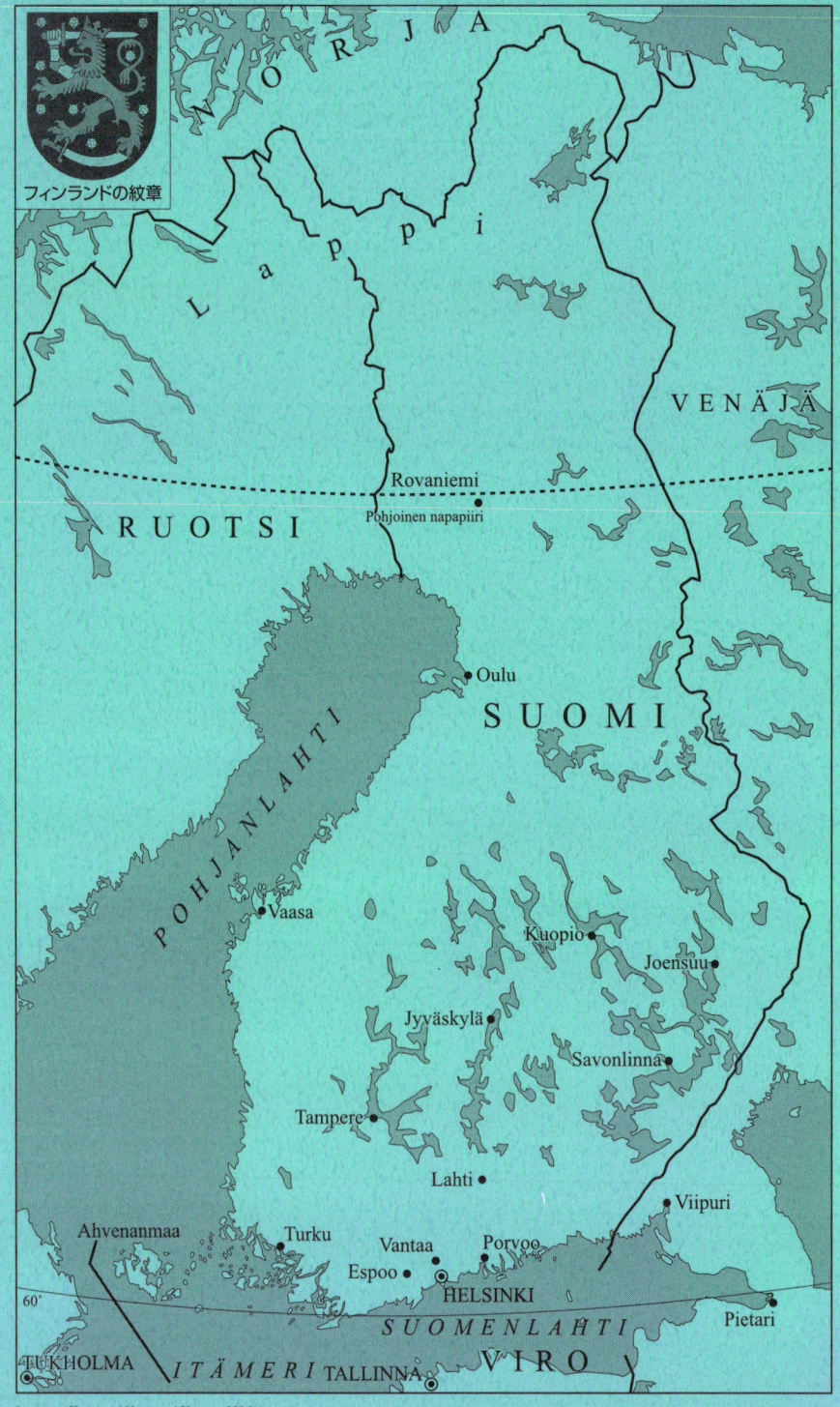

フィンランドの紋章

NORJA

Lappi

RUOTSI

VENÄJÄ

Rovaniemi
Pohjoinen napapiiri

Oulu

SUOMI

POHJANLAHTI

Vaasa

Kuopio

Joensuu

Jyväskylä

Savonlinna

Tampere

Lahti

Viipuri

Ahvenanmaa

Turku Vantaa Porvoo
Espoo
HELSINKI

60°

Pietari

TUKHOLMA ITÄMERI TALLINNA SUOMENLAHTI VIRO

0 50 100 150 200 km